KB145182

Microcopy

마 이 크 로 카 피 2/e

Microcopy

마이크로카피 2/e

킨너렛 이프라 지음 변상희 옮김

i!i
에이콘

에이콘출판의 기틀을 마련하신 故 정완재 선생님 (1935-2004)

추천의 글

제품과 서비스가 소비자와 만나는 접점에는 언어가 있다. 모바일 앱의 버튼에서부터 윈도우의 에러 창까지, 그 내용은 단어와 문장으로 구성된다. 이러한 '말'은 태생적으로 '말하는 자'의 캐릭터를 담는다. 소비자는 여러 메시지를 접하면서 메시지 주체에 대한 이미지를 그려간다. 이것을 페르소나Persona라고 한다.

이 책은 각종 웹, 앱, 소프트웨어의 UX 디자이너를 위한 책이다. 인터페이스의 문장이 선명하고 정확한 정보를 담아야 하는 것은 물론이지만, '아' 다르고 '어' 다르기 때문에, 어떠한 말투와 태도Tone & Manner로 전달하는지에 따라 그 효과는 천차만별로 달라진다. 저자는 하나의 페르소나를 정의하고 거기에 맞춰 일관성 있게 '말'하는 법을 수많은 예제와 함께 제안한다.

우리는 말 때문에 기뻐하기도 하고 슬퍼하기도 한다. 인터페이스 역시 언어로 구성돼 있기 때문에 사용자의 감정에 영향을 주게 된다. 인간이 아님에도 불구하고 우리는 무생물인 인터페이스를 사람처럼 받아들인다. 이는 스탠퍼드 대학교Stanford University의 클리포드 나스Clifford Nass교수가 CASAComputer as Social Actor 패러다임의 수많은 연구를 통해 입증했다. 저자는 인터페이스와 사용자 사이에 교감의 토대를 마련하고 이를 바탕으로 사용자를 몰입시키고Engage 행동을 끌어낼 수 있는Elicit Action 실효적인 가이드를 제공한다.

이 책은 AI 기반 인터페이스의 UX 디자인과도 관련이 있다. SK텔레콤의 음성인식 스피커 누구NUGU를 디자인한 경험에 비춰 볼 때, Voice UI는 모달리티[01]가 음성으로 제한되기 때문에 스크립트의 음절 하나하나가 중요해진다. 또한, 목소리의 의인성으로 인해 사용자의 감성 발화(예: 사랑해, 고마워, 잘 자)가 빈번하게 이뤄지는데 이에 대한 고민과 대응이 필요하다. 이 책은 이러한 대화형 인터페이스(음성인식 스피커, 챗봇, 로봇)의 디자인 대해서도 많은 인사이트를 줄 것이다.

박성준

UX 디자인 교수, SCAD(서배너 예술 대학)

---

01 컴퓨터와 대화하는 환경 또는 인터랙션(interaction)하는 과정에서 사용하는 커뮤니케이션 채널 – 옮긴이

지은이 소개

킨너렛 이프라^{Kinneret Yifrah}

이스라엘 최초의 마이크로카피 스튜디오인 네말라 ^{Nemala}(히브리어로 개미)를 운영 중이다. 10년 넘게 디지털 제품을 위한 콘텐츠 및 마이크로카피를 작성해 왔으며 다양한 종류와 규모의 비즈니스를 위한 보이스앤톤 디자인을 해오고 있다. 이스라엘 마이크로카피 커뮤니티를 운영하면서 강의와 워크샵도 병행하고 있다.

지은이의 말

우리는 이제 막 출발선에 섰다

사용자인 동시에 사용자 경험을 제공하는 당신의 디지털 경험이 이 책을 통해 바뀌게 될 것이다. 디지털 제품과 사용자 사이의 언어적 연결은 사용자 경험이라는 퍼즐을 완성하는 마지막 한 조각으로, 당신의 눈과 마음을 영원히 사로잡고, 당신에게 중요하고 의미 있는 존재로 남을 것이다. 그것은 바람직한 일이다. 우리는 삶의 많은 부분을 디지털 제품과 상호 작용하며 지내므로 이런 소중한 시간을 즐겁게 보내는 것은 마땅하다.

언제나 행운이 함께 하길 바라며, 이 책을 마음껏 즐기기 바란다.

킨너렛 이프라 Kinneret Yifrah

옮긴이 소개

변상희(uxthinker@naver.com)

이화여자대학교에서 경영학을 공부했고 UX 전문업체인 이언커뮤니케이션즈와 유투시스템을 거치면서 UX 디자인과 UX 리서치 관련 실무를 경험했다. 현재 UX 디자인 전문업체 Pratico의 Lead UXer로 활동하면서 전문성과 활동 영역을 넓혀가고 있으며 이책을 만난 이후 UX Writing에 대해 꾸준히 고민하고 있다.

옮긴이의 말

먼저 마이크로카피 2판이 나오게 돼 정말 기쁘다. 마이크로카피에 대한 저자의 변함없는 열정과 에너지, 부지런함 덕택에 좋은 책을 하나 더 만나게된 것 같다. 2판에서 크게 달라진 것은 무엇보다 접근성^{Accessibility} 이슈가추가된 점이다. 1판에서 텍스트로 된 읽는 마이크로카피에 대해 다룬 반면, 2판에서는 보는 데 불편함이 있는 사용자, 특히 스크린 리더 사용자를위한 듣는 마이크로카피에 대한 내용을 AUX$^{Audio UX}$ 전문가와 함께 다루고있다. 이 책을 통해 마이크로카피 라이터와 UX 디자이너가 마이크로카피에 대한 시야를 더 넓히고, 인간에 대해 더 깊이 고민해볼 수 있는 계기를가지게 될 것이라 믿는다. 나 역시 그랬으니까.

개인적으로 1판에 이어 2판을 번역한 것을 영광스럽게 생각하지만, 여전히 부족함이 많아 부끄럽고 걱정된다. 책을 내기까지 도와주신 모든 분-마이크로카피에 대해 생각하게 해준 한화생명 정슬 차장, 출판되게끔 힘써주신 AON의 박찬 대표님, 추천해 주신 SCAD의 박성준 교수님, 감수해 주신최원식 박사님, 에이콘 관계자분들 모두에게 진심으로 감사드린다. 마지막으로 가족들에게, 특히 작업하는 동안 온라인 수업을 혼자서 꿋꿋하게 들어준 아들, 민에게 미안함과 무한한 사랑을 전한다.

감수자 소개

최원식 박사

마켓포럼의 대표이자 린스타트업 코리아의 공동 대표다. 경영학을 전공하고 P&G에서 첫 사회생활을 시작했다. 그 후 25년간 ADIDAS, 알리안츠생명 등의 글로벌 기업과 SK, 매일유업, 차병원그룹과 같은 국내 기업에서 신규 사업 및 브랜드 마케팅 임원을 지내며, 신규 사업, 신상품 개발, 브랜드, 마케팅, 고객 인사이트, 비즈니스 모델 개발 그리고 CRM 분야의 전문가로서 자리매김했다. 최근에는 디자인 박사를 취득해 경영과 디자인을 융합한 린 스타트업과 디자인 씽킹 방법으로 기업의 혁신적인 신규 사업 및 신제품 개발의 컨설팅, 워크숍, 강의, 자문을 하고 있다. 또한, 국내에 블록체인 및 린 스타트업 방법을 전파하고 있으며 비즈니스 모델 멘토링을 하고 있다. 2017년에 3대 인명사전인 THE MARQUIS WHO'S WHO에 등재됐다.

감수의 글

마케팅, 브랜딩, UX 디자인은 서로 다른 영역이지만, 넓게 보면 모두 사용자(고객)와 제품 및 서비스 사이의 커뮤니케이션이라는 공통점이 있다. 커뮤니케이션은 기본적으로 말을 기반으로 하며, 말을 사용하지 않는다는 것은 가장 기본적인 요소를 배제하는 것이라고 이 책에서 저자는 말한다. 다시 얘기하면 사람들과 공감하고 커뮤니케이션하고 싶다면 반드시 말이라는 요소가 들어가야 한다는 뜻이다. 그런데도 UX디자인 영역에서 인터페이스는 오랫동안 가능하면 단어를 적게 사용해 깔끔하게 보이게 하는 것이 일반적이었기 때문에 인터페이스는 사람들에게 기계적이고 부자연스럽게 느껴졌던 것 같다. 저자는 이 문제의 해결책으로 마이크로카피를 소개한다. 마이크로카피는 사용자의 실제 커뮤니케이션을 언어적으로 표현한 것이며 대화 형식이기 때문에 어떤 인터페이스 요소보다 커뮤니케이션을 잘할 수밖에 없으며, 인터페이스 어느 지점에, 어떤 말을, 어떻게 사용해야 하는지 안내하는 역할을 수행한다.

저자가 말한 것처럼 좋은 마이크로카피는 인터페이스와 사용자 사이의 경험을 긍정적으로 만들고, 사용성을 높이고, 마침내는 브랜드 차별화를 강화하는 데 도움이 된다. 이 책은 예산이 풍부한 대기업에서부터 예산이 적은 소기업, 일정이 빠듯한 프로젝트까지 적용할 수 있는 실용적인 보이스 앤톤^{Voice and Tone} 디자인 프로세스(총 4단계 중 상황에 따라 2가지 단계를 생략할 수 있다)와 웹 사이트와 앱을 위한 마이크로카피를 잘 작성할 수 있는 방법론 등을 제시한다. 또한, 저자가 지난 수년 동안 웹 사이트, 앱, 다양한 디지털 상품을 위한 마이크로카피를 작성하면서 축적해 온 인사이트와 가이드라인 그리고 실무적인 툴들을 아낌없이 제공한다.

마케터로서 마이크로카피가 가진 유용성은 다음과 같은 몇 가지로 정리해 볼 수 있다.

마이크로카피는 모바일 퍼스트 시대의 마케터들에게 효과적인 CTA[Call To Action] 전략이 될 수 있다. 기존 마케팅은 공중파 방송, 옥외 광고물 등 불특정 다수에게 노출되는 미디어를 기반으로 했다. 그러나 마케팅 채널은 개인화된 디바이스인 스마트폰을 중심으로 바뀌고 있다. 따라서 불특정 다수의 청중이 아닌 타깃 고객 개개인에게 브랜드가 전달하고자 하는 메시지를 전달하는 것이 가능해진다. 이제 카피는 한 사람 한 사람에게 와 닿는 메시지가 돼야 하며 인터페이스 전반에 걸쳐 적절한 곳, 적절한 타이밍에 그 메시지가 배치돼 있어야 한다. 그 역할을 더 잘 해낼 수 있는 것은 강하고 카리스마 있는 한 마디의 카피보다 제품 및 서비스의 사용 플로우를 따라가는 작고 소소하지만 재치 있는 마이크로카피다.

또한, 마이크로카피는 브랜드 전략수립에 새롭게 접근하도록 해준다. 이 책은 브랜드를 어떤 사람이라고 가정하고 그 사람이 주위 사람들을 대하는 방식과 말하는 방식, 유머감각, 개인적 취미와 취향, 심지어 옷을 입는 방식까지 정의한다. 그리고 이런 것들을 쉽게 정의할 수 있도록 질문 리스트를 제공한다. 그중 재미난 질문을 몇 가지 보자.

- 브랜드가 만약 사람이라면 그리고 그들이 세상 밖으로 걸어 나왔을 때, 그들을 처음 본 순간 들었던 생각을 세 가지만 말한다면 무엇일까?

- 그들과 함께 앉아 커피를 마시면서 서로를 더 알아간다면 그들에게서 어떤 점을 더 발견하게 될까?
- 그들이 신문을 펼쳐 든다면 가장 먼저 어떤 섹션을 읽을까? 스포츠, 예술, 뉴스?

이런 접근법 덕분에 브랜드 차별화가 효과적으로 이뤄진다. 이 책에 수록된 나이키^{Nike}와 제이 피터맨$^{J. Peterman}$ 사이트의 사례를 보면 비 시각적 요소인 마이크로카피에 의해서 브랜드의 보이스앤톤이 어떻게 다르게 표현되는지 알 수 있다. 회원 가입 시 생년월일 입력을 요구하는 것에 대한 법적 근거를 제시하는 점은 똑같지만, 브랜드의 캐릭터에 따라 보이스앤톤을 다르게 사용하고 있다. 나이키는 심각하게 "아동 온라인 정보 보호법^{COOPPA}에 의거함"이라고 이야기한다. 반면 독특한 스타일의 빈티지 의류를 판매하는 제이 피터맨은 "죄송합니다만, 우리 변호인단이 요청해야 한다네요."라고 이야기한다. 이 두 브랜드가 만들고 싶어 하는 고객과의 관계 역시 사뭇 다르다. 제이 피터맨은 동네 중고품 상점의 주인과 단골손님처럼 따뜻하고 서비스 중심적인 관계를, 반대로 나이키는 빅 리그에서 활동하는 회사와 그곳에 소속되는 것이 꿈인 고객 간의 관계를 원한다. 이렇듯 보이스앤톤은 고객과의 관계 정립에도 도움이 된다.

옮긴이의 말대로 마이크로카피는 아주 작은 카피이다. 카피는 시장과 고객이 가진 큰 이슈에 집중하며 화려하고 자극적인 표현으로 주의를 끈다. 반면 마이크로카피는 소소하지만 인터페이스 곳곳에 퍼져 고객이 사용하는 내내 그 맛을 잃지 않게 해주는 잘 배인 양념과 같은 역할을 한다.

이렇게 정리하면 이해하는 데에 도움이 될 수 있을지 모르겠다.

> 카피 : 마이크로카피 = 빅데이터 : 스몰데이터
>
> 카피 & 빅데이터 vs. 마이크로카피 & 스몰데이터

본 감수자가 번역했던 『스몰데이터』(로드북, 2017)에서 말했듯이, 빅데이터의 시대에 고객 속으로 들어가 사소해 보이지만 결정적인 통찰을 줄 수 있는 스몰데이터에 집중하는 것이 오히려 중요하듯, 인터페이스 곳곳에서 제품 및 서비스의 사용 플로우를 잘 이어주고 브랜드와 사용자의 관계를 원하는 방향으로 이끌어주는 소소하고 작은 마이크로카피 또한 매우 중요한 요소라고 할 수 있다.

끝으로 마이크로카피는 마케터나 브랜드 매니저가 가장 쉽게 접근할 수 있는 UX 디자인의 영역이다. 마케팅 및 브랜드 전략을 UX 디자인에 반영하는 데 충분히 유용할 것으로 생각한다. UX디자이너들 또한 현재 가지고 있는 디자인 관점이나 프로세스에 마케팅 및 브랜딩 전략을 새롭게 접목할 좋은 기회가 될 것으로 생각한다.

차례

파트 1 보이스앤톤

파트 3 사용성

마이크로카피의 정의와 이 책의 내용

마이크로카피의 탄생 배경

2009년, 조슈아 포터Joshua Porter는 자신의 블로그 보카르도Bokardo에 〈Writing Microcopy〉라는 제목의 포스트를 올렸다. 그는 여기에서 한 e커머스 프로젝트에서 자신이 만든 결제 폼에 대해 설명했는데, 해당 사이트에서는 온라인 거래의 5~10%가 청구서 주소 입력 에러로 실패하고 있어 금전적 손실이 발생하고 있었다. 조슈아 포터는 이를 어떻게 해결했을까? 그는 청구서 주소 입력 필드 옆에 "신용카드 대금 청구서의 주소와 같은지 꼭 확인해 주세요."라는 문장 하나를 추가했다.

"이렇게 했더니 에러가 사라졌습니다. 정확한 카피라이팅 덕분에 이 문제를 더는 걱정할 필요가 없어졌죠. 이로써 에러 대응 시간을 줄일 수 있었고, 고객전환conversion이 개선돼 수익도 늘어났어요."라고 그는 이야기했다.

조슈아 포터는 자신이 한동안 고민해 왔던 이런 생각, 즉 몇 개의 단어를 정확한 위치와 타이밍에 추가하는 것만으로 사용자 경험(UX)을 완전히 바꿀 수 있다는 생각을 블로그 구독자와 공유했고 더 나아가 이런 유형의 카피에 '마이크로카피microcopy'라는 이름을 붙였다.

그는 UXLx[01] 콘퍼런스의 한 강의에서 작성하는 데 20분도 채 걸리지 않았던 이 포스트의 내용을 인용했으며, 이 포스트는 블로거라면 누구나 꿈꾸는 놀랄 만한 성공 사례가 됐다. 또한 그는 작지만 강력한 이 단어들에 이름을 붙인 것에 대해 UX 독자들로부터 많은 감사의 인사를 받았다.

조슈아 포터의 포스트는 새로운 분야인 마이크로카피(UX라이팅 및 UX카피로도 알려진)에 대해 정의를 내리는 첫걸음이었다. 마이크로카피는 사용자 경험의 중심이 되는 요소이지만, 이제껏 충분한 관심을 받지 못했고 실행 방법론으로서의 장점도 인정받지 못했다. 그러나 그 후로 마이크로카피에 대한 정의는 콘텐츠 및 카피라이팅과는 별도의 개념으로 발전되고 개선됐다. 다음은 내가 제일 좋아하는 정의로, 이 책을 쓰는 데 사용됐다.

> 마이크로카피에 대한 정의
>
> 사용자 인터페이스에서 사용자가 취하는 행동에 **직접** 관련된 단어 또는 문구
> 사용자 행동 **이전**의 동기 부여
> 사용자 행동에 **동반되는** 지침
> 사용자 행동 **이후**의 피드백

사용자 경험에서의 마이크로카피의 역할

지난 수년 동안, 될 수 있으면 최소한의 단어만 사용해 '군더더기 없이 깔끔하게' 인터페이스를 만드는 것이 트렌드였다. 많은 사람들은 단어가 인터페이스에 부담을 주며 사용자에게는 위협적인 것으로 인식된다고 주장했다. 또 다른 이들은 단어의 중요성을 과소평가해 아무도 인터페이스의 단어는 읽지 않는다고 했다.

그러나 커뮤니케이션이 말을 기반으로 한다는 것은 단순한 진리이며, 말을 사용하지 않고 포기하는 것은 인간 관계에서의 가장 기본적인 요소를 배

---

01 포르투갈 리스본에서 매년 열리는 사용자 경험 전문가를 위한 유럽 최고의 이벤트이다(출처: http://www.ux-lx.com/index.html). - 옮긴이

제하는 것이다. 바꿔 말하면, 사람이 하는 말처럼 들리면서 사람들과 공감할 수 있는 디지털 제품을 만들고 싶다면 반드시 말을 사용해야 한다. 결국에 사람들은 당신이 만든 제품을 사용할 것이며, 거기에는 당신이 오직 말을 통해서만 사람들에게 전달할 수 있는 무언가가 있다. 이 책에도 그런 말들이 많이 포함돼 있다.

마이크로카피가 디지털 제품에 추가할 수 있는 것

1. 긍정적인 경험을 만들어 사용자를 사로잡는다

마이크로카피는 사람이 기계에서 느끼는 이질감을 줄여 주고, 딱딱하고 로봇 같은 관계를 인간적이며 개인적인 경험으로 변화시킨다.

정확하게 작성된 마이크로카피는 당신이 만들고자 하는 사용자 경험에 다채로운 색깔을 더하고 제품에 전문성과 깊이를 더해준다. 말은 필요한 곳에서 사용자에게 다가가 그들의 행동을 끌어낼 수도 있다. 말은 사용자를 끌어들여서 웃게 하거나 두려움을 잠재울 수도 있다.

좋은 마이크로카피는 제품과 사용자 사이의 단순한 연결 관계를 풍부하고 감동적인 상호 관계, 대화로 바꿔 놓는다. 마이크로카피를 통해 사용자와 개성 넘치는 대화를 만들어가게 되면 사용자는 당신의 제품으로 작업하고 싶어지고, 언젠가 다시 그 제품을 찾게 될 것이다. 마이크로카피는 사용자를 사랑에 빠지게 할 수 있는 것이다.

2. 사용성을 향상시킨다

마이크로카피는 인터페이스라는 바퀴에 윤활유를 쳐서 사용자와의 마찰을 줄여준다.

잘 작성된 마이크로카피를 적재적소에 사용하면 사용자가 행동을 수행하는 과정에서 생길 수 있는 문제를 미리 방지할 수 있다. 또한, 사용자가 귀중한 시간을 절약할 수 있으며 좌절감과 무력감을 느끼지 않게 된다. 필요한 상황에 맞게 정확히 제시되는 단 몇 개의 단어가 나쁜 사용자 경험을 예방하고 브랜드와의 관계 형성에 불필요한 훼손을 막아준다.

브랜드와 타깃 고객에 대한 충분한 이해를 기반으로 만든 마이크로카피는 브랜드의 성격을 돋보이게 하며 다른 브랜드와의 차별화를 강화한다.

이렇게 만들어진 제품은 사용자가 인터넷에서 늘 마주치는 지루하고 뻔한 제품이 아닌 독창적이고 개성 넘치는 제품이 될 것이다. 마이크로카피는 브랜드의 비전과 가치를 지원하며, 타깃 고객에게 핵심 메시지를 더욱 분명하게 전달한다. 그리고 고객과의 인터랙션 전반에 걸쳐서 진정성 있고 통합된 경험을 전달한다.

마이크로카피가 지닌 엄청난 잠재력 및 브랜드와 사용자 간의 관계에 미치는 영향력을 사용자 전문가들은 점점 더 분명하게 느끼고 있다. 그러나 이 주제는 디지털 제품을 디자인하는 단계에서 간과되는 경우가 많다. 그 이유는 시간이 없거나, 예산이 없거나, 중요성에 대한 관심이 없기 때문일 때도 있지만 때로는 담당 팀이 어디서부터 시작해야 할지 모르기 때문이기도 하다.

이 책의 목적은 마이크로카피를 작성하기 위해 필요한 지식과 툴을 제공하는 데 있다. 그렇다고 당신 자신이 꼭 카피라이터나 콘텐츠 라이터가 될 필요는 없다. 필요한 모든 것은 이 책에 있기 때문이다.

이 책을 읽어야 하는 사람

- 마이크로카피(UX) 라이터 및 카피라이터
- UX 디자이너
- 비주얼/웹/UI 디자이너
- 프로덕트 매니저
- 웹사이트 및 앱 소유자
- 디지털 마케팅 전문가
- 최적화 전문가

- 소규모 자영업자, 소기업 대표
- 블로거
- 광고주
- 영업사원
- 훌륭한 인터페이스에 관심이 있는 모든 사람

이 책에 담긴 내용

이 책에서는 브랜드의 보이스앤톤 디자인^{Voice and tone design}을 완성한 후 웹 사이트와 앱을 위한 마이크로카피를 작성하는 데 필요한 방법론을 제시한다. 이 책에서는 지난 수년 동안 일반 기업, 스타트업, 소기업의 웹 사이트, 앱, 다양한 디지털 제품을 위한 마이크로카피를 작성하면서 축적해 온 인사이트, 가이드라인, 실무적인 툴이 제공된다.

웹 사이트나 앱을 이미 운영 또는 업그레이드 중이거나 기획하고 있더라도 이 책을 통해 마이크로카피를 작성하기 위한 전 과정을 차근차근 밟아 나갈 수 있다.

파트 1, '보이스앤톤'에서는 브랜드를 위한 **보이스앤톤**을 개발하고, 실제로 마이크로카피를 작성하는 단계로 넘어가기 **전**에 결정해야 할 것을 살펴본다.

파트 2, '경험과 참여'에서는 사용자의 **마음을 사로잡아 긍정적이고 의미 있는 경험**을 제공할 수 있는 마이크로카피의 영향력에 대해 알아본다.

파트 3, '사용성'에서는 **사용성** 측면에서 마이크로카피의 영향력에 중점을 두고 **복잡한 시스템에서의 마이크로카피**를 다룬다.

이 책에 수록된 19개의 장에는 마이크로카피를 디지털 제품에 바로 적용할 수 있는 실용적인 가이드가 담겨있다. 각 장은 기본 개념을 이해하는 것으로 시작하며 모든 UI 요소들에 마이크로카피를 적용하는 데에 필요한 전 단계를 제공한다. 모든 가이드라인과 툴에 대한 설명에는 숨겨진 작동

원리와 목표가 포함돼 있으며, 쉽게 이해할 수 있도록 수십 개의 실제 사례도 제시돼 있다.

1

보이스앤톤

첫 단어를 쓰기 전에 알아야 하는 것

디지털 제품을 위한 글을 쓰는 사람은 사용자의 입장이 돼 심사숙고해야만 떠오르는 제목, CTA^Call to Action 전략, 또는 그 밖의 문장을 쓰기 전 맞게 되는 처음 얼마간의 순간이 얼마나 고민스러운지 잘 알고 있다. 고객은 어떤 것에 자극을 받을까? 어떻게 하면 제공하고자 하는 가치를 정확하게 설명할 수 있을까? 최고의 제품 또는 서비스라는 것을 어떻게 입증할 수 있을까? 그리고 다음과 같은 의문점이 이어진다. 그럼 이것을 어떤 문장으로 표현할까? 유머를 사용해야만 할까? 속어나 위트는 어떨까? 격식을 갖춰서 써야 할까? 감정을 자극해야 할까 아니면 오히려 차분하게 만들어야 할까? 향수를 불러일으켜야 할까 아니면 테키^techy하게 느껴지게 해야 할까? 도회적 세련미가 느껴져야 할까 아니면 일반 대중들에게 호소하는 것이어야 할까?

이런 고민은 매우 중요하며, 작성한 모든 단어가 효과적이고 제 역할을 잘하기 위해서는 정말 필요하다. 중요한 것은 매번 새롭게 추측하는 대신에 미리 알고 있어야 한다는 것이다. 사용자가 행동하고 브랜드에 연결되도록 동기를 부여하기 위해 전달할 주요 메시지는 물론, 작성할 문구의 보이스앤톤 역시 미리 정의돼 있어야 한다. 다행히도 이를 해낼 방법이 있다.

이 책의 세 번째 장까지 읽은 다음, 그 결과 중요한 결정을 내리고 이를 따른다면, 더 이상 사용자에게 영향을 미칠 내용과 이를 표현하는 가장 좋은 방법은 추측하지 않아도 된다. 필요할 때마다 항상 이 처음 세 개의 장이 명확하고 적용 가능한 답이 돼 줄 것이기 때문이다.

1장

보이스앤톤
디자인

이 장의 주요 내용

- 언어가 사용자에게 주는 영향
- 보이스앤톤 디자인은 무엇이며 언제 하는가
- 보이스앤톤 디자인을 위한 단계별 완벽 가이드

혁신이란 당신에게 어떤 의미인가?

내가 초창기 시절 맡았던 한 대형 광고 회사는 치열한 경쟁 환경에서 타사와 차별화하는 주요 전략이 자사 상품, 셀프서비스 옵션의 디지털 혁신과 고객에게 적절하고 개인화된 경험을 제공하는 것이라고 공식적으로 밝혔다. 이를 이루기 위한 그들의 접근 방식은 젊고, 새롭게, 다른 경쟁사보다 한발 앞서 생각하는 것이었다.

이 메시지는 회사 내 모든 중역 회의에서 강조되고, 브랜드 북과 UX 컨셉 문서로 만들어졌다. 그들은 이 분야의 선두가 되는 것에, 그리고 혁신적인 상품을 시장에 내놓는 것에 큰 노력을 쏟았다. 대다수의 회사와 마찬가지로, 그들도 브랜딩에 엄청난 투자를 해서 이 중요한 차별화 요소를 널리 알리도록 했다. 브랜드 가치를 가장 잘 전달하는 로고를 디자인했으며 하이엔드급 웹 사이트와 앱도 여럿 개발했다. 또한 사용자 인터페이스를 구성하는 컬러, 폰트 등 여러 요소를 매우 세심하게 선택했다. 그들은 경쟁자들이 훨씬 뒤처져 있다고 고객들이 느끼도록 사용자 경험을 제공했다.

그러나 그들은 다양한 디지털 제품에 있는 단어들, 즉 보이스앤톤이 지난 15년간 업데이트되지 않았다는 것을 깨닫고 내게 도움을 청했다. 그들의 보이스앤톤은 뒤처져 있었고 그들은 자신들의 혁신적인 접근법에 알맞도록 이를 업데이트하는 방법을 몰랐다.

나는 그들이 현재 사용하는 보이스앤톤과 마이크로카피를 파악하기 위해 웹 사이트를 둘러 보고 몇 가지 앱을 사용해 봤다. 다른 클라이언트에게 하듯이, 그들의 마이크로카피에 담겨 있는 비밀을 밝히기 위해 직접 회원 가입을 하기도 하고, 셀프서비스 프로세스를 완료하기도 하고, 비밀번호를 다시 설정하기도 하고, 제공된 폼으로 고객 문의도 하고, 404 에러 페이지를 발견하기도 하고, 고의로 폼을 잘못 입력해 에러를 내기도 했다.

나는 이번에도 역시 클라이언트가 옳다는 결론을 내렸다. 그들이 전달하고자 하는 혁신에 대한 의미와 차별화는 일관성이 부족했으며 매우 혼란스러웠다.

- 혁신이라고 하지만, 낡고 상투적인 문구를 쓴다("귀하께서 문의하신 내용은 우리에게 중요합니다." 또는 "귀하의 가입이 성공적으로 완료됐습니다.").
- 회원 가입 절차가 간단하고 쉽다고 사용자를 설득해야 하는데, 실제로는 보험회사처럼 딱딱하게 비친다("회원 가입 의사가 있는 경우").
- 자신들의 제품이 최첨단의 가치 있는 것이라고 사람들이 믿어 주기를 바라지만, 정작 웹 사이트에 사용하는 단어는 사전에서나 볼 법한 것들이다("귀하가 한 검색으로 다음과 같은 결과가 나왔습니다.").
- 젊고 역동적인 느낌을 주고 싶어 하지만, 실제로는 로봇처럼 글을 쓴다("데이터 로딩 중. 대기 바람").
- 사용자의 행동을 끌어내기 위해 정말이지 절절하게 노력하고 있지만, 가장 강력한 동기에 대해서는 말하는 것을 잊고 있다.
- 그리고 가장 중요한 포인트는 차별화를 이루기 위해 고군분투하고 있으나, 실은 남들이 말하는 것과 똑같이 들린다는 것이다.

이것이 내가 지금까지 작업했던 것 중에서 가장 매력적인 보이스앤톤 디자인 프로젝트 중의 하나를 시작하게 된 계기다. 이 프로젝트가 가져온 변화가 너무나 커서 얼마 뒤 경쟁사들도 비슷한 과정을 밟기 시작했다. 이런 주장을 뒷받침해 줄 클라이언트를 제외하고 말이다. 이 회사는 다른 경쟁사들보다 한 발짝 더 앞서게 된 것이었다.

디지털 제품에서의 보이스앤톤 - 사람과의 연결

『관계의 본심』(푸른숲, 2011)은 스탠퍼드 대학Stanford University의 클리포드 나스Clifford Nass 교수가 코리나 옌Corina Yen과 함께 쓴 책이다. 나스 교수는 인간과 컴퓨터의 상호 작용 분야의 선두자들 중 한 명이었다. 이 책에서 그와 코리나 옌은 상호 작용에 관한 연구 100가지 중 27가지를 추려서 소개하고 있다.

그는 사람들이 컴퓨터를 다룰 때도 다른 사람을 대할 때와 같은 사회적 규범을 따른다는 것을 발견했다. 사람들이 컴퓨터나 디지털 인터페이스에 이러한 반응을 보인다는 사실은 연구를 통해서 거듭 확인된다. 우리는 컴퓨터나 디지털 인터페이스를 정중하게 대하고, 주어진 태스크를 완수했을 때 그들에게서 잘했다는 칭찬과 같은 정중한 반응을 기대한다. 사실, 컴퓨터가 긍정적이고 온화한 피드백을 주고, 진정성이 느껴지도록 감정 표현을 하거나 사람과 비슷한 방식으로 행동한다면, 우리는 컴퓨터가 요구하는 태스크task를 더욱 잘 해낼 것이고, 컴퓨터의 요청에 더욱 협조적이 되고, 말하는 것을 더 믿게 될 것이다. 반대로 제품이 사회적 관습에 따르지 않고 예상하는 방식대로 동작하지 않으면 우리는 화가 나거나 실망하게 되고 심지어는 불쾌해지기까지 할 것이다.

대체 왜 그럴까? 디지털 시대 이전, 언어를 통해서 대화할 수 있는 유일한 존재는 사람뿐이었다. 따라서 누군가 언어를 사용해 우리에게 말하면 뇌는 상대방을 그 즉시 사람으로 인식한다.

언어는 디지털 제품을 사람처럼 느끼게 만드는 주요 요소이며, 사용자의 마음을 얻고 사용자가 반응하도록 동기를 부여하는 감정적인 연결 고리를 만든다. 그러나 이를 위해서는 제품이 사회적 관습을 따라야 하며 자연스럽고 진정성이 있어야 한다.

사용자의 신뢰는 보이스앤톤 디자인에 달려 있다

나스 교수는 디지털 제품의 성격이 일관되지 않을 때, 특히 콘텐츠와 같은 언어적 요소와 보이스 톤과 같은 비언어적 요소가 일치하지 않는 경우, 사람들이 어떻게 반응하는지를 연구했다. 그는 사용자가 이러한 제품을 진정성 없고 신뢰할 가치가 없는 것으로 여긴다는 것을 발견했다. 이런 성격의 제품이 전달하는 이야기는 사용자를 설득하지 못했고 어떤 감성도 불러일으키지 못했으며, 오히려 혼란과 의구심만 심었다.

반면에, 언어적 요소와 비언어적 요소가 일관되고 상호 보완적일 때, 사용자는 인터페이스가 똑똑하고 재미있으며 설득력 있다고 느꼈다. 또한 사용자는 메시지를 더 잘 이해하고 감성적인 반응을 보였으며 인터페이스로부터 영향을 받았다. 사용자는 커뮤니케이션하는 대상의 성격을 신뢰하고 진정성이 있다고 믿을수록 대상이 주는 메시지에 더 많이 설득됐으며 그에 따라 행동하는 데 동의했다.

나스 교수는 우리가 이렇게 반응하는 이유가 커뮤니케이션하는 대상의 성격에 대한 일관성 있는 그림을 만들기 위해서라고 설명했다. 이런 그림이 그려지지 않으면 우리는 의심을 품게 되고 거부감을 느끼게 된다는 것이다.

바로 이것이 이번 장을 시작할 때 제시했던 예시에서 일어났던 일이다. 제품의 비언어적 요소에는 혁신을 나타냈지만, 언어는 시대에 뒤떨어져 있었다. 제품은 역동적이었으나 언어는 무거웠다. 제품은 간결하고 분명했으나 언어는 거추장스러웠다. 결국 사용자는 신뢰를 느끼지 못했고, 메시지를 충분히 이해하지 못했으며, 그 결과 메시지는 설득력을 잃었다.

보이스앤톤 디자인이 문제를 해결하는 방법

보이스앤톤 디자인은 브랜드가 모든 디지털 제품에서 사용자와 커뮤니케이션할 때 사용할 언어를 규정한다. 그리고 브랜드가 핵심 가치를 잘 전달할 수 있도록 사용하는 언어를 일관되게 유지하고 불협화음이 일어나거나 신뢰를 잃지 않게 지원한다.

보이스앤톤 디자인은 다음과 같은 두 가지 방법으로 언어를 규정한다.

1. 개성

언어를 통해 사용자에게 어떤 특징을 전달하고 싶은가? 알맞은 톤, 격식의 정도, 유머의 정도(만약 사용한다면), 속어의 사용(혹은 비사용), 말하는 속도, 따듯함, 친절함 등은 무엇인가?

2. 메시지

주요 메시지는 무엇인가? 사용자가 행동하게 하기 위해서 어떤 것을 강조할 것인가? 사용자가 자기 자신과 브랜드에 대해 좋은 느낌이 들게 하려면 뭐라고 해야 할까? 그리고 끝으로 양쪽에 모두 이익이 되는 바람직한 관계를 만들려면 어떤 말을 해야 할까?

브랜드의 보이스앤톤을 규정한 다음, 이를 문장에 실제로 적용하면 다음과 같은 효과가 나타난다.

- 사용되는 모든 단어는 신중하게 선택되고, 집약되고, 영향력을 갖게 된다.
- 타깃 사용자는 전달하고자 하는 가치와 자신들이 얻게 될 니즈가 무엇인지 쉽게 이해하게 된다.
- CTA 전략[01]은 단순하지만, 더 효과가 크다.
- 브랜드 아이덴티티는 더 분명해질 것이고 신뢰할 수 있고 매력적으로 비치게 된다.

---

01 광고 및 판매에 광범위하게 사용되는 마케팅 용어로, 즉각적인 반응을 유도하거나 즉각적인 판매를 촉진하도록 고안된 모든 장치를 말한다. 대부분의 경우, CTA는 소비자가 즉각적인 행동을 취할 수 있도록 만드는 판촉 문구(Sales script), 광고 메시지 또는 웹 페이지에 통합될 수 있는 단어나 구를 사용하는 것을 의미한다(출처: https://en.wikipedia.org/wiki/Call_to_action_(marketing)). – 옮긴이

사례: 캐릭터는 어떻게 표현되는가?

두 사람에게 같은 주제를 자신만의 방식으로 이야기하라면 두 가지 다른 버전을 듣게 될 것이다. 다섯 명에게 물으면 다섯 가지 버전의 이야기를 듣게 될 것이다. 우리는 각자 자신만의 성격, 독특한 사고방식, 다양한 경험, 삶의 목표를 가지고 있다. 따라서 우리가 모두 같은 언어를 사용한다 해도 말투(톤)는 조금씩 다를 것이다.

예를 들어, 미국의 두 온라인 쇼핑몰 사이트는 회원 가입 시에 사용자에게 생년월일 입력을 요청한다. 각 사이트는 정보가 필요한 이유를 알리게 돼 있는 법 규정대로 이를 다음과 같이 제공하고 있다.

유명하고 진지한 성격의 **나이키**^{Nike}는 이렇게 말한다.

required to support the Children's Online Privacy Protection Act (COPPA).

← 아동 온라인 정보 보호법(COOPPA)에 의거함

이미지 출처: www.nike.com

반면 독특한 스타일의 빈티지 의류를 판매하는 **제이 피터맨**^{J. Peterman} (그리고 시트콤 '사인필드^{Seinfeld}'에서 일레인^{Elaine}의 상사)는 다른 방식으로 이야기한다.

Sorry, our lawyers made us ask. ← 죄송합니다만, 우리 변호인단이 요청해야 한다네요.

이미지 출처: www.jpeterman.com

두 브랜드는 "법에 따라 해야만 한다."라는 똑같은 메시지를 자신만의 고유한 캐릭터로, 서로 다른 보이스앤톤으로 말한다. 제이 피터맨이 나이키의 보이스앤톤을 사용했다면, 그들만의 유쾌함이 구석구석 배어 있는 사이트를 통해 지금까지 만들어온 따뜻하고 친밀한 이미지를 망쳐 버렸을 것이다. 반대로 나이키가 제이 피너맨의 보이스앤톤을 사용했다면, 스스로 진중한 회사가 되기 위해 노력해 온 이미지에 흠집이 났을 것이다.

두 브랜드는 사용자와 맺는 관계도 사뭇 다르다. 제이 피터맨의 경우, 동네 중고품 상점의 주인과 단골처럼 따뜻하고 서비스 지향적인 관계를 만들고 이를 유지하기 위해 노력한다. 반면 나이키에서 만든 관계는 빅 리그에서 활동하는 기업과 그곳에 가는 것이 꿈인 잠재 고객의 관계로 볼 수 있다. 각 브랜드가 사용하는 보이스앤톤은 이렇듯 고객과의 다양한 관계를 형성하는 데 도움이 된다.

브랜드 라이프 사이클에서의 보이스앤톤 디자인

브랜딩의 다른 요소와 마찬가지로, 보이스앤톤도 **빨리 규정하면 할수록 더 좋다.** 보이스앤톤을 일찍 정의할수록 글은 더 일관성을 갖출 것이고, 디지털 제품의 언어적 요소도 패치 워크처럼 보이지 않을 것이다. 반면에, 늦었다 싶을 때는 절대 없다. 보이스앤톤의 변화는 결국 개선이라는 결과를 가져오기 때문에 언제 해도 좋은 일이다. 결론적으로 보이스앤톤 디자인은 브랜드 라이프사이클의 모든 단계에서 할 수 있다.

아직 보이스앤톤을 디자인하지 못했다면 다음의 주요 7단계에 따라 디자인하는 것이 좋다.

- 브랜드 생성 단계 – 첫 번째 문구가 작성되기 전 단계로 브랜드 시각화가 병행된다. 보이스앤톤을 가장 먼저 디자인하면 브랜드는 일관된 방식으로 설득력 있는 커뮤니케이션을 하게 된다. 또한, 브랜드의 보이스앤톤으로 커뮤니케이션하는 것에 익숙해지게 되고, 이후 더 이상 나쁜 습관을 극복하기 위해 노력할 필요가 없다.
- 신규 제품 또는 업그레이드된 제품을 배포하는 단계
- 브랜드 차별화를 강화하는 단계
- 신규 디지털 캠페인을 준비하는 단계
- 이메일, 채팅, SNS 등 문자 기반의 커뮤니케이션 인프라를 구축하거나 업그레이드하는 단계
- 새로운 타깃 고객이 있는 시장으로 진입하기 전 단계
- 현재 사용하는 단어나 메시지가 더는 효과가 없다고 느껴지는 단계

가이드: 풍부하고 효과적인 보이스앤톤 디자인 방법

보이스앤톤 디자인은 브랜드의 성격과 타깃 고객에게 영향을 줄 메시지를 완전하고 정확하게 정의하는 짧은 과정이다. 이는 사내에서 또는 외부 콘텐츠 및 브랜딩 전문가의 도움을 받아 할 수도 있다. 전체 프로세스는 약 1~3주 정도 소요된다.

이 프로세스의 최종 결과물은 마이크로카피를 작성할 수 있도록 해 주는 **글로된 보이스앤톤 디자인이다**(카피, 콘텐츠, 소셜 미디어의 상태 업데이트를 쓸 때도, 그리고 브랜드를 대신해 작성한 기타 모든 것에도 사용할 수 있다).

중소기업 및 대기업의 경우, 그리고 이들 기업을 위해 마이크로카피를 쓰는 프리랜서의 경우, 총 4단계를 거쳐 보이스앤톤을 디자인한다. 단계마다 중요한 의미가 있지만, 시간과 예산이 부족하거나, **소규모 사업체나 블로그를 운영하는 경우**라면 다른 단계는 생략하더라도 2단계와 3단계만은 반드시 해야 한다. 각 단계를 정확히 수행하는 방법과 필요한 정보를 얻는 확실한 방법은 다음과 같다.

1단계 – 브랜드 파악하기

기존의 디자인 및 브랜딩 관련 문서를 읽고 필수 정보를 추출하라. 이 단계에서 읽을 수 있는 문서는 다음과 같다.

1. 회사의 비전, 미션 그리고 가치
2. 브랜드북(혹은 손댈 수 있는 다른 브랜드 문서)
3. 디자이너를 위해 또는 광고 목적으로 만들어진 요약본
4. 사업 소개용 프리젠테이션
5. UX 컨셉 및 페르소나
6. 브랜드 인지도 및 고객 만족도 조사

좋은 인용문, 진정성이 느껴지는 문구, 반복해서 사용되는 단어 그리고 사용자에게 동기를 부여하는 것과 사용자를 좌절하게 만드는 것이 무엇인지 추려라. 리소스 목록은 55페이지의 TIP 05를 보라.

3단계 – 현장에서 온 생생한 업데이트 정보로 스토리를 완성하라

마케팅 매니저, 디지털 매니저, 서비스 및 영업 선임자 그리고 때로는 광고 담당자와 같은 조직의 핵심 인력과 구조화된 그룹 인터뷰를 시행하라. **소규모 사업체**의 경우 핵심 인력은 아마도 당신이겠지만, 팀 멤버, 전략 컨설턴트 또는 기꺼이 조언해 줄 친한 친구와 함께 그룹 인터뷰를 진행할 수 있다.

인터뷰에서 브랜드와 타깃 고객에 대한 일련의 질문을 던져라. 관련된 모든 질문은 이번 장을 좀 더 보다보면 나온다(64페이지 참조).

인터뷰는 보통 3시간 정도 진행되는데 때로는 2시간짜리 세션이 두 번 정도 필요할 수 있다. 첫 번째 세션은 브랜드에 관한 것으로 마케팅팀과 함께 진행하며, 두 번째 세션은 사용자에 대한 것으로 서비스 및 영업 팀과 함께 진행한다. 끝날 때쯤에는 브랜드의 개성과 타깃 고객에 대해 상세히 묘사할 수 있어야 한다.

1:1 인터뷰를 여러 번 하는 것보다 **그룹** 인터뷰를 추천한다. 그래야 충돌되는 의견이나 생각이 즉시 해결된다.

4단계 – 조각들을 모두 모아 문서를 만들어라

이것은 기본적으로 이전 단계에서 수집한 모든 정보를 하나로 모아 정리하는 작업 문서이며 지금부터 실제 글쓰기를 안내하는 데 사용된다. 어떻게 생긴 문서일까? 자세한 내용은 62페이지를 보라.

다음 페이지에서는 **보이스앤톤 디자인을 하기 위한 실용적인 핸드북을 제공한다.** 대답할 질문이 더 많아지고 수집할 정보가 많을수록 더 일관되고 풍부하고 정교하고 효과적인 보이스앤톤이 될 것이다.

보이스앤톤 디자인 첫번째 파트: 브랜드

1. 비전과 미션에 대해 정의하라

브랜드가 촉진하고자 하는 변화와 이를 이뤄내는 방법

일반적으로 사용자에게 비전과 미션을 직접 말하지 않지만, 작성된 모든 문장은 암묵적으로 이를 반영하고 홍보해야 한다. 따라서 비전과 미션이 모든 카피라이터에게 명확하고 친숙해야 한다는 점은 중요하다.

비전을 정의한다는 것은 간단한 일처럼 들리겠지만(브랜드가 만들어진 이유처럼 분명해 보이지 않는가?) 내 경험에 비춰 보면 이 작업은 종종 복잡하고 혼란스럽다. 필요한 만큼 시간을 들여야 하며 적당히 마무리해서는 안 된다. 힘들겠지만 들인 노력은 헛되지 않을 것이다.

비전과 미션을 확인하는 데 사용할 수 있는 질문 목록은 64페이지를 참조하기 바란다.

TIP 01 이유를 물어라

비전을 찾아내는 가장 좋은 방법은 브랜드의 핵심 인력에게 **왜** 브랜드가 만들어졌는지 묻는 것이다. 그들이 힘들어하더라도 모든 대답마다 계속 **이유**를 물어라. 몇 번 반복하면 문제의 핵심을 집어내게 된다. 예를 들면 다음과 같다.

마이크로카피 스튜디오, 네말라^Nemala**는 왜 만들어졌는가?** 더 좋은 마이크로카피를 쓰고 다른 사람들에게 그 방법을 가르치기 위해서다.

왜? 그렇게 되면 디지털 인터페이스가 더 즐겁고 인간적인 경험을 제공할 것이다.

왜? 사람들은 하루 대부분을 디지털 인터페이스 앞에서 보내기 때문에 우리의 경험이 더 따뜻하고 즐거워지면 우리의 삶이 더 나아질 것이다.

네말라의 비전: 사람들을 위한 인간적이고 유대감 있고 마음이 따뜻해지는 디지털 경험을 만들고 그들의 삶을 향상하는 것.

브랜드 웹 사이트에서 뽑은 비전과 미션의 사례

이케아^{Ikea}

비전: 많은 사람을 위해 더 나은 일상생활을 만드는 것.

미션: 가능한 한 많은 사람이 저렴한 가격으로 살 수 있는 기능적이고 잘 디자인된 다양한 홈 퍼니싱 제품을 제공할 것이다.

트립어드바이저^{TripAdvisor}

비전: 전 세계 사람들이 완벽한 여행을 계획하고 실행할 수 있도록 돕는 것.

미션: 수백만 명의 여행자가 들려주는 조언과 다양한 여행 상품, 수백 개의 웹 사이트를 체크해 최적의 호텔 가격을 찾을 수 있는 예약 툴과 여기에 완벽하게 연계된 계획 수립 기능을 제공한다.

삼성

비전: 세상에 영감을 불어넣고 미래를 창조한다.

미션: 새로운 기술, 혁신적인 제품과 창조적인 솔루션을 개발한다.

월드 와이드 펀드(WWF)

비전: 인간과 자연이 조화롭게 살아가는 미래를 만드는 것.

미션: 자연을 보존하고 지구상의 다양한 생명에 가해지는 긴급한 위협을 줄인다.

TIP 02 다락방을 수색하라

비전과 미션은 대개 조직을 설립하는 초기 단계에서 정의된다. 아마도 브랜드 북, UX 컨셉 가이드, 엘리베이터 피치[02], 투자자 대상의 프레젠테이션, 기타 기반 문서 등에 기록돼 있을 가능성이 높다. 그런 문서에서 비전과 미션을 찾아내고 그대로 유지해도 되는지 확인하고, 아니면 바꿔라.

2. 가치에 대해 정의하라

브랜드 활동을 이끄는 이상과 원칙

브랜드에 없어서는 안 되는 가장 중요한 가치를 다섯 가지 선택하라. 혹시 "가치"가 무엇인지 확실히 모르겠다면 46페이지의 목록을 한 번 살펴보라.

각각의 가치에 대해서 1~3줄의 설명을 쓴 후 다음과 같이 물어보라. **가치가 어떻게 들리는가?** 어떤 언어가 가치를 전달할 것인가? 예를 들어, **리더십**이 가치라면 언어가 카리스마 있고 날카로우며 설득적이길 원할 것이다. 사용자에게 직접적으로 설명하라. 그리고 메시지에 명확한 비전을 담아 전달하라.

커뮤니티가 중요하다면, 따뜻한 톤과 부드러운 유머를 곁들인, 그리고 나눔과 배려의 메시지를 곁들인 포괄적이고 연결성 있는 언어를 사용하라.

이렇게 하면 가치가 명시적으로 표현돼 일관성 있는 개성을 만들 수 있다.

TIP 03 단어 툴박스를 준비하라

모든 특성과 가치는 직접 그들과 연결되거나 관련된 의미를 지닌 단어나 문구로 서술할 수 있다. 특정 가치를 표현해야 할 때마다 꺼내 쓸 수 있는 단어 툴박스를 준비하라. 동의어/반의어 사전을 활용하고 사용자에게서 직접 들은 용어도 모아라(이후에도 틈틈이 할 것). 예를 들어, 다음은 어떤 교육기관의 보이스앤톤을 끌어내기 위한 '실용성'이란 가치의 단어 툴박스다. '관련된', '기업가적인', '일상적인', '도구', '경영', '실습', '플랫폼', '변화/역동적인 현실', '이점', '의사결정', '실시간', '툴박스', '적용 가능한', '실용적인', '유연한', '배운 것을 적용하기', '임금', '고용 시장', '경력', '고용', '고용주', '졸업생', '대학원생', '내게 도움이 되는 도구들'

---

02 투자자와의 첫 만남에서 어떤 제품이나 서비스, 단체 혹은 특정 사안 등을 소개하는 간략한 연설을 말한다. 엘리베이터를 타고서부터 내릴 때까지 약 60초 이내의 짧은 시간 안에 투자자의 마음을 사로잡을 수 있어야 한다는 뜻을 담고 있는데, 첫 만남 시 1~2분 안에 갖게 되는 첫인상이 투자에 대해 절대적인 영향을 미치기 때문이다(출처: [네이버 지식백과] 엘리베이터 피치(한경 경제용어사전, 한국경제신문/한경닷컴)). – 옮긴이

브랜드 웹 사이트에서 뽑은 가치의 사례

미국 공영 라디오^{NPR}(10개 핵심 가치 중 5개)

정확성 – 우리의 목적은 진실을 추구하는 것이다. 부지런히 검증하는 것이 매우 중요하다.

독립성 – 대중에게 충성하는 것이 가장 우선이다.

존중 – 우리의 저널리즘에 영향을 받는 그 누구라도 품위와 연민으로 대우받을 자격이 있다.

책임감 – 우리가 한 일에 전적으로 책임져야 한다. 따라서 언제나 기꺼이 대답할 준비가 되어 있어야 한다.

탁월함 – 우리는 우리의 스토리텔링 솜씨와 세상을 밝히는 데 기여하기 위해 사용하는 단어, 사운드, 이미지의 퀄리티에 대한 엄청난 자부심을 가지고 있다.

홀푸드 마켓$^{Whole Foods Market}$(총 8가지 중 처음 6가지 핵심 가치)

최고 품질의 천연 및 유기농 제품을 판매한다 – 천연 및 유기농 제품이 삶의 질을 향상시킬 수 있다는 점을 높이 평가하고 이를 축복으로 여긴다.

고객에 대한 만족도, 신뢰도 및 혁신을 주도한다 – 우리 고객은 우리 사업에서 가장 중요한 이해관계자이자 생명선이다.

팀 구성원의 우수성과 행복을 지원한다 – 우리의 성공은 팀 구성원 전체의 집합된 에너지와 지성에 달려 있다.

이윤과 성장을 통해 부를 창출한다 – 우리는 주주들의 투자를 담당하는 관리인이며 그에 따른 책임을 매우 진지하게 받아들인다. 장기적인 주주 가치를 높이기 위해 노력한다.

지역 사회와 글로벌 커뮤니티에 기여하고 후원한다 – 우리의 사업은 우리가 서비스하는 이웃, 더 넓게는 글로벌 커뮤니티 모두와 긴밀하게 연결돼 있다.

환경보호를 앞서 실천해 나가고 있다 – 우리 뒤를 잇는 세대가 대대로 이 지구에서 번창할 수 있도록 우리는 환경 보호의 책무에 적극적으로 임해야 한다고 진정으로 믿고 있으며 노력한다.

오려두기

116가지의 가치

다음 리스트는 브랜드 가치를 정의할 때 도움이 될 것이다. 116개의 가치 중 브랜드에서 가장 중요하게 여기는 것을 선택해 계속 유지하고 발전시켜라. 여기에 언급되지 않았더라도 주저하지 말고 당신만의 가치를 추가하라.

Sustainability	지속가능성	Altruism	이타주의	Sharpness	예리함	Love	사랑
Relevance	연관성	Dedication	헌신	Elegance	우아함	Sensitivity	감수성
Community	공동체	Professionalism	전문성	Decency	품위	Enthusiasm	열의

Curiosity	호기심	Ambition	야망	Sincerity	진실함	Generosity, giving	관용, 기부
Accessibility	접근성	Joy	기쁨	Mystery	신비	Intimacy	친밀함
Adventure	모험	Perseverance	인내심	Belief	믿음	Knowledge	지식
Aesthetics	미학	Determination	투지	Authenticity	진정성	Service orientation	서비스 지향
Fun	재미	Versatility	융통성	Softness	부드러움	Solidarity	연대, 결속
Accuracy	정확도	Humor	유머	Pleasure	즐거움	Team work	팀워크
Achievement	성취	Charm	매력	Discovery	발견	Health	건강
Empathy	공감	Transparency	투명성	Familiarity	친숙함	Nostalgia	향수
Courage	용기	Passion	열정	Justice	정의	Success	성공
Competitiveness	경쟁력	Contemporary	동시대성	Communication	소통	Spirituality	영적임
Courtesy	예의	Playfulness	명랑함, 장난기	Diversity, variety	다양성	Personalization	개인화
Excellence	탁월함	Innovation	혁신	Freedom	자유	Quality	품질
Friendliness	호의	Clarity	명료성	Loyalty	충성도	WOW factor	WOW 요인
Peace, calm, ease	평화, 평온함, 편안함	Affinity	친밀감	Proactivity	진취성	Tradition	전통
Internationality	국제성	Coolness	침착함	Economic	경제성	Convenience	편의성
Creativity	창의성	Respect	존경	Independence	독립성	Richness	풍요로움
Leadership	리더십	Intelligence	지성	Imagination	상상력	Expertise	전문성
Caring	배려	Brilliance	총명함	Logic, rationality	논리, 합리성	Change	변화
Security	보안	Growth	성장	Safety	안전성	Commitment	몰입
Reliability	신뢰성	Development	발전	Learning	배움/학습	Value for money	적격성
Practicality	실용성	Optimism	낙관	Flow	몰입감	Stability	안정성
Simplicity	단순함	Organization	체계성	Originality	독창성	Flexibility	유연성
Accountability	책임	Excitement	흥미진진함	Liveliness	활기	Focus	집중
Connection	연결성	Provocation	도발	Satisfaction	만족	Challenge	도전
Customer focus	고객 중심	Harmony	조화	Effectiveness	효과	Gentleness	친절함
Dynamism	역동성	Openness	개방성	Inspiration	영감	Moderation	절도 있음

3. 브랜드 성격을 묘사하라

브랜드가 사람이라면…

브랜드가 사람이라고 상상해 보자(그래… 안다. 이상하지만 잠시만 그렇다 해보자). 그런 다음, 주위 사람을 대하는 방식, 유머 감각(실제로 유머러스한 브랜드일 수도 있다) 등, 성격적 특성을 써보자. 더 나아가 옷 입는 스타일,

취미, 개인적 취향, 그리고 성격을 특징짓는 데 도움이 될 만한 것들, 말하는 스타일까지도 묘사하라. 64페이지의 질문 리스트를 보면서 하면 더 쉽고 재밌게 이 작업을 할 수 있다.

브랜드의 성격은 사용자의 성격이 아니고 실제로는 매우 다를 수 있으며 사용자와 맺고자 하는 관계에 따라 달라질 수 있다(61페이지 참고).

TIP 04 평가 척도에서 어디쯤 해당하는가?

64페이지에 있는 성격 설문지를 사용하는 것 외에도, 나는 **빅 브랜드 시스템**Big Brand System의 파멜라 윌슨Pamela Wilson이 개발한 성격묘사 툴을 주로 사용한다. 브랜드의 핵심 인력에게 다음 6가지 척도로 브랜드 성격을 평가해 달라고 요청하라. 때때로 그들의 답은 놀랍고 통찰력이 있다.

개인적인, 친숙한	⟵⟶	사무적인, 전문적인
즉흥적인, 충동적인	⟵⟶	신중한, 계획적인
현대적인 또는 첨단 기술의	⟵⟶	고전적이고 전통적인
엣지edge있는	⟵⟶	안정된, 자리를 잡은
재미있는	⟵⟶	진지한
누구나 쉽게 다가설 수 있는	⟵⟶	상류층의, 고급스러운

사례: 카리스마 넘치는 엄마

수면 컨설턴트를 위한 보이스앤톤을 디자인하려고 그녀와 세 시간 넘게 커피를 마시는 동안, 그녀는 타깃 고객인, 생애 처음으로 엄마가 된 이들에 대한 많은 이야기를 들려줬다. 이 젊은 엄마들은 지속적인 정보의 흐름에 노출돼 있는데, 이로 인해 그들은 자신의 아이를 이해하고 그 아이에게 최선인 것을 판단하는 능력과 자신의 직관력에 대한 의구심을 느낀다. 이 설명을 기반으로 우리는 브랜드 성격을 함께 구축했다.

수면 컨설팅 브랜드가 사람이라면 35세의 여성이자 엄마가 됐을 것이고, 편안하지만 패셔너블한 옷차림일 것이다. 그녀는 신문에서 육아와 건강 섹션을 먼저 읽고, 제한된 자유시간을 DIY 프로젝트나 러닝, 사교활동에 사용한다. 그녀는 관대하고 헌신적이며 세심하고 배려심이 많지만 권위적이고 꼼꼼하다. 그녀는 재미있고 행복하며 세상에 진짜 비극은 없다는 분위기를 자아낸다. 그녀의 지식수준은 높지만 설교하기보다는 듣는 편이며, 남에게 생색을 내기보다는 존중하려는 편이다. 그녀는 전문성과 경험을 바탕으로 진정성을 담아 성실히 임하기 때문에 신뢰감을 준다. 그녀는 상식이 풍부하고 앞서 있지만, 엄마로서의 직감 또한 존중한다.

이런 성격을 보이스앤톤에 어떻게 반영할까?

- 분명히 이는 깊이 있는 주제지만 너무 심각하게 들리지 않도록 하는 것이 중요하다. 오히려 유머를 곁들여 가볍고 자연스럽게 풀어라.

- 전문적인 자료를 계속 사용하고, 대화하듯이 진정성 있게 이야기하라. 아는 체 하거나 이건 되고 저건 안된다는 식의 설교가 되지 않도록 하라. 보이스앤톤을 통해서 좋은 경험이 만들어져야 하며, 이를 통해 호기심을 갖고 도전하게 해야 한다.
- 개별 면담 시간 및 전체 상담 과정에서 받는 모든 서비스를 잘 정리된 리스트로 전달해 엄마들이 관대함과 헌신을 느낄 수 있게 하라. 이렇게 하면 브랜드가 얼마나 많은 도움을 줬는지를 한눈에 알 수 있게 된다.
- 세심한 배려와 존중을 표현하려면 불안감을 안고 있는 새내기 엄마가 글의 중심이 돼야 한다.
- 브랜드의 성격은 친근함과 전문성을 척도로 삼았을 때 정중앙에 위치한다. 엄마들과 동등한 위치에서 이야기하지만, 그렇다고 그녀들의 절친과 같은 존재가 돼서는 안 된다.

마이크로카피에 유머 담기: 제대로 사용하기 위한 7가지 가이드라인

마이크로카피에 대한 흔한 오해는 사람이 말하는 것처럼 들리게 쓰면 재미있게 만드는 데에 효과가 있다고 생각하는 것이다. 이런 식의 접근 때문에 "너무 열심히 시도하는" 마이크로카피 사례가 꽤 많이 생겨왔다. 이럴 경우 마이크로카피 라이터들이 쿨한 사람이 되기 위해 너무 열심히 시도한 나머지 자신들이 UX를 위한 글을 쓰고 있다는 사실을 잊은 것 같다는 느낌이 든다. 그렇다면 마이크로카피에서 유머를 제대로 사용하는 방법은 무엇일까?

1. 개성에 맞을 때만 사용하라

브랜드나 제품을 일부러 멋지거나 재미있게 디자인했는가? 이유가 무엇인가? 비전이나 가치에 있는 어떤 것이 이를 뒷받침하는가? 유머, 빈정거림 그리고 위트가 브랜딩에 도움이 되고 사용자와의 관계를 강화할 수 있지만, 한편으로 사용자에게 피해를 줄 수도 있다. 예를 들어 브랜드가 공유의 가치를 홍보하는 것으로 정해졌다면 빈정거림이 연결을 찾는 사용자를 몰아낼 수도 있다. 그러므로 멋진 카피를 쓰기 전에 브랜드 가치에 따라 그 이유와 방법을 정하라. **그렇지만 사전에 가설을 만들 때는 주의를 기울이는 것이 중요하다.** 예를 들어 당신이 서비스하는 앱이 당뇨병 환자의 식단을 모니터링 한다면 매우 심각하게 들려야 한다. 왜냐하면 많은 사람들의 삶의 질에 영향을 끼치기 때문이다. 그렇지만 "건강 문제는 심각하다"는 이유로 이를 당연하게 여겨서는 안 된다. 앱을 유머러스하게 만들어 당뇨병 환자들이 힘든 하루를 미소와 함께 견뎌낼 수 있도록 분명히 도와줄 수도 있기 때문이다.

2. 타깃 고객에게 가장 적합한 방법일 때만 사용하라

타깃 고객은 당신을 이해할까? 유머러스한 언어를 선택한 것이 사용자의 문화 및 연령 그룹과 잘 연결되는가? 사실 사소한 농담에 짜증 나는 사용자는 늘 있을 것이다. 그래도 핵심 사용자에 대해 충분히 알아야 어떤 느낌의 유머가 그들에게 적절한지 알 수 있다. 예를 들면 17세 이하의 사람들은 재미있을 때 독특한 어휘를 사용한다. 어린이나 십 대를 위한 마이크로카피를 쓸 때는 당신이 17세가 아니라면 해당 연령 그룹의 "번역가"에게 카피를 살펴보게 하고 진짜 그렇게 들리는지 알아보는 것이 좋다. 당신의 모국어가 아닌 다른 문화 또는 방언으로 쓸 때도 마찬가지다.

3. 위트가 글의 유일한 특징이 아닌지 확인하라

글 쓰는 스타일에 대해 유일하게 할 수 있는 말이 위트가 있는 것이라고 한다면 아마도 밋밋할 것이다. 마이크로카피는 향수를 불러일으키고, 활기차고, 따뜻하고, 겸손하고, 거만하고, 느긋하고, 시적이고, 날카롭고, 감상적이고, 히피적이고 훨씬 더 그럴 수도 있지만, 그것은 모두 브랜드 가치에 달려 있다. 마이크로카피가 위트 이외의 다른 것은 전달하지 않는다면, 무언가 잘못됐다는 의미다.

4. 어느 정도 많아야 과한 것일까?

글의 처음과 끝부분에서 사용자를 웃게 만들었는가? 그 중간에는 재미있을 필요가 없다. 당신이 쓴 메시지가 핵심을 때리는가? 사용자에게 무슨 일이 일어나고 있는지 알려주는 단순한 문장으로 시작하라. 가능하면 각 화면을 개별적으로 고려하는 대신 전체 흐름을 일관된 시퀀스로 작성하라. 이렇게 하면 귀중한 유머와 위트를 부드러운 손길로 분산시키는 데 도움이 될 것이다. 궁극적으로 적정량의 유머를 선택하는 것이 핵심이다. **구글이 자신들의 보이스앤톤에서 말하듯이 숲에 유니콘이 있다면 훌라후프를 하는 원숭이는 필요 없는 것이다.**

5. 어떤 것도 명확함을 해치면 안 된다. 언제나

사용자가 읽기를 중단하고 마이크로카피를 이해하기 위해 다시 읽는 것은 나쁜 신호다. 사용성이 좌우한다. 유머는 마이크로카피의 다른 특성(간결하고 명확하고 도움이 되는)에 보조역할은 될 수 있지만 절대 대체재는 될 수 없다.

6. 상황에 민감하라

시스템이 붕괴했다. 왜 그런지 이유는 전혀 감을 잡지 못한다. 작업내용을 저장하지 않았다면 이런, 모든 것이 완전히 사라진다. 하지만 인터넷도 없는 아프리카의 아이들이 있다.

7. 사용자가 얼마나 자주 농담을 보는지 염두에 두라

라이터가 자신의 농담을 너무 많이 즐기다 보면 사용자가 자주 보는 글에 유머를 사용할 위험이 있다. 이것은 이상적이지 않다. 빨리 지루해지기 때문이다. 사용자가 세 번째로 당신의 농담을 볼 때는 아마 그 농담이 더는 재미있지 않을 것이다.

보이스앤톤 디자인 두 번째 파트: 타깃 고객

1. 인구통계학적 특성을 정의하라

타깃 고객의 인구통계학적 특성: 누구에게 브랜드를 소개할 것인가?

타깃 고객이 젊은 층이라면 유행어나 속어를 사용할 수 있겠지만, 고연령층은 그런 말들이 무슨 뜻인지 모를 수도 있다. 또한 젊은 층은 일반적으로 사용자 인터페이스의 사용 방법에 대한 설명이 덜 필요하겠지만 고연령층에는 더 많은 설명과 지침을 제공해야 한다. **하지만 이 또한 빠르게 변하므로 각각의 경우에 대해서 더 검토해 볼 필요가 있다.**

타깃 고객이 특정 연령대 및 라이프 스타일을 가지고 있다면 인기 있는 TV 쇼의 대사를 인용해 마이크로카피를 더욱 감칠맛 나게 표현할 수도 있지만, 이에 속하지 않는 다른 그룹은 이해하지 못한다. 섬세하고 재치 있는 표현방식을 잘 이해하고 즐기는 고객이 있지만, 어떤 고객은 저항감이나 소외감을 느낄 수 있고 인내심을 잃을 수도 있다.

따라서 타깃 고객을 이해하는 것은 매우 중요하다. **정의할 필요가 있는 주요특성은 다음과 같다.**

- 연령
- 성별
- 거주 지역
- 교육 수준
- 결혼 여부
- 관심 영역
- 기술에 대한 사용성향

물론 타깃 고객에 대해 수집하는 다른 어떤 정보라도 보이스앤톤을 디자인 하는 데에 도움이 될 것이다.

2. 타깃 고객의 니즈와 문제를 정의하라

사용자가 느끼는 현실적인 문제와 정서적 두려움을 그들의 언어로 표현하라

모든 제품이나 서비스는 사용자의 삶을 개선하고, 더 편리하게 하며, 그들의 니즈를 충족시키거나 골칫거리를 해결해야 한다. 제품이나 서비스가 해결하는 문제와 이것이 사용자의 삶에 미치는 영향력을 잘 이해할수록 다양한 메시지, CTA, 고객 안내 문구 등에서 사용자에게 더욱 확실하게 동기를 부여하기가 쉬워진다. 그렇게 되면 타깃 고객의 신뢰를 얻기 쉬워진다. 그리고 당신이 그들의 말에 귀를 기울이고 이해하고 있다는 것과 그들의 문제나 니즈에 가장 좋은 솔루션을 제공한다는 것을 보여주기 쉬워진다.

이런 시도가 작위적이지 않고 자연스러워야 한다는 점을 강조하고 싶다. 제품이나 서비스가 사용자에게 실질적인 가치를 제공하지 못하고 문제를 해결하지 못하면 절대 성공하지 못한다. 정말 어려운 점은 사용자가 겪는 문제를 정확하게 찾아내어 그들이 쓰는 말로 설명함으로써 제시하는 해결책을 선택하도록 사용자에게 동기를 부여하는 일이다.

타깃 고객이 여러 개의 서로 매우 다른 그룹으로 이루어져 있는가?

당신이 중고장터를 운영한다고 가정해 보자. 당신은 한편으로 물건을 팔려는 사람들을 위해, 또 다른 한편으로 새로운 중고품을 사려는 사람들을 위해 글을 쓴다. 또는 십 대들과 가족들에게 다양한 디지털 제품을 제공하는 휴대폰 회사를 가지고 있다.

다음의 몇 페이지들에 걸쳐 타깃 고객에 대한 다음과 같은 질문들을 하게 될 것이다. 그들의 니즈, 희망 사항 그리고 거부감은 무엇인가 그리고 타깃 고객들과 맺고 싶은 관계의 본질은 무엇인가. 구매자와 판매자, 청소년과 가족 등과 같이 서로 뚜렷이 다른 타깃 고객을 대상으로 이런 질문들을 하면 완전히 다른 대답을 내놓을 것이 분명하다.

그렇다면 어떻게 해야 할까? 그룹별로 고유한 답을 찾아서 각각 독립된 메시지 배열을 마련해 두어라. 큰 조직을 위한 보이스앤톤 디자인을 준비하고 있다면 다른 그룹들과 일하는 영업 및 서비스 팀과 협의해야 할 수도 있다.

결국 최종적으로는 보이스앤톤 디자인의 첫 번째 파트에서 정의한 브랜드 특성은 기껏해야 미세하게 조정되는 정도일 뿐, 모든 타깃 고객들에게 동일하게 유지될 것이다. 그러나 두 번째 단계에서 알게 될 내용에 따라 메시지는 완전히 달라질 것이다.

사례: 힘든 구직활동을 함께 견뎌 나가는 방법

일자리를 찾는 것은 민감하고 특히 고통스러운 과정이다. 존재에 관련된 가장 근본적이면서 절대 없어서는 안 되는 생계에 직결된 문제이기 때문이다. 온라인 구직 게시판용 마이크로카피를 담당했을 때 구직자와의 인터뷰에서 구직 기간에 그들이 견뎌야 하는 고통스러운 경험과 어려움에 관해 많은 이야기를 들었다. 다음의 예시들은 그 중 일부에 지나지 않는데, 이를 통해 구직자가 겪는 고통이 마이크로카피의 보이스앤톤 디자인에 어떻게 영향을 미치고, 사용자와 구직 사이트 사이의 관계에 어떤 영향을 주는지 보여주고자 한다.

어려움	보이스앤톤에 미치는 영향
일자리를 구하는 데 걸리는 기간은 평균 60일이고, 그동안 구직자들은 일자리를 구하기 위해 수십 개의 사이트에 자신의 세부 정보를 제공하고 이력서를 업데이트 한다. 우리는 매일 끝없이 계속될 것으로 보이는 절망스러운 일에 관해 이야기하고 있다.	가능한 한 여러 곳에서 특정 정보를 제공하거나 폼을 채워야만 하는 **이유**를 설명했다. 구직자들에게 얻게 되는 이점을 설명했고, **그들에게** 이 행동이 목표에 한 걸음 더 가까이 다가가게 해줄 것이며 덜 좌절하게 만든다는 점을 상기시켰다. 하지만 설명이 반복되지 않도록 주의했다. 구직자들은 이런 형식의 정보 입력을 매일 하고 있기 때문이다. 우리가 사용한 보이스앤톤은 진행과 속도감이 느껴질 수 있는 다양한 능동태의 동사로 간결하고 전문적이며 직설적이었다.
구직자들은 같은 일자리를 놓고 수천 명의 지원자와 경쟁하고 있으며 그들 사이에서 쉽게 눈에 띄거나 고용주의 관심을 끌기란 거의 불가능하다는 것을 잘 알고 있었다. 그리고 이런 상황은 매우 우울하다.	수많은 사람 속에 자신이 묻힐 것이라는 두려움을 역으로 이용해 자신의 이력서에 자기소개서를 첨부하도록 유도했다. 고용주가 자기소개서가 있는 이력서에 더 관심을 보이므로 이를 추가하도록 했기에 이는 구직자들의 가장 큰 관심사가 됐다. 하지만 사용자들은 인내심이 부족하거나 낙담했거나, 때로는 단순히 게으름 때문에 이 과정을 건너뛰는 경우가 종종 발생했다. 그래서 자기소개서 폼을 작성하기 직전에 **그들이 겪는 고통을 가감 없이** 얘기하고 다른 지원자들보다 돋보이기 위해서는 자기소개서를 입력하는 것이 좋다고 다시 한번 일깨워 줬다.
고독은 구직자들이 경험하는 가장 강력한 감정 중 하나다. 그들은 다른 사람들이 일상생활을 지속하는 동안 혼자서 외롭게 인생의 가장 힘든 시기와 맞닥뜨려야만 한다.	외로움을 덜어주기 위해서는 매우 인간적인 제품, 즉 그들을 지지하며 이해하고 있다는 느낌을 전달하는 것이 중요했다. **대화하듯이 부드러운** 보이스앤톤을 사용했으며, 사용하는 문장에 **공감**을 자아낼 수 있는 감정과 관심을 반영했다.
사용성 테스트에서 구직자들은 일반적으로 고용주로부터 피드백을 받지 못하기 때문에 구직 게시판에 기재한 폼이 고용주에게 확실히 전송됐는지, 됐다면 첨부 파일도 함께 잘 전달됐는지, 고용주가 받았는지 확신하지 못했다.	이런 걱정을 해소하기 위해서 "작성한 폼이 성공적으로 접수됐습니다.", "이력서가 고용주에게 전달됐습니다.", "현재 진행 단계가 성공적으로 완료됐습니다." 등, 진행단계 전반에 걸쳐 명확한 피드백을 추가했다.

사용자가 생각하는 것을 표현하고자 할 때는 그들이 사용하는 단어를 쓰는 것이 좋다. 사용자는 항상 더 정확하고 가장 진정성 있는 문구를 사용한다. 사용자가 사용하는 단어를 이용해 브랜드의 이점을 설명함으로써 사용자를 움직여라.

어디에서 사용자의 말을 들을 수 있을까?

1. 온라인 채팅 기록

2. 설문조사의 열린 질문에 대한 답변

3. 해당 사항에 대한 온라인 커뮤니티 (예: 페이스북 그룹)

4. 소셜 미디어 상의 자사 브랜드 또는 경쟁사에 대한 피드백/코멘트

5. 사용성 테스트 영상

6. 콜센터 수/발신 통화 청취

7. 포커스 그룹 스크립트

8. 타깃 고객이 해당 문제를 논의하기 위해 사용하는 기타 플랫폼

그럼에도 부족한가? 잠재고객 5~10명 정도를 인터뷰해 보라. 친구나 가족에서 골라도 괜찮다. 몇 시간 정도만 투자하면 브랜드와 상품에 대해서 지금까지 생각하고 작성하던 방식을 완전히 바꿀 수 있을 것이다.

찾게 되는 것은? 보물이다. 전문적이고 계획적이며 이성적인 방법으로 혼자서 분석할 때는 절대 발견할 수 없는 뛰어나고 정확한 문구를 찾을 수 있을 것이다. 그저 사용자가 사용하는 단어를 가져와 카피에 적용하기만 하면 된다.

3. 타깃 고객의 꿈과 희망을 기술하라

디지털 제품을 사용하는 목적

이전 섹션에서는 디지털 제품을 통해 해결될 수 있는 부정적인 문제를 살펴봤으니, 이번 섹션에서는 사용자가 얻을 수 있는 긍정적인 결과를 살펴보겠다. 사람들이 행동을 취하기 위해서는 타당한 이유가 필요하다. 또한 이 행동이 자신의 목표로 다가가는 과정이고, 이를 통해 꿈과 희망이 이루어질 것이라는 믿음이 있어야 한다. 이러한 희망이 당신의 제품에 닿게 된 이유이자 회원 가입, 공유, 구매 등 그들에게 바라는 행동을 하게 만드는 주요 동기가 될 것이다. 따라서 사용자가 무언가를 해 주기를 바라거나, 사용자

에게 자신이 원하는 것을 할 수 있는 곳을 제대로 찾았다는 느낌을 주고 싶을 때, 이러한 꿈과 희망에 대한 이야기를 하는 것이다. 그리고 이를 위해서는 사용자의 가슴에 와 닿는 그들만의 언어를 알아야 한다(TIP 05 참고).

사례: 자산에 대해 잠깐 이야기해 보자

이 사례는 고객이 자신의 자산을 관리할 수 있는 새로운 서비스를 웹 사이트에 올리는 대형 은행의 프로젝트를 담당할 때의 일로, 타깃 고객의 꿈과 희망을 결부시키는 작업은 그다지 어렵지 않았다. 나는 정기적으로 내 은행 계좌를 살펴보지만, 그래도 내 자산의 개요를 알려주고 어디에 지출이 많고 적은지를 보여줄 수 있는 간단하고 효율적인 방법은 언제라도 좋다. 이 서비스는 자산을 조정할 시간이 없어서 미뤄뒀던 목표들(예: 오로라를 보러 여행가기) 중 일부를 마침내 이루는 데 도움이 될 것 같았다.

보이스앤톤 디자인을 진행하면서 우리는 은행 고객들이 자신의 자산에 대해 어떤 꿈과 희망을 가지고 있는지를 알게 됐다. 그들이 가진 염원은 크게 세 가지였다.

1. **마음의 평화와 장기적인 재정적 안정**. 이는 분산 투자를 통해 실현된다.

2. **통제**, 전체적인 상황을 지속적으로 파악해야 한다.

3. **삶의 질과 꿈의 실현**, 이는 신중한 자산 운용 계획과 저금을 통해 실현된다.

다음 작업은 사용자에게 새로운 자산 관리 서비스가 이러한 열망을 이루는 데 어떻게 일조할지를 보여주는 것이었다.

- 서비스의 유료 사용을 유도하기 위해 우리는 고객에게 마음의 평화, 재정적 안정, 그리고 꿈의 실현에 관해 이야기했다. "오랜 꿈 그리고 새로운 꿈을 모두 실현하고 인생을 걷다 맞닥뜨리는 그 어떤 일에도 대비할 수 있도록"

- 고객이 다양한 지출 항목에서 재정적인 목표를 세우도록 우리는 통제, 즉 관리 상태에 관해 이야기했다. "항상 최신 동향을 예의주시하세요. 그리고 언제든지 인생의 목표에 있어서 지금 어디쯤에 서있는지 살피세요."

- 또한, 통제와 정보 제공에 대한 니즈를 자극함으로써 고객이 각 지출 항목을 정확히 분류하도록 했다. "탄탄한 자산은 정확한 자산에서 시작됩니다. 분류하지 않은 지출들은 전체 상황을 파악하기 힘들게 합니다."

- 고객이 후속 관리 및 비교 서비스를 사용하도록 목표 달성에 관해 이야기했다. "앞으로의 계획을 세우고 목표를 달성하기 위해서는 되돌아보는 것도 필요합니다. 지난 한 해 동안의 자산 내역은 여기서 볼 수 있습니다."

보다시피 사용자를 독려하기 위한 문구를 찾기 위해 머리를 쥐어짤 필요가 없다. 사용자는 자신의 삶을 더 좋게 할 수 있는 무언가를 얻기 위해 당신의 웹 사이트나 앱을 방문했다. 그것이 무엇인지 알아내서 한 번 더 상기시켜 주면 된다.

4. 타깃 고객의 거부감과 우려 사항을 정의하라

사용자가 당신의 상품이나 서비스를 사용하지 못하도록 가로막는 장애물

거부감은 특별한 주의가 필요하며 결코 무시해서는 안 된다. 반대로, 이를 최소한 알아채지 못하게 처리하거나, 제거하거나, 애초에 발생하지 않도록 해야 한다. 익히 알려지고 오래된 거부감을 느끼는 경우는 돈을 쓰거나 개인 정보의 제공을 꺼리는 것 등이 있으며, 특정 상품이나 서비스에서만 발생하는 고유한 거부감도 있다. 어느 쪽이든, 이런 거부감과 걱정에 대해서 충분히 이해하고 대책을 마련하라. 그리고 사용자가 이를 극복하고 당신을 신뢰할 수 있도록 설득력 있는 이유를 제시하라.

사례: 저와 결혼해 주시겠어요?

수도 없이 봐온 로맨틱 드라마 덕분에 고전적인 프러포즈가 어떤 것인지 모두 잘 알고 있다. 한 남자와 한 여자, 그리고 다이아 반지… 무릎 꿇은 남자, 기쁨의 눈물을 흘리는 여자, 그리고 딱 맞는 반지. 한 장의 반지 사진이 페이스북에 업로드되고 그들 앞에는 행복한 삶이 펼쳐진다.

잘 알려진 대형 다이아몬드 회사는 이런 전통적인 비즈니스에 도전장을 내밀기로 하고 전적으로 약혼반지에 중점을 둔 웹 사이트를 출시했다. 타깃 고객은 반지를 끼는 여자가 아닌 선택하는 사람인 남자다. 웹 사이트에서는 다양한 반지 디자인이 수록된 광범위한 카탈로그를 제공하고, 각자 예산에 맞는 다이아몬드를 선택할 수 있다. 이런 방식으로 누구나 원하는 디자인의 반지를 예산에 맞춰 온라인으로 제작할 수 있다.

반지와 다이아몬드를 선택하는 남자는 아마도 평생 처음 겪는 일이라 걱정되는 것이 많겠지만, 동화 같은 프러포즈에 만족스러운 표정으로 행복해하는 한 여자만을 머릿속에 그린다. 사실, 약혼녀가 반지를 바꾸거나 사이즈를 교환하고 싶어 한다고 하늘이 무너지는 것은 아니지만, 눈부신 장면을 뒤엎는 로맨틱하지 않은 반전이 되고 말 것이다. 그가 걱정하는 것 중 하나는 여자친구와 관련된 것으로, '그녀의 취향에 맞는 것을 찾을 수 있을까?', '정확한 사이즈는 어떻게 알 수 있을까?' 등이다. 또 다른 걱정거리는 다이아몬드에 관한 것으로, '어떤 기준으로 다이아몬드를 골라야 할까?', '어떤 것을 미리 알아보고 문의해야 할까?', '그 다이아몬드가 진품인지, 품질은 좋은지 어떻게 알아볼 수 있을까?'하는 것이다. 그리고 무엇보다 가장 큰 근심은 '이 반지를 가지고 어떤 이벤트를 해야 할까?', '만약 그녀가 놀라면서 거절한다면…' 하는 것이다. 여기에 더해, 보안, 배송 및 수령 옵션 등 온라인 구매에 대한 일반적인 우려 사항도 존재한다.

이러한 우려 사항 중 하나라도 마음에 걸려 흔들리면 사용자는 온라인 구매를 포기하고 다른 사이트를 찾아보거나 시내 보석상으로 발길을 돌릴 수 있다. 하지만 이 회사는 타깃 고객에 대해 철저히 조사했으며 온라인에서 제품을 선택하고 구매하는 과정 중 발생할 수 있는 각각의 우려에 대해 명쾌한 참고 사항을 제시했다. 사이트에서는 반지를 고르기 전에 짧은 글로 연결되는 링크를 제공한다. 여기서 여자친구의 보석함을 한번 살펴보고, 그녀가 직접 산 반지가 어떤 것인지 알아낸 다음, 가장 아끼는 반지의 지름을 측정할 것을 추천한다. 나중에 필요하다면 추가 비용 없이 사이즈 변경이 가능하다는 약속도 있다. 색상, 투명도와 같은 모든 기술적 용어는 그림과 설명을 함께 제공한다. 반지에 동봉되는 감정서 및 보증서에 대한 언급은 물론, 구매 과정이 끝날 무렵에는 사이트 보안을 강조하고 있으며, 구매 후 30일 이내에 반품할 경우, 전액 환불을 약속한다.

거부감과 우려 사항을 체계적인 리스트로 작성하고 적절한 타이밍에 솔루션을 제시하면 사용자는 사이트를 떠나거나 고객 지원을 요청하지 않고도 편안한 마음으로 선택과 구매과정을 순조롭게 마칠 수 있다. 이는 웹 사이트 운영자와 사용자 모두에게 득이 되는 일이다.

5. 타깃 고객의 선호도를 목록으로 만들어라

타깃 고객이 경쟁사나 유사 브랜드를 선택하지 않고 당신의 브랜드를 선택하게 되는 주요 이유

당신의 브랜드를 차별화하고 경쟁사보다 더 좋게 만드는 것은 무엇일까?

전문 용어로는 '경쟁 우위competitive advantages'라고 하며, 이런 메시지로 웹 사이트를 도배하듯이 강조해야 한다.

TIP 06 사용자를 중심에 둬라

브랜드의 이점에 관해 기술할 때는 브랜드 관점이 아닌 고객의 입장에서 중요한 것을 써야 한다는 것을 명심하라. 예를 들어, 당신이 급부상하는 기술을 사용한다고 하자. 하지만 그 기술 자체로는 타깃 고객의 관심을 끌지 못하며, 어떤 경쟁 우위도 확보하지 못하고, 그 기술만의 특징을 쓰기도 어렵다. 하지만 그 기술을 통해 사용자가 지금까지 어디에서도 경험하지 못했던 것을 할 수 있다면, 그것이 사용자의 흥미를 끌 수 있는 요소가 된다. **사용자는 자신이 원하는 결과를 얻기 위한 물밑 작업이 어떻게 진행되는지에는 관심이 없으며, 결과 그 자체만이 중요할 뿐이다.** 경쟁 우위라는 것은 경쟁사가 제공할 수 없는 뚜렷한 이점을 타깃 고객에게 제공하는 경우에 나타나는 실질적인 이점이므로 당신이 아닌 타깃 고객이 관심을 두고 있는 것에 집중해야 한다.

사례: 이스라엘의 하버드

이스라엘에는 9개의 종합 대학과 약 50개의 전문 대학이 있다. 따라서 주요 교육기관 중 한 곳이 웹 사이트를 개편하기로 했을 때 브랜드 차별화가 핵심 과제였다. 당연히 새로운 보이스앤톤 디자인도 사이트의 다른 모든 요소가 그랬던 것처럼 이 도전 과제로부터 벗어날 수 없었다. 보이스앤톤 디자인을 진행하는 동안, 대학 입학 지도교사는 지원자들이 사이트를 방문했을 때의 분위기를 내게 설명해 줬다.

지원자들은 한편으로는 모든 교육기관 및 기타 출처에서 받은 정보가 넘쳐 난다고 느꼈지만, 막상 결정을 내리려 하니 정보가 불충분하게 느껴졌다. 그들은 불확실성에 노출돼 있으며, 자신의 남은 인생을 결정하게 될 진로를 잘못 선택할까 봐 막막하고 두려워했다. **그들은 웹 사이트에서 보고 읽는 내용에 따라서 결정을 내리고 싶어 했다. 그들이 찾고 있는 것은 "왜 이 대학을 선택해야 하는가?"에 대한 명쾌한 대답이었다.** "왜 꼭 여기서 공부해야만 하는가?"라는 질문에 대한 간단한 대답을 제시하고 다른 학교와 달리 우리 학교에만 있는 경쟁 우위와 미래의 학생들에게 중요하고 진정한 가치를 제공할 수 있다는 이점을 명확하고 투명한 방식으로 제시하는 것이 우리의 일이었다.

보이스앤톤 디자인을 마치면서 우리는 이스라엘의 다른 학교와 달리 이 학교만의 주요 경쟁 우위 리스트를 갖게 됐다. 리스트에는 의외의 기회, 사회적이고 전문적인 네트워크, 국제 경험, 모든 사람에게 언제나 주어지는 관심, 이론/실제/장래 커리어와의 명확한 연관성, 우수한 교수들, 잘 가꿔진 친밀한 캠퍼스, 사회적 책임과 봉사에 대한 가치, 유명인사들이 여기 와서 공부했던 점, 다양한 학업 외 활동에 대한 기회가 실려 있다. 타깃 고객의 꿈과 희망에 대한 섹션에서 보았듯이, 타깃 고객에게 동기를 부여하고 호기심을 불러일으키고 싶다면 경쟁 우위를 확연히 알 수 있게 강조해야 한다. 그리고 경쟁사에는 없는 독특한 것이 있다고 느끼게 해야 한다. 예를 들어, 입학 지원자가 사이트에서 더 많은 것을 읽도록 동기를 부여하려면 앞서 정리한 리스트에서 경쟁 우위를 다음과 같이 제시할 수 있다.

"우수한 교수진, 언제든 도전할 수 있는 창업 프로그램, 그리고 향후 몇 년 동안 고향이 될 아름다운 푸른 캠퍼스를 보러 와주신 여러분, 진정으로 환영합니다.

우리 학교는 어디에서도 찾을 수 없는 개인적 성장을 위한 방대한 기회를 제공하며, 졸업생들은 '고소득자' 리스트의 최상위에 있다는 사실을 곧 알게 될 것입니다.

국제 경험(지금 바로 글로벌 네트워크 활동을 시작하지 않으시겠어요?), 함께 수업을 받게 될 최고 수준의 학생들(이들은 당신의 평생 친구가 될 것입니다), 실용적인 커리큘럼(수료할 때쯤이면 멋진 직업이 당신을 기다리고 있을 것입니다) 그리고 학업 이외에 제공되는 모든 것(끊임없는 경험들)에 대해서 읽어 보실 것을 권합니다."

경쟁 우위 리스트가 준비되면 사용자를 사이트에 머물게 하거나 제품이나 서비스를 선택하도록 설득하는 방법에 대해 더 고민할 필요가 없다. 그저 어떤 점이 경쟁자보다 나은지 스스로 묻고 답하면 된다.

6. 브랜드/제품과 사용자 사이의 관계를 규정하라

당신이 원하는 장기적인 관계

당신이 작성한 모든 문구(마이크로카피)는 만들고 싶은 관계 유형과 잘 맞아야 하며, 그래야 관계를 형성하고 유지할 수 있다. 다음은 관계의 예시들이다.

- 친구
- 절친
- 멘토와 멘티
- 공동의 목표를 가진 사람들
- 부모
- 지인
- 사업 파트너
- 팀장과 팀원
- 영업사원과 바이어
- 유명 인사와 팬
- 커플
- 관리자와 개인 비서

사례: 높은 생활비에 맞서 싸우는 우리 둘

몇 년에 한 번씩, 누군가 온라인을 통해 말도 안 될 만큼 낮은 가격에 물건을 구매할 수 있는 방법을 창안해낸다. **비포유페이**[B4Upay] 사이트 사용자는 시장 조사를 마친 뒤 이 사이트로 이동해 자신이 발견한 최저가를 등록하고 물건을 주문한 다음, 더 낮은 가격으로 물건을 구매할 수 있도록 공급 업체 사이의 비공개 입찰을 진행해 달라고 요청한다. 이 사이트는 사용자가 찾은 것보다 낮은 가격으로 똑같은 제품을 구입할 수 없는 경우, 사용자의 신용카드로 청구하지 않겠다고 약속한다. 일단 주문이 들어가면 그들은 여러 공급 업체에 연락해 해당 제품에 대해 최저가 견적을 요청한다.

공급 업체는 비포유페이가 사용자의 신용카드로 해당 물품을 최저가로 구매한 사실을 알고 있기 때문에 거래를 빨리 마무리 짓고자 더 싼 가격을 제시하고 이로 인해 일반적인 시장 가격보다 낮은 가격으로의 구매가 보장된다.

비포유페이와 사용자 사이에 만들고 싶었던 관계는 매우 명확했다. 비포유페이와 사용자는 하나의 팀으로, 높은 생활비라는 적을 상대로 한 편이 돼 싸우며 가장 낮은 가격을 받기 위해서 함께 행동한다. 이러한 관계를 만들기 위해 우리는 기회가 있을 때마다 이 협업에 대해, 그리고 이 사이트가 그들과 함께 그들을 위해 운영되고 있다는 사실을 강조했다. "당신이 찾아낸 최저가를 알려주세요. 그러면 더 저렴한 가격으로 구매해 드리겠습니다.", "이제 저희가 가장 저렴한 가격을 제시하는 공급 업체를 찾는 동안 편안히 앉아 기다리기만 하면 됩니다.", "원하는 상품이 우리 목록에 없나요? 잠시만 기다리세요. 고객님을 위해 찾아드리겠습니다.", "비포유페이를 통해 주문해 주셔서 고맙습니다! 고객님이 버튼 클릭만으로 돈을 절약할 수 있게 돼 행복합니다."라고 말이다.

마무리: 보이스앤톤 디자인은 어떤 모습인가

보이스앤톤 디자인은 수많은 방법과 스타일로 작성될 수 있으며, 각각의 브랜드는 그 목적에 가장 잘 맞도록 디자인돼야 한다.

대부분의 브랜드와 조직에서는 이번 장에서 논의한 모든 섹션을 요약한 **내부 작업 문서**를 준비하는 것으로 충분하다. 이 문서는 콘텐츠 담당자가 마이크로카피, 카피라이팅 혹은 콘텐츠를 만들어 내는 데 사용될 것이다.

하지만 브랜딩 형성을 위한 노력의 하나로 보이스앤톤 디자인을 준비하거나, 다양한 매체(웹 사이트, 마이크로카피, 소셜 미디어, 뉴스레터, 채팅이나 이메일을 통한 사용자와의 연락 등)의 여러 작가에게 이 새로운 보이스앤톤 디자인이 스며들기를 바라는 대기업이라면 많은 예제가 포함된, 잘 디자인된 브랜드만의 공식 가이드를 만들 가치가 있다.

포맷도 융통성을 발휘할 수 있다. 워드 문서, 구글 doc, 잘 디자인된 프리젠테이션, 웹사이트처럼 용도에 가장 잘 맞는 것이면 무엇이든 괜찮다.

보이스앤톤 디자인과 관련된 예는 인터넷에 많다. 그중 내가 주목하는 세 가지는 리즈 대학교^{University of Leeds}(https://goo.gl/JvvbZw), 이메일 마케팅 회사인 메일침프^{Mailchimp}(www.voiceandtone.com), CRM 기업인 세일즈포스^{Salesforce}(19장에서 자세히 다룬다)의 가이드이다. 이 세 가지 문서는 서로 분명한 차이를 보이지만, 전반적인 글을 통한 의사소통, 특히 보이스앤톤 디자인에 대해 많이 배울 수 있을 것이다. 찾아서 즐겨보라.

등대와 닻: 보이스앤톤 디자인의 활용 방법

보이스앤톤 디자인은 글쓰기에서 가장 중요한 두 가지 문제에 대한 해답을 포함한다. **어떤 스타일로, 무엇을 쓸 것인가?** 이것이 웹 사이트, 앱, 뉴스레터, 혹은 소셜 미디어를 위한 콘텐츠를 작성할 때 계속해서 보이스앤톤 디자인을 참조해야 하는 이유다.

등대: 어떤 스타일로 써나갈지에 대한 질문에 답할 때, 보이스앤톤 디자인은 항로를 정하고, 캐릭터를 제공하며, 브랜드의 가치와 성격에 어울리는 보이스앤톤을 유지할 수 있도록 해준다. 일단 보이스앤톤 디자인에 대해 잘 이해하고 있으면 그 정신을 되새기고 캐릭터에 빠져들 수 있도록 가끔 조언만 해주면 된다.

닻: 메시지를 다룰 때, 보이스앤톤 디자인은 필요한 모든 방침을 제공한다. 어떻게 사용자에게 동기를 부여할지, 장애물은 무엇이며 어떻게 제거할지, 혹은 어떤 메시지가 가장 효과적인가에 대한 의문이 생길 때마다 보이스앤톤 디자인 가이드를 열고 살펴보기만 하면 된다. 정답은 늘 거기에 있을 것이다.

이번 장을 마무리하며

보이스앤톤 디자인은 그 자체로 끝이 아니다. 나는 브랜드의 개성을 멋지게 살린 훌륭한 보이스앤톤 디자인을 만들어 놓고도 그 가이드에 맞춰 글을 작성하는 것에 실패하는 조직을 많이 봐왔다.

왜 이런 일이 일어날까? 글쓰기는 깨기 힘든 습관이다. 이미 형성된 사고의 흐름에 따라 늘 사용하는 단어, 익숙한 문장으로 글을 쓰는 것이 훨씬 쉽다. 이런 패턴은 반복되는 위협이 아닐 수 없다.

보이스앤톤 디자인은 과거의 낡은 습관을 털어내고 매번 새롭게 생각하게 한다. 그 결과 우리의 가치에 맞고, 사용자에게 중요한 것을 강조하는 글을 쓰고, 설정한 목표를 달성할 수 있게 된다.

보이스앤톤 디자인은 그저 시작일 뿐이다. 일단 완성하면 이에 따라 글을 써야만 한다. 자신을 버리고 브랜드에 빙의한 듯 글을 써야 한다.

이것은 도전적이고 매력적인 일이며, 글쓰기 능력을 키워 한 단계 더 도약할 수 있도록 해준다.

그러므로 오랜 습관으로 되돌아가고 싶은 유혹을 떨쳐 버리기 바란다. 인내심을 갖고 계속 노력한다면 보이스앤톤 디자인은 새로운 습관으로 빠르게 자리 잡을 것이다.

원하는 보이스앤톤으로 이끌어 줄 질문

다음의 질문들을 브랜딩 과정에서 구체화하거나 핵심 인력과의 그룹 인터뷰를 진행할 때 물어보라.

파트 1. 브랜드

비전

- 브랜드가 세상에 어떤 변화를 가져오기를 바라는가? 성공한다면 세상은 어떻게 더 좋아질까?
  그 대답은 **미래**에 있으며, 반드시 이룰 필요는 없다. 그럴지만 나아가야 할 길을 가리키고, 이상적인 결과를 강조하기 위한 등대 역할을 한다.

미션

- 비전을 달성하기 위해 무엇을 하고 있는가? 어떻게 변화를 널리 알리고 있는가?
  그 대답은 **현재**와 관련이 있으며, 주요 방법과 행동 영역에 대해 간결하게 설명할 수 있어야 한다.

- 브랜드가 지속하고 그에 따라 행동하는 데 있어 기준이 되는 중요한 가치는 무엇인가?
- 브랜드가 세상에서 추구해야 할 중요한 가치는 무엇인가?
- 이러한 가치들 중에서 당신과 브랜드를 위해 가장 중요한 **다섯** 가지 가치[03]는 무엇인가?
- 각각의 가치를 몇 개의 단어로 기술해 보라. 당신에게는 어떤 의미이며 브랜드에 있어서는 어떤 의미인가?

성격

- 브랜드가 사람이라면 방으로 걸어 들어 오는 그/그녀를 **처음 본 순간**에 드는 세 가지 생각은 무엇인가?
- 함께 앉아 커피를 마시면서 서로를 더 알아간다면 어떤 점을 더 발견하게 될까?
- 브랜드가 사람이라면 나이는 몇 살일까? 옷 입는 스타일은 어떨까? 결혼은 했을까? 신문을 펼쳐 가장 먼저 읽는 섹션은 스포츠, 예술, 뉴스 중 어디일까? 스마트폰은 갤럭시나 아이폰 중 어떤 것을 사용할까? 취미와 관심사는 무엇일까?
- 유머러스한 사람일까? 그렇다면 언제 그런 유머를 사용할까?
- **"이건 절대 아니야."**라고 할 만한 것은 무엇일까?
- 브랜드를 가장 잘 대표하는 유명인은 누구일까?

파트 2. 타깃 고객

니즈와 문제점

- 제품/서비스를 통해 해결할 수 있는 **현실적인** 문제점은 무엇인가?
- 제품/서비스가 어떤 **정서적인** 걱정과 스트레스를 바로 덜어주거나 해결해 주는가?

기대와 꿈

- 사용자는 어떤 일이 일어나기를 기대하며 제품/서비스를 사용하는가?

---

03 브랜딩 과정에서는 이것을 Big 5라고 함 - 옮긴이

- 제품에 대한 어떤 생각이 사용자를 흥분시키는가? 사용자에게 어떤 기대를 주는가?
- 인생에서 어떤 중요한 가치가 충족되기에 제품을 사용하는가?
- 브랜드가 약속한 것은 무엇인가? 향후 어떤 결과를 내놓겠다고 약속하는가?

거부감과 우려

- 제품이나 서비스가 필요한 사람은 누구이며 웹 사이트나 앱을 알고 있는 사람은 누구인가? 그리고 누가 중도에 사용하지 않게 되는가? 그들의 시도를 막고 있는 것은 무엇인가?
- 사용자가 프로세스 전반(사용 전, 사용 중, 사용 후)에 걸쳐 갖게 되는 주요 우려 사항은?
- 사용자에게 혼란을 주거나 명확하지 않은 것은 무엇인가?

선호도

- 주요 경쟁 브랜드는 어디인가?
- 브랜드가 **사용자 관점에서 실질적인 가치로 느낄만한** 경쟁 우위 요소를 가지고 있는가?
- 사용자가 유사한 제품이나 서비스를 사용할 수 있음에도 불구하고 왜 당신에게 오는가?

브랜드와 사용자 사이의 관계

- 브랜드와 사용자 사이에 어떤 관계를 형성하고 싶은가?
- 사용자가 웹 사이트나 앱에 머물러 있을 때나 브랜드를 접하고 있을 때 어떤 느낌을 주고 싶은가?
- 사용자가 자신에 대해 어떻게 생각하고 느꼈으면 좋겠는가? 어떤 유형의 자기 지각Self-perception 04을 갖도록 독려하고 싶은가?
- 브랜드에 관해 묻는 질문에 사용자가 어떻게 대답하기를 원하는가?

---

04 자기 자신을 파악하는 과정을 말하는데, 대릴 벰(Bem, 1972)의 자기 지각 이론에 따르면, 내적 단서를 해석하기 어려울 때 사람들은 자기 자신의 행동을 관찰함으로써 자신에 대한 통찰을 얻는다고 한다. 페스팅거(Festinger, 1954)의 사회 비교 이론에서는 사람들이 자신의 능력이나 의견에 대한 확신이 없을 때 자신을 남들과 비교함으로써 자신을 파악하게 된다고 주장한다(출처: 네이버 지식백과, 사회 심리학(심리학용어사전)). – 옮긴이

2장

대화형 글쓰기

이 장의 주요 내용

- 디지털 제품에 대화가 필요한 이유
- 대화형 글쓰기의 정의
- 실행 원칙과 요령

고객 서비스 담당자에게 드는 투자 비용

현재 작업 중인 디지털 제품(예: 웹 사이트, 앱, SaaS[01], 전문가 시스템, 인터랙티브 키오스크 등)은 구동되는 그 날로부터 브랜드의 공식 대표로서 고객 서비스를 담당한다. 즉, 디지털 인터페이스가 브랜드를 대신해 고객이 들어올 때 환영 인사를 하며, 제품이나 서비스를 보여주고, 사용 방법을 설명하고 권유하며, 고객이 떠날 때는 작별인사를 한다.

당신은 어떤 타입의 고객 서비스 담당자를 전면에 세우고 싶은가? 어떤 타입의 고객 서비스 담당자를 만났을 때 브랜드가 정말 유익하며 **당신을** 배려한다는 믿음을 갖게 되는가? 나는 개인적으로 진실하고 자연스러운 미소를 띤, 다른 사람들을 기꺼이 돕고자 하는 마음을 가진 담당자를 매우 좋아한다. 이런 담당자는 서비스 지향적이고, 자신과 브랜드 그리고 고객을 존중하는 태도로 유쾌하게 말하며, 서먹함을 없앨 수 있는 가벼운 농담도 던질 줄 안다(그리고 고객의 농담에 적당히 반응을 보인다). 한마디로 말하자면, 노련한 담당자는 내가 수천 명의 고객 중 하나라는 사실을 완전히 잊을 정도로 개개인에 맞춘 서비스를 제공한다.

진짜 인간인 고객 서비스 담당자로부터 느끼는 신뢰와 친밀감을 글로 경험하게 만들려면 **인터페이스에 쓰인 글이 실제로 고객과의 대화**라는 것을 인식해야 한다. 그리고 이런 글이 더 진정성 있고 따뜻하고 인간적으로 느껴질수록(심지어 보험 회사일지라도) 고객 경험은 더 좋아질 것이다.

전통적으로 건조한 산업임에도 불구하고, 대화형 글쓰기의 이점에 대해 더 자세히 알아보려면 케이트 모랜[Kate Moran]의 기사 「The impact of tone of voice on users' brand perception(보이스톤이 사용자의 브랜드 인식에 미치는 영향)」(닐슨 노먼 그룹[Nielsen Norman Group])을 참조하라.

---

01 소프트웨어의 여러 기능 중에서 사용자가 필요로 하는 서비스만 이용할 수 있도록 한 소프트웨어이다. 공급업체가 하나의 플랫폼을 이용해 다수의 고객에게 소프트웨어 서비스를 제공하고, 사용자는 이용한 만큼 돈을 지급한다(출처: [네이버 지식백과] 서비스로서의 소프트웨어 [Software as a Service] (손에 잡히는 IT 시사용어, 2008.02.01, 한국정보통신기술협회)). - 옮긴이

통념을 깰 준비가 돼 있는가?

1장에서 클리포드 나스 교수의 실험을 통해 봤듯이, 인터페이스가 더 인간적이고 사회적 규범과 잘 맞을수록 더 많은 사용자가 접속하고 반응하며, 인터페이스가 제공하는 것이 더 설득력을 갖게 된다. 따라서 디지털 제품의 보이스앤톤이 최대한 사람의 대화에 가깝도록 하는 것이 중요하다.

실제 현장에서 만나는 대부분의 디지털 제품은 인간과 매우 거리가 멀다. 문구는 기계적이고 형식적이고 메말라서 개인적인 관심을 기울인다는 느낌을 전혀 받지 못한다. 엄격하고 냉담하며 형식적인 보이스앤톤이라서 미소, 환대, 따뜻함이나 성의를 발견하기 어렵다.

예시

- 에러. 다시 시도해 주세요.
- 이 작업을 수행하려면 로그인하세요.
- 유효한 이메일 주소를 입력하세요.
- 계정이 없는 경우, 이 작업을 계속해서 끝내려면 이 페이지에서 계정을 만들고 본인 인증을 해야 합니다.

왜 이런 일이 생길까? 그 이유는 우리가 어릴 때부터 글쓰기와 말하기를 서로 다른 스타일로 배워왔기 때문이다. **문어체**는 보통 격식을 갖추고 더 복잡하며 정중한 것으로 여겨지는 반면, **구어체**는 가볍고 거침없으며 더 일상적이고 누구나 쉽게 이해할 수 있으며 접근하기 쉽다고 여겨진다. 과거 문어체는 시차가 있는 지연된 커뮤니케이션에 사용됐다. 이때 수신인은 편지 같은 실제 종이를 받은 후 내용을 읽게 됐는데, 편지는 작성된 후 수일이 지나 도착하는 경우가 많았다. 그러나 구어체는 대면 커뮤니케이션이나 전화에서만 사용됐다. 바꿔 말하면, 구어체는 메시지를 듣는 순간 곧바로 응답을 받는 개인적인 커뮤니케이션에 사용됐다.

그 후 인터넷이 생겨났고 모든 것이 엉망이 됐다. 이메일은 지연된 커뮤니케이션과 즉각적 커뮤니케이션 사이의 차이를 줄였다. 이 차이 또한 인스턴트 메신저의 출현으로 거의 없어졌다. 페이스북Facebook이나 왓츠앱WhatsApp으로 커뮤니케이션할 때 우리는 글을 쓰는 것일까, 아니면 말을 하는 것일까? 같은 맥락으로, 채팅 앱에서는 어떤 스타일의 커뮤니케이션을 사용하는 것일까? 문어체일까, 구어체일까?

카멜 와이즈먼Carmel Wiseman과 일란 고넨Ilan Gonen은 자신들의 저서 『Internet Hebrew』(Keter Publishing House, 2005, 히브리어로 출판)에서 이에 대한 매력적인 해답을 다음과 같은 제시했다(해당 도서 21페이지 참조).

> 인터넷은 문자 언어와 음성 언어 사이의 오랜 경계를 허물어버리고 세 번째 선택권을 만들어 냈다. 바로 대화형 글쓰기이다.

그러므로 우리는 구어체나 문어체가 아닌, 오히려 이 둘의 요소를 결합한 새로운 것을 고민하고 있다.

자, 이제 통념을 깰 준비가 됐는가?

당신이 말하는 대로 써도 괜찮다. 구어체를 사용해서 말이다.

그러나 고객에게 부정확한 언어로 말할 수는 없다!

맞다! 절대 수준 이하의 언어로 고객과 대화해서는 안 되지만 구어체가 수준 이하라고는 할 수 없다. 상사, 고객 또는 중요한 공급 업체와 공식적인 대화를 할 때도 우리는 구어체를 사용한다. 그리고 이것이 부적절하지는 않다.

어떤 차이가 있을까? 부적절한 스타일이란 표현이 거칠고 실수로 가득 차서 오해로 이어지는 것을 말한다. 문장 구조는 혼란스럽고 일관성이 없으며 엉성하다. 내가 말하는 구어체는 이런 스타일이 아니라, 예의 바르고 정중하며 문법적으로도 정확하다(속어를 지능적으로 사용하는 것처럼 의도적으로

틀리게 말하지 않는 한). 또한 일관되고 정확하며 모호하지 않다. 등한시하거나 혼동하지 말아야 할 것이 있다. 대화형 글쓰기는 탁월해야 하지만, 탁월하다는 것이 엄격하거나 냉담하다는 뜻은 아니라는 것이다.

인터페이스는 두 가지 측면을 모두 가지고 있어야 한다. 브랜드를 대표하는 위치에 있지만 상냥한 느낌을 주고, 전문성이 느껴져야 하지만 차갑지 않고 미소를 보낼 줄 알며, 공손하지만 동등한 관계여야 한다. 주위를 둘러보라, 인간도 마찬가지다.

실제로는 그리 간단하지 않다는 것을 나도 알고 있다. 많은 디지털 제품 카피라이터는 힘든 고민의 시간을 거친 후 두 언어 스타일의 차이, 즉 한편으로는 정중해야 하며 다른 한편으로는 그렇지 않아야 하는 컨셉을 포기하게 된다. 그렇기 때문에 그들은 격식을 갖춘 문어체를 고수한다. 실제 제품의 성격과 스타일이 완전히 다른 보이스앤톤을 필요로 할 경우에도 말이다. 하지만 때로는 대화형 글쓰기를 사용하는 데에 알맞은 도구가 없기 때문에 이런 문제가 생기기도 한다. 다음 섹션에서는 이런 경우 도움이 되는 도구를 제공하고 있다.

소리 내어 말하지 않는 것은 글로도 쓰지 마라

대형 은행, 보험회사, 정부 기관처럼 진지하고 심각한 느낌의 브랜드라 하더라도 사용자가 브랜드 측 변호사와 이야기하는 듯한 느낌을 받게 할 필요는 없다. 변호사보다는 고객 서비스 담당자가 더 낫다. 당신은 사용자가 소외감이나 위협을 느끼기를 원하는 것이 아니라, 제품이 인간적이고 세심한 고객 서비스 담당자를 대신할 만하다는 느낌을 주고 싶을 것이다.

문어체에는 격식을 갖춘 상황에서라도 소리 내어 말하지 않는 단어와 문구가 포함된다. 서비스 지향적이며 진정성 있는 대화의 경험을 제공하기 위해서는 격식을 차린 딱딱한 문구를 가능한 한 사용하지 말아야 한다. **규칙은 "소리 내어 말하지 않는 것은 글로도 쓰지 말라"**이다. 다음 예시에서 밑줄 쳐진 단어는 디지털 인터페이스에서 사용하지 말 것을 권한다. 그 자리에 이를 대신할 적절한 대화체 글을 적어둔다.

- 걸고 싶으신 전화번호를 입력하세요. ➜ 몇 번으로 전화를 거시겠어요?
- 이 사이트에 이전에 등록한 적이 있으시면 이메일 주소와 비밀번호를 제시해 주세요. ➜ 이미 가입하셨나요? 이메일과 비밀번호를 입력하세요.
- 인증 목적을 위해 귀하가 제공한 이메일 주소로 이메일이 발송됩니다. ➜ 인증 메일이 이메일 수신함으로 전송됩니다(조금 더 격식을 갖춘다면, 이메일 주소로 전송됐습니다).
- 전화로 구매하는 것도 가능합니다. ➜ 전화 결제도 가능합니다.
- 구매하고자 하는 제품들 ➜ 쇼핑 리스트
- 로그인 정보는 아래에 상세히 나와 있습니다. ➜ 이메일 및 비밀번호:
- 비밀번호를 잊어버린 경우 ➜ 비밀번호를 잊어버렸다면

문장은 그런 식으로 구성되지 않는다

말할 때는 거의 안 하지만 글을 쓸 때는 하게 되는 두 가지 일이 있는데, 이는 문장의 구조와 관련이 있다.

1. 수동태보다는 능동태를 사용하라

격식을 갖춰 글을 쓸 때 다음과 같은 문장이 만들어지기도 한다.

선호되는 결제방식을 선택해 주세요.

그러나 '선호되는'은 수동태이며 소리 내어 말할 때 이런 식으로 말하지 않는다. 예를 들어, "누군가 그것을 선호한다."고 하지, "선호되는 것"이라고는 하지 않는다. 보통 우리는 앞에 있는 사람에게 다음과 같이 능동태로 간단하게 묻는다.

어떻게 결제하시겠어요?

아니면 이렇게 요청할 것이다.

결제 방식을 선택해 주세요.

구어체 문장의 능동태는 대화 중인 상대방에게 초점을 맞추기 때문에 더 좋은 표현이다. 따라서 마이크로카피를 쓸 때는 언제나 능동태를 사용하라.

2. 연결용 단어를 누락시키지 마라[02]

우리는 일상적인 대화를 할 때 나를 중심으로 한정사[03]와 같은 연결용 단어를 사용해 문장의 파트와 파트를 연결한다. 그래야 문장이 더 분명해지고 자연스러우며 사적인 대화로 느껴지기 때문이다. 하지만 글로 쓸 때는 이런 단어들이 사라지는 경우가 많다. 이로 인해 문장은 더 복잡해지고 전하고자 하는 메시지의 흐름이 방해받는다.

예시

- 상세 주문내역 ➡ **당신이 주문한** 상세 내역
- 지도를 닫아주세요. ➡ **열려 있는(또는 선택한)** 지도를 닫아 주세요.
- 장바구니 내 상품 개수 ➡ **당신이** 장바구니에 넣은 상품 개수
- 설정을 저장하세요. ➡ **이러한** 설정을 저장하세요.
- 상품을 선택하세요. ➡ **하나의** 상품을 선택하세요.

수동태로 연결용 단어를 사용하지 않고 만든 문장은 억지스럽고 어색하게 들리며 이해하기 어렵다. 그러므로 능동태로 글을 쓰고 문장의 모든 부분이 올바르게 연결됐는지 확인하라.

---

02 이 섹션은 영어나 히브리어를 기준으로 작성돼 있기 때문에 우리말로 했을 때 오히려 어색하게 느껴질 여지가 있다. 섹션 전체의 삭제도 검토했지만, 저자의 요청으로 최대한 우리말에 맞게 번역 및 편집을 하려고 노력했다. 다소 어색한 표현이 있더라도 이 섹션에서 저자가 말하고자 하는 의도에 초점을 맞춰 읽어주기 바란다.

03 현대 언어학에서 분류하는 품사의 한 종류로, 명사 앞에 쓰여 그 의미를 특정하는 단어들이 이에 속한다. 여기에는 관사(a/an, the), 지시사(this, that 등), 양화사(수량을 나타내는 many, much 등), 소유격 대명사(my, your 등), 기타 all, both, no, some, any 등이 있다. 한국어 문법에서 볼 때 관형사와 쓰임이 비슷하다. - 옮긴이

뛰어난 대화체 문장을 쓰는 요령

1. 그냥 말하라

어떻게 문장을 구성할지 아직 결정하지 못했는가? 사용자가 바로 당신 앞에 서 있다고 상상해 보라. 그들에게 어떻게 말할 것인가? 문장을 미리 다듬거나 구성하지 말고 최대한 자연스럽고 즉흥적으로 하려고 노력하라. 이 방법은 두 사람이 같이할 때 도움이 된다. 한 사람이 물으면 다른 한 사람은 마음속에서 가장 먼저 떠오르는 말로 대답한다.

2. 크게 소리내어 읽어라

작성한 글을 큰 소리로 읽어 보라. 자연스럽게 들리는가? 술술 이어지는가? 진짜 사람이 말하는 것처럼 들리는가? 그렇다면 훌륭하다.

3. 지루한 형식은 피하라

실제 대화가 재미있는 이유는 대화가 어떻게 흘러갈지 예측할 수 없으며 완전히 똑같은 대화를 두 번 다시 할 수 없다는 데 있다. 글이 실제 대화의 일부처럼 느껴지려면 대화가 오고 가야 한다. 일반적인 형식("거래가 성공적으로 완료됐습니다.", "잠시만 기다려 주세요.", "에러입니다. 다시 시도해 주세요." 등)을 사용하는 대신, 이런 특정 맥락에서 사용자에게 **정말** 하고 싶은 말은 무엇인지 자신에게 물어라.

4. 질문하라

질문을 던지면 대화가 오고 가는 느낌을 만들 수 있다. 누군가는 묻고 다른 누군가가 대답하는 것처럼 말이다. 그래서 "비밀번호를 수신할 이메일 주소를 입력하세요."라는 표현보다는 "링크를 어디로 보내 드릴까요?"라고 말할 수 있다. 이런 질문 형식의 문장은 사용자의 행동을 촉구하기도 한다. 인간은 대답할 수 있음에도 답하지 않은 채 질문을 남겨두지 못하기 때문이다. 그러나 질문을 너무 많이 하지 않도록 조심해야 한다. 진 빠지게 하는 인터뷰처럼 들릴 수도 있기 때문이다.

대화형 글쓰기의 6가지 속성

✓ 사용자에게 직접적으로 말한다.

✓ 자연스럽다.

✓ 짧게 요점만 말한다.

✓ 보통 일상에서 쓰는 단어를 사용한다.

✓ 능동태를 쓴다.

✓ 물 흐르듯이 매끄럽다.

TIP 07 속어 - 허용할 것인가 아니면 금지할 것인가?

약간의 속어가 가미된 언어는 더 인간적이고 진정성 있게 들린다. 그 정도는 좋지만, 디지털 제품은 다른 고객 서비스 담당자와 마찬가지로 브랜드를 대표하는 위치에 있으므로 주된 표현과 허용 가능한 수준의 속어 사용이라는 틀을 유지해야 한다. 단어나 문구가 허용 가능한 수준인지는 어떻게 알 수 있을까? 모국어로 글을 쓰면 알게 될 것이다. 자신과 본능을 믿어라. 모국어가 아닌 다른 언어로 글을 쓴다면 사용한 속어가 가볍고 온화하며 대표성이 있는지를 원어민에게 검토받아라.

두 번째로 단일 문화권을 위한 글이 아닌 한, 문화적인 특성이 강한 속어를 사용하지 말라. 또한 그것이 명백하지 않은 경우, 속어는 마음에 상처를 줄 수 있다. 성차별이나 인종차별적 속어는 절대 금지다.

3장

액션을 끌어내는
마이크로카피

이 장의 주요 내용

- 혜택은 가장 강력한 동기 요인이다.
- 들뜬 사용자는 더 쉽게 행동한다.
- 당신은 그저 이따금 문만 열어주면 된다.
- 사회적으로 승인된 것은 효과가 있다.

글쓰기로 사용자의 행동을 끌어내는 네 가지 주요 원칙

UI 요소 각각을 심도 있게 살펴보기 전에, 모든 요소에 있어서 사용자의 행동을 끌어내는 데 도움이 될 네 가지 원칙에 관해 설명하겠다. 사실 이 원칙은 고객을 대상으로 글을 쓰는 곳이라면 어디든, 심지어 디지털 제품 이외에도 적용할 수 있다.

1. 방법이 아닌 가치에 관해 이야기하라

사용자가 웹 페이지, 웹 사이트 또는 특정 행동이 자신과 관련 있는지 판단하는 데는 겨우 몇 초밖에 걸리지 않는다. 이 말은 당신 역시 사용자에게 그곳에서 그 행동을 했을 때 얻게 되는 가치를 분명하게 보여주는 데 몇 초밖에 쓸 수 없다는 의미다. 그렇기 때문에 모든 것이 아주 단순하고 분명해야 하며 설득력이 있어야 한다. 사용자에게 해당 제품이나 서비스를 사용하면 얻게 되는 것이 무엇인지, 어떤 문제가 해결되는지, 혹은 삶이 어떻게 좋아질지를 분명하게 알려라. 보이스앤톤 디자인(1장 참조)을 만들었다면, 바로 이때가 이런 문제를 열어 놓고 깊이 있게 들여다 볼 시간이다. 모든 내용이 그곳에 다 들어있다.

어떻게 할 수 있을까? 글의 초점을 사용자가 혜택을 얻기 위해서 무엇을 해야 하는지가 아닌, 그들이 무엇을 얻을 수 있는가로 바꿔라.

예시

제목: 올바른 재정 관리를 위한 다양한 툴

대체하는 글: 이제 부채는 모두 잊어버리세요.

또는: 부채를 한 번에 영원히 없애세요.

제목: 중고차를 구매하는 새로운 방법

대체하는 글: 편안한 마음으로 차를 바꾸세요.

또는: 중고차, 번거롭지 않게 완벽한 품질 보장으로

스스로 다음과 같이 물어보라. 제품과 서비스를 사용한 사람들은 어떻게 변할 것인가? 사용자가 이전에는 할 수 없었던 것 중 어떤 일을 할 수 있게 됐는가? 사용자를 위해 어떤 문제를 해결했는가?

그리고 그것에 관해 이야기하라.

브랜드나 제품 또는 서비스에 대해 자꾸 이야기하고 싶어지는 것에 주목하라. 그것이 얼마나 좋은지, 무엇을 제공하는지, 상대적인 이점은 무엇인지 등을 알리고 싶을 것이다. 이런 질문들은 대답이 필요한 정말 중요한 것이다. 하지만 사용자의 행동을 끌어내고 싶다면 당신 자신에 대해 말하지 말고, **사용자에 대한 것만 이야기하라**. 당신이 주는 것이 아닌 사용자가 무엇을 받게 되는지, 즉 **당신이** 어떻게 사용자의 문제를 해결하고 그들의 꿈을 이뤄줄지가 아니라 어떻게 **사용자가** 문제를 없애고 꿈을 이룰지를 이야기해야 한다.

때에 따라 이것은 전적으로 기술적인 문제일 수 있다. 문장의 주체가 누구고, 누구에 관해 이야기하고 있는지를 확인하라.

원문: 등록하시면 빠르게 체크아웃을 하실 수 있습니다(문장의 주체는 등록이다).

대체하는 글: 빠른 체크아웃을 위해 등록하십시오.

원문: 기프트 카드는 25개의 엄선된 매장에서 물건을 구매하실 수 있도록 해드릴 것입니다.

대체하는 글: 기프트 카드로 25개의 엄선된 매장에서 쇼핑하실 수 있습니다.

2. 즐겁게, 들뜨게 하라

클리포드 나스 교수(1장 참조)는 연구를 통해 **유머**에 대한 다음과 같은 사실을 발견했다. 유머는 사람들로 하여금 자신에 대해 더 긍정적으로 느끼게 하고, 인터페이스를 더 좋아하게 만들고 그 진가를 알아보게 하며, 특히 인터페이스가 제안하는 것을 더 잘 따르고 받아들이게 한다.

그렇게 말하면서 그는 너무 지적인 유머나 복잡한 말장난은 하지 말 것을 강조했다. 이런 말장난은 관련 없는 사용자를 떠나게 할 수 있으며 바보 같다는 느낌을 줄 수 있다. 또한, 속어와 함께 인종, 성차별 등 불쾌한 유머는 피하고, 사용자가 겪은 고통이나 고난은 언급하지 말아야 한다. 선의의 유머만을 사용해야 한다(49페이지 7가지 가이드라인 참조).

들뜬 사용자 역시 동기 부여가 쉽게 된다. 그들은 사물의 긍정적인 면을 보고, 위험을 감수하려 하며, 행동을 취할 준비가 돼 있다. 나스 교수에 따르면, 이런 상태의 사용자는 실제로 뭔가를 정말 하고 싶어 하므로 아무것도 결정하지 않기보다는 무엇이라도 결정을 내리려 한다. 따라서 사용자를 들뜨게 만드는 데 성공했다면 그들은 곧 당신의 고객이 된다.

3. 고객을 존중하라: 행동 권유

나는 CTA 전략을 종종 **행동 권유**라고 부른다. 왜 그럴까? 그것은 아마도 내가 사람들이 나에게 어떻게 하라고 하는 말을 듣기 싫어하기 때문인 것 같다. 이런 말을 들으면 거꾸로 하고 싶은 마음이 싹 사라진다. 나는 행동을 취했을 때 얻게 되는 이점을 분명하게 알려 주고 나에게 결정할 기회의 문을 열어 두는 것을 더 좋아한다.

공격적인 서비스나 판매 기법들은 단기적으로는 효과가 있을지 몰라도, 웹 사이트나 앱 서비스를 통해 원하는 유형의 관계를 형성하는 데는 도움이 되지 않는다. 우리의 목적은 보통 브랜드와의 신뢰 관계, 연속성 그리고 감성적인 연결고리를 구축하는 데 있다. 즉 즐거운 추억을 제공해 장기적인 관계를 형성하고, 한 번의 우연한 만남이 아닌 영원한 관계를 만드는 것이다. 가장 좋아하는 유명 브랜드를 떠올려보라. 그 브랜드가 가진 매력, 우아함 그리고 상호 존중이 느껴지지 않는가?

어떻게 하면 그렇게 할 수 있을까? 사용자에게 행동에 따르는 이득에 관해 설명한 다음, 원하는 행동을 취하도록 권유하라. 능동적이고 매력적으로 쓰되 공격적이지 않아야 하며 지저분한 기교는 부리지 말아야 한다(TIP 08 참조).

작성한 권유 문구가 사용자에게 중요한 무언가를 제공하는지, 그들을 존중하는지, 장기적으로 만들고자 하는 관계의 유형과 잘 맞는지를 되짚어 보라.

4. 사회적 증거: 모든 사람이 다리에서 뛰어내린다면?

인간은 사회적 동물이다. 때로는 얼마나 그런지 그 정도에 놀라기도 한다. 사회적 증거란 사람들이 어떤 행동을 취할 때 타인의 행동에 따라 어떻게 할지 결정한다는 심리학적 현상이다(군중 심리로도 알려져 있다). 예를 들면 한적한 식당보다 손님이 들끓는 식당을 선호하고, SNS 상태에 '좋아요'가 하나도 없는 것보다는 조금이라도 있는 것을 더 좋아하는 현상을 말한다.

나와 같은 선택의 갈림길에 섰던 사람들이 어느 한쪽을 택했다는 사실은 해당 상황의 불확실성을 줄이고 자신감을 느끼게 한다. 더불어 이 행동을 취했던 사람들로 구성된 가상의 공동체에 속한 느낌이 들게 한다.

사회적 증거가 고객전환율conversion rate을 극적으로 높인다는 사실은 이미 연구 결과를 통해 확인됐다(로버트 치알디니Robert Cialdini 교수가 쓴 유명한 저서 『설득의 심리학』(21세기북스, 2013)을 읽어 보길). 긍정적인 사회적 증거는 버튼 바로 옆에 둬서 클릭을 유도하거나(이 내용은 버튼에 대해 집중적으로 다루는 11장에 더 자세히 나온다), 프로세스의 시작 단계에서 CTA 전략의 일부로 활용할 수 있다. 사회적 증거에 관한 예시는 나중에 더 많이 제시될 것이다.

사회적 증거의 유형

* **숫자가 말한다** – 오늘 얼마나 많은 사람이 이 제품을 구매했는가? 또는 이 제품을 구매한 사람은 총 몇 명인가? 얼마나 많은 사람이 이 서비스를 이용하는가? 얼마나 많은 사람이 바로 지금 이것을 보고 있는가? 얼마나 많은 사람이 이 가이드를 다운받았는가? 이 비디오의 누적 시청 시간은 얼마인가?

- **구체적 사실** – 서비스를 마지막으로 이용한 사람의 이름, 이 제품이 가장 많이 팔린 지역. 일반적으로 사회적 증거의 요소(이름, 사진, 댓글)가 구체적일수록 신뢰감은 더 높아진다.
- 다른 사용자의 **의견, 사용 후기 및 추천**
- **평점**, 예를 들어 트립어드바이저와 같은 평가 사이트의 별점 또는 인용
- **공식적인 수상 내용 및 언론의 긍정적 리뷰**
- **소셜 미디어** – 공유 혹은 좋아요 버튼, 현재까지의 누적 클릭 수 등
- **다른 고객** – 이미 제품이나 서비스를 사용하고 있는 저명인사의 이름이나 로고

TIP 08 괜찮아, 나는 바보로 남을래

요즘 유행하고 있는 트렌드로 컨펌셰이밍Confirmshaming01 또는 매니퓰링크Manipulink02라는 방법이 있다. 이는 자기 의심을 불러 일으켜 확신을 갖지 못하게 하는 버튼이나 링크를 말하는 것으로 사용자가 자신들이 원하는 대로 하지 않으면 분명히 어리석은 것이라고 말한다.

예시
- 괜찮아, 그냥 판매가 저조한 채로 남고 싶어.
- 괜찮아, 돈을 모으고 싶지 않아.
- 괜찮아, 그냥 이번 기회를 놓치고 싶어.

---

01 사용자가 제안을 거절하는 것에 대해 죄책감을 느끼도록 자극해서 자신들의 의도대로 행동하도록 유도하는 것. 예를 들면, 웹 사이트에서 뉴스레터 수신거부 옵션에 대한 마이크로카피를 작성할 때 사용자가 죄책감을 느끼도록 작성함으로써 결국 수신동의를 하게 만드는 것이다. – 옮긴이

02 manipulative link(조작 링크)의 줄임말로 rejection link(거부 링크)라고도 한다. 사용자의 성격이나 우선 순위에 대해 바람직하지 않게 말하는 것을 일컫는다(출처: https://www.nngroup.com/articles/shaming-users/?lm=non-profit-websites-donations&pt=article). – 옮긴이

이런 버튼을 볼 때마다 나는 깜짝 놀란다. 도대체 어떤 논리로 브랜드가 사용자 자신을 나쁘다고 느끼도록 만드는가? 대답은 말할 것도 없이 고객 구매전환율 논리에 있다. 더 많은 고객이 버튼을 클릭할수록 판매가 증가한다. 이 방법은 분명 효과가 있겠지만, 단기적일 뿐이다. 장기적으로는 당신의 신용과 사용자의 신뢰가 희생되는 것이다. 사용자는 지난번에 당신의 제품을 사용하다가 자신이 바보처럼 느껴졌던 것, 또는 원하지도 않는 일이지만 하지 않으면 바보라는 소리를 듣기에 억지로 했던 것을 기억할 것이다.

마이크로카피를 작성할 때는 항상 고객의 입장이 돼라. 고객이 스스로를 긍정적으로 느낄 수 있게 하고, 그들을 하찮게 만들지 마라. 사용자가 정말 방문하고 싶고, 다시 돌아오고 싶어 하는 곳으로 만들어라. 이렇게 하면 지금의 구매전환 수치는 낮을 수 있지만, 제품과 서비스가 필요할 때면 언제든 다시 돌아오는 더 많은 충성고객을 얻게 될 것이다.

따라서 버튼에 감정을 자극하는 글을 무신경하게 쓰기보다는 고객이 느끼는 가치를 강조해 사용자에게 동기를 부여하는 데 더 많이 투자하라.

2

경험과 참여

모든 단어가 기회다

파트 1에서는 보이스앤톤 디자인에 관해 다뤘는데, 우리는 여기서 사용자의 행동을 이끌어내기 위해 공유해야 할 주요 메시지를 정의하는 방법에 대해 배웠다. 즉 어떤 이점을 강조할지, 해결해야 할 고객의 우려 사항은 무엇인지, 브랜드를 접하는 고객에게 어떤 느낌을 줄지 등을 말이다. 파트 2에서는 이것을 디지털 제품에 실제로 적용하는 방법에 대해 알아본다.

각 장에서는 사이트나 앱에서 가장 많이 사용되는 요소를 다룬다. 또한 평범한 웹 페이지를 브랜드만의 개성이 넘치는 페이지로 만드는 방법, 사용자의 마음을 움직여 기꺼이 행동에 이르도록 동기를 부여하는 방법에 관해서도 설명한다.

이어지는 각 장에서는 웹 사이트의 모든 단어, 모든 페이지, 모든 폼^{form}이 기회임을 배울 것이다. 사용자를 소중히 생각하고 있음을 보여주고, 사이트에서 사용자의 활동을 늘리고, 브랜드 차별화를 확립할 그런 기회 말이다. 모든 제목과 입력 필드 그리고 버튼, 심지어 짜증 나는 에러까지도 사용자에게 놀라움을 주고 기대하게 만들 기회이며, 당신이 사용자를 생각하고 있고 그들에게 권할 정말 좋은 것을 갖고 있음을 보여줄 기회다. 각 장에는 이해하기 쉽고, 글을 쓸 때 활용할 수 있으며, 즉시 구현할 수 있는 명쾌한 원칙이 있다.

4장

회원 가입, 로그인, 비밀번호 복구

이 장의 주요 내용

- 3단계로 된 탁월한 회원 가입 폼
- SNS 계정을 이용한 회원 가입
- 기존 회원을 위한 로그인
- 비밀번호 복구

회원 가입 폼

사용자에게 디지털 제품에 대한 회원 가입을 요청할 때 기본적으로 알릴 내용은 이번 방문이 마지막이 아니길 바라며, 어떤 식으로든 계속 관계를 이어 가고 싶다는 것이다.

사용자가 회원 가입을 하지 않는 데는 최소한 두 가지 타당한 이유가 있다.

첫 번째, 회원 가입은 대개 일정 폼을 요구하거나 SNS 계정을 이용해야 한다. 사용자는 폼을 채우는 것을 정말로 싫어한다. 이 작업은 시간이 걸리고 타이핑이 필요하다. 또한, 개인 정보를 제공해야 하며, 비밀번호를 기억하거나 다른 비밀번호를 만들어야 하며, 때로는 생각지도 못한 책임이나 비용 지급을 떠안게 되기도 한다. SNS 계정으로 연결하는 방식이 널리 수용되고 있지만, 여전히 개인 정보 보호에 대한 우려 때문에 회원 가입을 건너뛰고 싶어 한다.

두 번째, 관계라는 것은 일종의 책임인데, 꼭 해야 하는 일이 아니라면 누가 떠맡고 싶어 하겠는가? 그저 가끔 사이트에 들르면서 평화롭게 지낼 수 있는데 애써 사이트에 등록해야 할 이유가 있을까?

사용자는 회원 가입을 얼마나 싫어할까? 아주 많이 싫어한다! 결제하기 전에 회원 가입을 강요하면 심지어 쇼핑 카트에 넣어둔 물건을 그대로 버려두고 다른 사이트에서 똑같은 것을 찾기도 한다. 실제로 한 대기업에서 결제 전에 하던 회원 가입 절차를 생략했더니 연 매출이 3억 달러나 상승했다(제러드 M. 스풀[Jared M. Spool 01]이 쓴 기사 「The $300 Million Button」을 읽어보라). 그 정도로 사람들은 회원 가입을 아주 싫어한다.

그렇다면 회원 가입이 선택 사항이든 의무 사항이든 간에, 우리는 이런 장

---

01 센터 센터(Center Centre)의 공동 창립자이자 세계에서 가장 큰 사용성 연구 조직인 UIE(User Interface Engineering)를 설립했다. 대표 저서로는 『Web Usability: A Designer's Guide』((Morgan Kaufmann, 1998), 『Web Anatomy: Interaction Design Frameworks』(NewRidersPublishing, 2009)가 있다(출처: https://www.uie.com/about/). – 옮긴이

애물을 없애는 것에 주목해야 한다. 그래야 사용자가 기꺼이 회원 가입을 하고, 왜 **그들**이 우리와 관계를 맺고 싶어 하는지, 회원 가입이 **그들**에게 주는 혜택은 무엇인지 이해하게 된다.

다음의 회원 가입 폼은 인터넷에서 흔히 볼 수 있는 것으로, 사용자에게 전혀 도움이 되지 **않는다**. 여기에는 사용자가 회원가입 여부를 결정하는 데 도움이 될 만한 것이 없으며, 포기하고 나가버리는 것을 막기 위한 어떤 노력도 보이지 않는다. 이 사이트는 사용자가 정말 싫어하는 폼만 그냥 화면에 띄우고 아무 말도 하지 않는다. 그런데도 사용자가 회원 가입을 해야 할까?

단순히 회원 가입 폼을 디자인하고 보여주는 것만으로는 부족하다. 사용자가 등록하도록 유도하는 작업도 필요하다. 이를 달성하려면 다음의 3단계를 따르라.

1. 타이틀부터 바꿔라

사용자를 '사용자'라 부르지 마라. 그러니까 **'신규 사용자'**, **'기존 사용자'** 혹은 **'등록회원 로그인'**이라고 쓰지 말란 얘기다. 타이틀을 **'회원 가입'**, **'등록'**, **'신규 회원'** 혹은 **'계정 만들기'**라고 쓰는 것은 필수적이다. 그래야 사용자가 자신이 어디에 있는지 그리고 여기서 무엇을 하게 될 것인지 이해할 수 있다. 그러나 기계적으로만 표현해서는 안 된다. 사용자에게 직접 어필하라. 그리고 대화형 글을 써서 맞이하라.

다음과 같이 추가하라.

- 만나서 반가워요.
- 아직도 가입하지 않으셨어요? 지금이 바로 그때입니다.
- 뵙게 되니 좋네요 :)
- 지금부터 바로 저희와 함께 사진을 편집하고, 친구를 찾고, 앨범을 만들어 보세요. 회원이 되시면 웹 사이트에서 할 수 있는 건 무엇이든 시작하실 수 있습니다.
- 여기 처음이세요?
- 나도 여기 끼워줘요!
- 저희 멤버가 아니세요? 이 일을 바로잡아 보자고요!

하지만 창의력을 너무 과하게 발휘하지는 말자. 사용자가 등록하는 곳을 제대로 찾았다는 것을 알 수 있어야 한다.

내가 권하는 것은 회원 가입 폼의 타이틀을 약간 감칠맛 나게 쓰는 것임에 주목하기 바란다. 내비게이션 바에 있는 **회원 가입/로그인** 링크는 바꾸지 마라. 사용자는 정확히 이런 단어들을 찾을 것이며 모든 것을 바꾸면 찾기 힘들게 될 것이다. 실제 회원 가입 페이지에서만 창의력을 발휘하라.

2. 사용자에게 회원 가입의 가치를 설명하라

등록이 필수인 경우에도 사용자가 자신의 일생 중 2분 정도를 제품 등록에 투자해야 하는 이유를 충분히 설명해야 한다. 첫째, 회원 가입을 한 사용자만이 가질 수 있는 모든 이점을 리스트로 만들어라. 그런 다음, 회원 가입 폼 맨 위나 옆에 결정적인 한가지 또는 중요한 이점 2~3가지를 글머리 기호 리스트 형태로 써둬라. 많이도 필요 없다. 2~3가지면 충분하다.

예시

- 빠른 결제
- 위시리스트 만들기
- 상세 정보를 딱 한 번만 입력해 주세요.
- 주문 및 배송 조회, 구매 내역 확인
- 단계별 진행 상태 추적
- 회원 전용 페이지 또는 기능
- 회원에게만 제공되는 금전적인 특혜

적당히 고르지 말고, 실제로 사용자에게 도움이 되는 핵심적인 이점만을 선택하라.

3. 장애물을 제거하라

왜 당신은 방문하는 모든 사이트에 회원 가입을 하지 않는가? 내가 한번 맞춰보겠다.

1. 가입 폼을 작성하는 데 걸리는 시간과 노력 때문에
2. 이메일 주소를 알려 주면 스팸 메일에 시달릴까 봐
3. 때로는 사이트 측에서 나중에 결제 요청을 할지도 모른다는 걱정 때문에

모든 사용자는 이러한 두려움을 가지고 있기 때문에 충분히 설명하고 안심시켜야 한다. 회원 가입 절차는 짧고 간단하며, 수집된 이메일 등 개인 정보는 제삼자에게 절대 공개되지 않으며, 지나치게 많은 이메일을 발송하지 않겠다고 분명히 약속해야 한다.

마지막으로 버튼, 성공 및 에러 메시지를 잊지 마라

회원 가입은 디지털 제품에 있어 가장 중요한 프로세스 중 하나이다. 회원 가입 버튼에 CTA 전략을 적용해야 한다는 것(11장의 TIP 19 참조)과 사용자가 가입하길 잘했다고 느끼게 할 탁월한 성공 메시지를 작성하는 것(8장 참조)을 잊지 마라. 명쾌하고 기분 좋은 에러 메시지(7장 참조)도 당연히 제공해야 한다.

사례

나이키에서는 스포츠 애호가들이 아는 역동적이고 설득력 있는 방식으로 스포츠 및 개인적 가치를 많이 내세운다.

나이키의 모든 것을 위한 계정
궁극의 장비, 전문가의 안내, 믿을 수 없는 경험, 그리고 끝없는 동기 부여까지
당신이 원하는 것은 무엇이든, 나이키가 제공합니다.
페이스북으로 등록하기
이미지 출처: www.nike.com

라이프이즈굿Life is good이라는 티셔츠 사이트에서는 회원 가입이 필요한 가장 고전적인 세 가지 이유를 글머리 기호 리스트로 보여주며, 가입 절차 역시 쉽다는 점도 언급한다. 그러나 타이틀에 약간 맛을 더했다면 회원 가입 절차가 더 재미있었을 것이다.

신규 회원
계정 만들기는 쉽습니다. 다음 폼을 작성하시고 회원만의 혜택을 맘껏 누리세요.
[지금 계정 만들기]
• 배송지 주소 및 결제 정보 저장
• 주문 추적 및 주문 내역 보기
• 빠른 결제
이미지 출처: www.lifeisgood.com

테드TED는 타이틀과 첫 문장이 서로 잘 어우러져 사용자에게 환영한다는 느낌을 잘 전달한다. 그런 다음, 신중하게 고른 혜택을 심플하고 깔끔한 스타일로 제시한다. 페이스북 계정으로 가입하는 사용자에게는 허락 없이 어떤 것도 포스팅하지 않겠다는 약속도 한다(SNS 계정을 이용한 회원 가입에 대한 자세한 내용은 이번 장의 뒷부분을 참고하라).

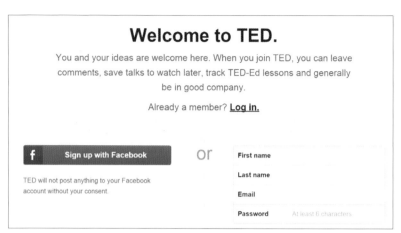

테드에 오신 것을 환영합니다.
당신과 당신의 아이디어를 환영합니다. 테드에 가입하시면 댓글을 남길 수 있으며,
강연을 저장해 뒀다가 나중에 볼 수도 있으며,
TED-Ed 수업을 따라가다 보면 대부분은 좋은 회사에서 일할 수 있게 됩니다.
이미 회원이신가요? **로그인**
테드는 당신의 동의 없이 페이스북 계정에 어떤 것도 포스팅하지 않습니다.
이미지 출처: www.ted.com

띠브^{Thieve}는 알리 익스프레스^{AliExpress}에서 특별한 아이템을 큐레이팅한다. 그들의 회원 가입 CTA는 아주 간단하고 핵심을 찌른다. 그 점이 너무 좋다. 그러나 디자인(페이스북 연결을 위한 검은색 버튼, 폼 없음), 일반적이지 않은 워크플로우(로그인이 실제로는 회원 가입임) 그리고 간결한 표현 때문에 사용자가 클릭 시 SNS 계정이 방금 마주친 이 웹사이트와 연결된다는 것을 충분히 이해 못 할 수도 있다는 점에 유의하라. 좀 더 명확하게 언급할 필요가 있다고 생각한다.

회원 가입 하세요
좋아요를 누르고, 수집하고, 세일 알림을 받아보려면
회원 가입
구글이나 이메일로 회원 가입하기
이미지 출처: www.thieve.co

소사이어티6^{Society6}도 디자인된 아이템을 취급한다. 사용자의 회원 가입을 장려하기 위해 그들이 제공하는 혜택은 아티스트를 지원하는 서비스 모델의 일부이다. CTA 를 보면 그들은 사용자가 예술과 아티스트에 대해 똑같은 애정을 가지고 있다고 믿고 있다.

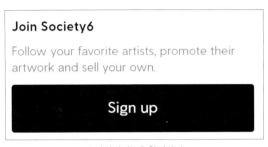

소사이어티6에 참여하기
좋아하는 아티스트를 팔로우하세요.
그들의 작품을 홍보하면서 당신의 작품도 판매해 보세요.
회원 가입
이미지 출처: www.society6.com

푸드닷컴^{food.com}처럼 타이틀 없이 바로 본론에 들어가도 된다. 사용자에게 회원 가입은 여기서 하라고 선언하듯 알리는 대신, 이런 식으로 쓰면 사용자가 자신에게 중요한 혜택들을 보게 되므로 내용을 계속 읽게 된다. 이 사이트는 회원들에게 요리 및 손님 접대와 관련된 온갖 다양한 이점을 제안한다. SNS에서 음식에 관심이 있는 사람이라면 누구도 거절할 수 없는 그런 제안을 말이다.

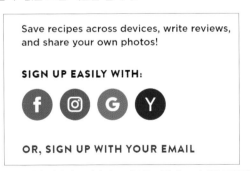

여러 기기에 걸쳐 레시피를 저장하고 리뷰를 작성하고 사진을 공유하세요!
아래의 방법으로 쉽게 가입하시거나
아니면, 이메일로 가입하세요.
이미지 출처: www.food.com

비포유페이는 1장에서 이미 소개한 이스라엘 회사다. 사용자에게 서비스 이용을 위해서는 회원 가입이 꼭 필요하지만, 왜 이것이 좋은지, 회원 가입 후 생활이 어떻게 더 편리해지는지 잘 설명하고 있다. 그리고 마지막에 회원 가입과 제공 서비스는 완전히 무료임을 약속한다.

Create an account with **b4upay**
and get the best prices on the Internet

Why sign up?

- Get an email as soon as we close the deal
- Easily track your orders
- We'll save your address for your next order

Signing up and service are **free**.

You can only gain

비포유페이의 계정을 만드시고 인터넷에서 물건을 가장 저렴한 가격으로 구입하세요.
왜 회원 가입을 해야 하냐고요?
· 거래가 완료되는 즉시 이메일 받을 수 있으니까요.
· 주문 내역을 쉽게 추적할 수 있으니까요.
· 다음 주문을 위해 주소를 저장해둘 수 있으니까요.
회원 가입과 서비스는 모두 무료입니다.
회원님은 얻어가기만 하세요.
이미지 출처: www.b4upay.com (디자인: KRS, 히브리어를 영어로 번역)

페이팔^{PayPal}은 사용자에게 회원 가입을 하면 이전에는 할 수 없었던 일을 할 수 있다고 말한다. 회원 가입 후 일상이 어떻게 바뀌고 좋아지는지를 사용자에게 분명히 설명하고 있는데, 이것은 주요 가치를 전달하는 탁월한 방법이다. 타이틀에서도 회원 가입은 무료라는 것을 강조해 비용 지급이라는 장애물을 제거한다.

Join PayPal now. Signing up is free!

Choose from 2 types of accounts:

● **Personal Account**

Shop in Israel and around the world from your computer or on your mobile – all without sharing your financial info with the sellers.

○ **Business Account**

Accept payments and send Detailed Payment Requests to your customers. It's easier and more secure to sell to anyone, anywhere, and any time.

Continue

지금 페이팔에 가입하세요. 가입은 무료입니다!
두 가지 타입의 계정 중 하나를 선택하세요.
• 개인 계정
이스라엘과 전 세계 어디에서나 PC나 모바일로 쇼핑하세요.
당신의 금융 정보는 판매자에게 절대 공유되지 않습니다.
• 비즈니스 계정
결제를 승인하고 상세한 결제 요청을 고객에게 보냅니다.
언제 어디서든 누구에게나 더 쉽고 안전하게 판매할 수 있습니다.
이미지 출처: www.paypal.com

블로그 플랫폼인 **미디엄**Medium은 미등록 사용자 대비 회원 등록을 한 사용자가 가지게 되는 많은 혜택에 관해 설명한다. 이런 혜택들은 이 플랫폼에서만 누릴 수 있는 특정한 것이며 서비스를 충분히 이용하려면 대단히 중요하다.

Join Medium.

Create an account to personalize your
homepage, follow your favorite authors and
publications, applaud stories you love, and
more.

G Sign up with Google

f Sign up with Facebook

미디엄과 함께 하세요.
계정을 만들어 홈페이지를 개인화하세요. 좋아하는 작가와 출판물을 팔로우 하세요.
당신이 사랑하는 스토리에 박수를 보내세요. 그리고 더 많은 것들을 누리세요.
이미지 출처: www.medium.com

TIP 09 회원등록, 회원 가입, 가입 - 어떤 용어가 적절할까?

회원 가입 Sign up이란 용어는 단순하고 신속한 디지털 프로세스라는 느낌을 주는 반면, **회원등록**Register이란 용어는 금융이나 건강보험 혹은 TV 공급업체와 같이 어떤 폼을 작성하고 상세 정보를 제공하는 것이 필요할 때 더 적절하다.

가입Join이란 용어는 사용자가 어떤 콘텐츠나 서비스를 이용하도록 권유하는 경우가 아닌, 단순 커뮤니티 같은 느낌을 만들고자 할 때 사용할 것을 권한다.

회원 입장 vs. 로그 인

사용자가 가입하거나 회원등록을 하는 방법뿐만 아니라 나중에 사이트에 액세스하는 방법에 대해서도 고민해야 한다. '**회원 가입**Sign Up'과 '**회원 입장**Sign In'은 나란히 붙여 사용하지 않는 것이 좋다. 사용자는 혼란스러워서 잠시 멈추게 되는 반면 우리는 최대한 쉽고 직관적으로 사이트에 액세스할 수 있기를 바란다. 그래서 '**회원 가입**Sign Up'을 사용할 경우에는 '**로그 인**Log In'과 짝지어 사용해야 한다. 버튼 색상을 달리하는 것도 도움이 될 수 있다. 페이팔의 링크는 다음과 같다.

그리고 이것은 코세라^{Coursera}의 것이다.

SNS 계정을 이용한 회원 가입

SNS 계정을 통한 회원 가입은 사용자가 군이 가입 폼을 작성하지 않고도 등록할 수 있으며, 우리도 사용자에 관한 더 많은 정보를 얻을 수 있어 서로 윈윈^{win-win}하는 방식이다. 현재 이 방식은 표준으로 여겨지고 있으며, 많은 디지털 제품이 이를 주요 회원 가입 방식으로 채택하고 있다.

그래도 사용자는 어느 정도의 개인 정보를 포기해야만 하므로 왜 가입 버튼을 클릭할 가치가 있는지 페이지 맨 위에 적어 둬야 한다.

개인 정보 보호에 대한 우려는 현실적인 문제이며, 사용자에게 이메일보다 훨씬 많은 정보를 요구하기 때문에, 다음 중 최소한 하나 이상을 추가하는 것이 현명한 대처다.

1. **사용자를 대신해 그 어떤 것도 게시하지 않겠다는 약속:** 알고 있다. 이 글은 페이스북 설정 과정 직후에 다시 나타난다. 그러나 사용자를 그 단계까지 가게 하고 싶다면, 그 전에 회원 가입 버튼 옆에 직접 써야 한다.

2. **SNS 계정을 통한 회원 가입의 혜택:** 이 방법이 가장 빠르고 심플하며 가장 새로운 방법이다.

3. **사용자의 개인 정보는 당신에게도 중요하며 이를 보호하기 위해서 최선을 다 할 것이라는 약속**

요즈음 이 문제를 충분히 언급하지 않는 경우가 대부분이며 아예 없는 경우도 있다. 가까운 미래에 SNS 계정을 이용한 회원 가입 방식이 너무 흔해져서 어쩌면 이 문제 자체가 사라질지도 모른다. 하지만 현재로서는 여전히 중요하고 필수적인 문제다. 나는 사이트가 개인 정보를 지키겠다는 약속을 하지 않았다는 이유로 SNS 계정으로 회원 가입을 하지 않는 사용자를 직접 본 적도 있다.

사례

SNS에 가입함으로써 얻을 수 있는 혜택을 설명하고 사용자의 우려를 완화하는 것. **유니클로**^{Uniqlo}가 다음과 같이 제대로 해냈다.

완전 핵 빠름!
따로 기억해야 할 비밀번호 없음.
당신 대신 어떤 것도 공유하거나 게시하지 않음.
이미지 출처: www.uniqlo.com

#사악하지 않음. **아소스**^{Asos}가 당신도 커버해 준다.

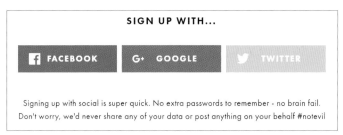

소셜 회원 가입은 완전 핵 빠릅니다. 따로 기억해야 할 비밀번호도 없어요.
전혀 어렵지 않죠. 걱정하지 마세요. 당신의 데이터를 공유하거나 당신 대신 어떤 것을
게시하는 일은 절대 없습니다. #사악하지 않음.
이미지 출처: www.asos.com

오케이큐피드^{OkCupid}는 짧고 직접적이다. 데이트, 다이어트, 임신 및 출산, 의료 및 금융 사이트와 같이 민감한 상품의 경우, 사용자의 이름으로 아무것도 게시하지 않겠다는 약속이 매우 중요하다.

페이스북에 절대 게시하지 않습니다.
이미지 출처: www.okcupid.com

이미 등록한 사용자를 위한 로그인 페이지

이미 등록한 사용자가 다시 방문할 경우, 이들은 웹 사이트나 앱의 단골로 볼 수 있다. 이런 고객은 오프라인 샵에서 따뜻하게 환영을 받는 것처럼 온라인에서도 똑같이 대해야 한다. 단순히 **'로그 인'** 혹은 **'등록한 고객'**이라고 써 놓기보다는 그들이 미소 지을 수 있고, 이 사이트에서는 환영받고 사랑받는다고 느낄 수 있으며, 그들에게 다시 방문해 줘서 정말 기쁘고 감사하다는 것을 나타낼 수 있는 그런 말을 건네야 한다.

사례

엔반토^{envanto}의 재방문에 대한 환영 인사다.

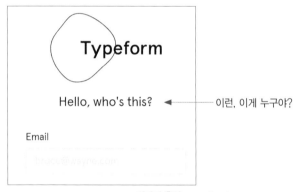

Great to have you back! ◄	─── 다시 와주시다니 정말 기쁘군요.

Username   Remind me

Password   Reset

이미지 출처: www.envanto.com

타입폼^{Typeform}은 사용자가 친구의 문을 두드린 듯한 느낌을 준다.

Typeform

Hello, who's this? ◄ ─── 이런, 이게 누구야?

Email

이미지 출처: www.typeform.com

픽몽키^{PicMonkey}는 로그인 폼 상단에 뭔가 재미있는 것을 써놓고, 사용자가 돌아올 때마다 그것을 바꾼다. LOL

> Log in like you've never signed in before. Type that
> password with passion and intent!

처음 로그인했던 때처럼 해 봐.
열정과 의지를 가지고 비밀번호를 쳐보자구!

> C'mon inside; it's cold out there! Log in and start
> working on your next masterpiece.

안으로 들어와. 바깥은 춥지! 로그인하고 다음 명작을 만들어 보자.

> Let's use teamwork today. You make something cool and
> we'll be like: Yesss!

오늘은 팀워크를 발휘해 보자. 넌 뭔가 멋진 걸 만들거고 우린 그게 뭐든 좋아. 예쓰!!

> While you were gone we ate those chips you had on
> your desk. Hope that's okay.

네가 없는 동안 책상 위에 놔뒀던 과자 먹어 버렸어. 괜찮지?
이미지 출처: www.picmonkey.com

하지만 굳이 이렇게까지 할 필요는 없다. 몇 번 하고 나면 오히려 성가시고 귀찮을 수도 있다. 너무 지나치지 않게, 좋게 들릴 정도면 충분하다.

이모지컴emojicom은 이모티콘 기반의 피드백 서비스이다. 그래서 자연스러울 뿐이다…

Welcome back
Log in to your account

돌아오신 것을 환영해요.
계정에 로그인하세요.
이미지 출처: www.emojicom.io

비밀번호 복구

로그인하고 싶지만 비밀번호를 잊어버린 사용자는 새 비밀번호를 설정하는 것 외에는 관심이 없다. 재치를 발휘할 곳도 아니고, 공을 많이 들일 필요도 없다. 짧고 단순하며 효과적인 글이 되게 하라.

사례

텀블러^{Tumblr}는 대부분의 사용자가 이미 자신의 길을 알고 있을 때 여분의 단어가 필요 없음을 보여준다.

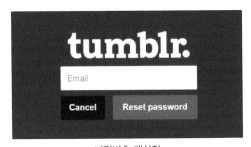

비밀번호 재설정

이미지 출처: www.tumblr.com

업서브^{Upserve}는 복구 방식에 대해 사용자가 충분히 이해할 수 있도록 짧은 설명을 추가한다.

비밀번호를 안전하게 바꾸실 수 있도록 링크를 보내 드리겠습니다.

이미지 출처: www.upserve.com

다음의 예와 같이, 아주 약간의 뉘앙스 차이를 줘서 사용자가 프로세스를 부담스럽게 받아들이지 않도록 할 수 있다.

오케이큐피드는 그들이 항상 거기에 있다고 사용자가 믿을 수 있도록 안심시킨다.

비밀번호를 잊어버리셨나요?
저희가 찾았습니다.
이미지 출처: www.okcupid.com

투두^{TeuxDeux}, 할 일 앱은 공감한다는 것을 보여주고 도움의 손길을 제공한다.

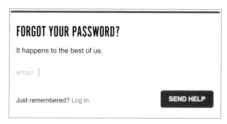

비밀번호를 잊으셨나요?
그런 일은 우리 중 최고에게만 일어나죠.
방금 기억나셨나요? 로그인
도움 요청하기

도움 요청하기 버튼을 누른 후에는 다음과 같다.

도움이 오고 있어요!
비밀번호 재설정에 대한 지침은 이메일을 체크하세요.

성공하면 다음과 같다.

> Your password has been updated. Now, get back in there!

비밀번호가 업데이트되었습니다. 이제 다시 돌아가세요!

이미지 출처: www.teuxdeux.com

5장

뉴스레터 신청하기

이 장의 주요 내용

- 뉴스레터 신청을 부르는 세 가지 스타일의 CTA 전략
- 설득력 있는 권유 3단계

왜 회원 가입을 해야 할까?

당신에게 뉴스레터가 필요한 이유는 분명하다. 뉴스레터는 고객에게 오랜 기간에 걸쳐 가치를 전달하고 브랜드를 인지시키며 친밀감과 신뢰를 기반으로 고객과의 관계를 돈독하게 만든다. 또한 고객들에게 새로 개발된 상품에 대한 최신 정보를 알리고 판매하기도 한다. 그렇기 때문에, 거의 모든 사업체는 메일링 리스트를 만들고 이를 정기적으로 발송하기 위해 안간힘을 쓴다.

문제는 우리가 간절히 바라는 만큼이나 사용자는 회원 가입을 하고 싶어 하지 않는다는 것이다. 사용자는 뉴스레터를 스팸 메일 권유로 여기고 원하지 않는 정보 더미를 받는다고 생각한다. 그들에게는 회원 가입이라는 위험을 감수할 만큼 정말 타당한 이유가 필요하다.

뉴스레터 가입을 위한 권유는 다양한 방식으로 나타난다. 사용자가 제품에 접근할 때나 밑으로 약간 스크롤할 때 나타나는 팝업으로, 회원 가입 시 보이는 체크박스로, 푸터^{footer}나 사이드바에 폼의 형태로 나타나거나, 아니면 이 모든 방법을 다 쓸 수도 있다(TIP 10 참조).

요즘 보이는 권유 방식은 크게 세 가지 종류로 나뉜다.

1. 진부하고 지루한 유형
어느 웹 사이트에서나 볼 수 있는 진부한 템플릿과 단조로운 하나의 문장으로 구성된 권유 방식으로, 사용자로부터 어떤 관심도 끌지 못한다.

예시

- 뉴스레터를 신청하시려면 다음 상세 정보를 제공해 주세요:
- 뉴스레터를 신청하세요!
- 지금 신청하시고 뉴스레터를 이메일 수신함으로 바로 받으세요.
- ○○ 메일링 리스트에 가입하세요.

이런 문장은 아무리 아름답게 잘 디자인된 팝업에 넣더라도 소용없다. 사용자는 매일같이 수십 개의 비슷한 팝업을 보며 어떤 것을 신청할지 결정해야 한다는 것을 기억하라. 과연 이런 문구가 이메일 주소 같은 개인 정보들을 당신에게 줄 이유가 될까? 사용자가 그토록 애써 지켜왔던 것인데 말이다. 당신은 최근 들어 이런 뉴스레터에 가입한 적이 있는가?

2. 최신 업데이트 정보를 제공하는 유형

"최신 업데이트 정보를 받아보세요.", "정보를 맨 처음 받아보는 사람, 그게 바로 당신입니다.", "최신 정보를 계속 받아 보시고 절대 놓치지 마세요!" 이렇게 약속하는 문장은 정말 많지만, 전부 기본적으로 사용자에게 아무 약속도 하지 않는 것과 마찬가지다.

예시

- 게시물을 놓치지 마세요! 이메일로 새 게시물 알림을 받으시려면 이메일 주소를 입력하세요.
- 새로운 상품, 세일, 프로모션을 제일 먼저 알아보세요!
- 뉴스레터를 신청하셔서 쿠폰 및 특별 혜택 소식을 받는 첫 번째 고객이 되세요.

다른 측면을 생각해 보자. 사용자가 이미 사이트에 들어와 있다면 그들은 사이트에서 무엇을 제공하는지 알고 있다. 과연 그럴까? 그리고 뉴스레터로 업데이트된 최신 정보를 받아 왔다면 무엇이 업데이트될지도 알 것이다. 맞다고 생각하는가? 그리고 그들은 분명 하나라도 놓치지 않고 싶어 할 것이다. 정말 그럴까? 아니, 사실은 그렇지 않다. 다시 말하자면, 기본적으로 사용자는 사이트가 무엇을 다루는지 알고 있고, 대개는 업데이트를 원하며, 어떤 정보가 업데이트될지 대략 알지만 충분히 알고 있는 것은 아니다.

사용자는 이런 업데이트 유형을 앞서 설명한 지루한 유형만큼이나 자주 본다. 이런 유형은 사실 모든 사이트에 게시될 수 있으며, 특정 뉴스레터에 가입할 때 얻을 수 있는 혜택이 무엇인지 모호해서 사용자가 추측하게 만든다.

그렇지만 우리 사용자들은 뉴스레터에서 제시하는 내용과 이로 인한 혜택이 무엇인지 스스로 이해하기 위한 시간도, 인내심도, 당신의 비즈니스에 대한 전반적인 이해도 없다. 따라서 명확하게 말해 줄 필요가 있다.

3. 설득하는 유형

뉴스레터 신청을 위한 권유도 다른 판매 광고와 똑같아야 한다. 사용자의 이메일 주소를 받고 싶은가? 그렇다면 충분한 이유를 줘라! 여기서 말하는 충분한 이유는 사용자에게 이롭고, 삶에 보탬이 되고, 아주 작을지라도 그들을 변화시킬 수 있어야 한다. 다른 누군가 이미 써먹은 일반적이고 모호한 이유는 제시하지 마라. 그 대신 특정 뉴스레터로부터 이메일로 받게 될 내용이 메일 주소를 제공해야 한다는 반감과 더 많은 스팸을 받을 수도 있다는 두려움을 떨쳐낼 만큼 가치 있는 것임을 정확하게 말하라.

보이스앤톤 디자인을 만들어 봤다면 사용자가 제품과 서비스를 통해 무엇을 얻고 싶어 하는지 이미 알고 있을 것이다. 이 지식을 활용해 사용자를 설득하는 권유 문구를 써라.

TIP 10 실례지만, 우리 만난 적 있나요?

사용자가 사이트에 들어서자마자 뉴스레터를 권유하는 팝업을 표시하는 것은 전혀 모르는 사람이 뜬금없이 나타나서 친구 하자고 말하는 것과 같다. 이상하지 않은가? 이 단계에서 사용자는 회원 가입을 할 이유가 없다. 그들은 아직 당신을 모르고 분명히 신뢰하지도 않는다.

사용자가 당신이 무엇을 제공하는지 어느 정도 이해한 다음(예: 사이트를 1~2분 정도 둘러본 다음, 게시물을 반 정도 읽은 다음이나 다른 게시물로 넘어간 직후 또는 바닥 글 끝까지 스크롤을 하고 난 직후)에 뉴스레터 신청을 권유하라. 요점은 사용자가 사이트의 전반적인 내용을 이해한다는 것을 알 수 있는 일종의 잣대를 가지고 있어야 한다는 것이다.

뉴스레터 신청을 격려하는 방법

1. 타이틀을 바꿔라

'뉴스레터 신청하기'나 '메일링 리스트에 가입하기' 같은 타이틀은 효과적이지 않다. 이런 타이틀은 사용자에게 **제공하는** 것보다 **요구하는** 것(회원 가입)에 초점이 맞춰져 있기 때문이다. 바꿔 말하자면, 사용자가 얻게 될 혜택보다는 짊어져야 할 부담을 말하고 있다. 그러므로 타이틀에는 뉴스레터가 제공하는 가치를 쓰고, 그것이 사용자의 삶을 어떻게 바꿀지 직접 이야기하라.

예를 들어, 뉴스레터가 남녀 관계에 대해 다루고 있다면 '뉴스레터 신청하기' 대신 다음과 같이 써라.

> 성공적인 남녀 관계가 어려운 일이라고 들으셨나요?
> 이젠 흥미진진한 모험으로 만들어 보세요!

2. 회원 가입을 하면 얻게 되는 혜택을 이야기하라

회원 가입을 권유하고 받게 될 혜택은 먼저 타이틀로 흥미로운 제안을 던져서 사용자의 눈길을 모은 다음에나 말할 수 있다. 업데이트된 정보, 뉴스나 최신 제안만으로는 충분하지 않다. 당신의 고유 브랜드와 관련된 더 구체적인 것을 제안하라. 사용자에게 보낼 내용은 **정확히** 무엇인가? 당연히 사용자가 가장 관심을 가질 만한 요소를 선택해야 한다. 브랜드의 뉴스레터를 판매하고 있다는 점을 기억하라. 뉴스레터는 당신이 가진 마케팅 글쓰기 실력을 증명할 수 있는 곳이다.

사용자가 바로 이해하고 다음과 같이 말할 수 있는 혜택을 제안하라.

"그래, 내가 알고 싶었던 게 이거야. 이런 걸 메일로 받으면 좋겠어."

이어서 남녀 관계에 대한 뉴스레터의 사례를 보자.

성공적인 남녀 관계가 어려운 일이라고 들으셨나요?

이젠 흥미진진한 모험으로 만들어 보세요!

지금 뉴스레터를 신청하시면 매주 다음과 같은 소식을 받으실 수 있습니다.

- 누구도 말해주지 않았던 남녀 관계를 회복하는 비법
- 최고의 커플 매니저와 1:1 상담
- 멋진 데이트 장소 추천

3. 장애물을 제거하라

스팸 메일은 사용자가 메일링 리스트에 가입하지 못하게 막는 가장 흔한 장애물이다. 사용자에게 스팸 메일이란 요청하지 않은 이메일뿐만 아니라 비록 요청하긴 했지만 너무 많이 전송되는 이메일이기도 하다(당신이 보낸 이메일도 포함될 수 있다). 이를 해결하는 방법은 다음과 같다.

a. 뉴스레터를 자주 보내지 않을 것을 약속하라. 더 나아가 발송 빈도를 알릴 수도 있다.

b. 이메일 주소를 철저히 보호하고 개인 정보를 중요하게 여긴다는 것을 약속하라.

마지막으로 버튼, 성공 및 에러 메시지를 잊지 마라

뉴스레터를 신청하는 것은 다른 디지털 프로세스와 비슷하다. 사용자가 버튼을 클릭하고 싶어지도록 만드는 문구(11장 참조)를 만들어야 한다. 사용자의 호기심을 자극하고 첫 번째 뉴스레터를 기대하게 할 훌륭한 성공 메시지(8장 참조)도 필요하다. 사용자가 이메일 주소를 잘못 입력할 경우를 대비해 정중한 에러 메시지를 작성하는 데에도 시간을 할애하는 것이 좋다(7장 참조).

다운로드나 이메일을 통해 무료 콘텐츠를 제공한다면 다운로드 권유 역시 뉴스레터에 가입할 때와 같다.

1. 특정한 가치를 제공하는 매력적인 타이틀을 제공하라.

2. 사용자에게 해당 콘텐츠로부터 받게 될 혜택, 즉 콘텐츠를 읽은 후 그들의 삶이 얼마나 나아질지를 알려라.

3. 개인 정보 보호를 보장하고 이메일 주소를 유출하지 않겠다고 약속하라.

사용자가 읽지 않을까 걱정되는가? 걱정할 필요 없다

설득의 비결은 사용자에게 어떤 혜택이 있을지 언제나 알리는 것이다. **콘텐츠벌브** ContentVerve의 마이클 에이가드Michael Aagaard는 자신의 사이트에서 실시했던 다양한 실험 결과를 기사 「고객전환율을 높이는 회원가입 폼 카피 작성법How to Write High-Converting Sign-Up Form Copy」에 발표했다.

시험대에 오른 뉴스레터 폼은 다음과 같다.

> ContentVerve.com에서 방금 업데이트된 정보를 받으세요.

콘텐츠벌브는 이를 혜택에 대한 짧은 리스트를 제공하는 다음의 폼으로 커스터마이징해 사용했다.

> 이제 막 업데이트된 생생한 정보를 얻으세요.
> - 사례 연구 및 평가 결과
> - How-to 비디오 및 기사
> - 철학가와 함께 하는 팟캐스트

사실 에이가드가 제시한 것은 사용자가 뉴스레터를 받았을 때 실제로 관심을 가질 아이템을 정리한 짧은 리스트 뿐이다(그가 고객의 관심사에 맞게 이 아이템들을 엄선한 것이라 생각한다).

얼마나 효과가 있었을까? 회원 가입률이 83.75%로 늘어났다.

뉴스레터가 영업 채널의 하나일 뿐이고, 그저 할인 및 판매 제안에 대한 업데이트를 제공하는 용도로 쓰이고 있다면 먼저 뉴스레터의 업그레이드를 고려하라. 즉, 더 잡지같이 만들고 부가 가치를 높이는 것이다. 예를 들어, 전문가의 조언("우리 스타일리스트가 당신을 오피스 인싸로 변신시킬 것입니다."), 당신이 수집해 둔 흥미로운 리스트("지난달 최고의 레스토랑 TOP 5"), 인터뷰, 성공 스토리, 심지어 심층 기사 같은 것도 넣을 수 있다.

뉴스레터를 바꿀 시간과 예산이 없다면 최소한 몇 가지 특별한 요소를 회원 가입 폼에 추가하라. 브랜드를 사용자에게 다시 한번 알리고 이를 당신만의 독특한 권유 문구로 만들어라. 사례를 보자.

- "할인을 받으실 수 있습니다."보다는 오히려 "[브랜드명]의 새롭고 놀랄 만큼 멋진 여름 컬렉션을 할인받으세요."가 낫다.

- 그냥 "혜택을 제안합니다."라고만 쓰지 말고 "가장 많이 찾는 호텔에서 최고의 객실을 특별 제공합니다. 혜택을 받으세요."라고 쓰는 게 낫다.

- 단순히 "업데이트를 받으세요."가 아닌 "신규 채용정보가 사이트에 업로드되기 전에 먼저 업데이트 받으세요."라고 써라.

다음은 **월마트**Walmart가 했던 방식이다.

Sign up for Savings.

Get Walmart values delivered to your inbox.

We'll notify you when the Black Friday online circular launches, send you offers for free photo prints, plus much more.

| Email address | **Sign Up** | Privacy policy |

신청하고 절약하기
월마트의 가치를 이메일 수신함으로 전달받으세요.
블랙 프라이데이 온라인 광고 전단이 나오면 알려 드리고,
무료 사진 출력 등 훨씬 더 많은 혜택을 드립니다.
이미지 출처: www.walmart.com

사례

굿유아이^{GoodUI}는 인터페이스 패턴을 테스트해서 어떤 패턴이 더 잘 받아들여지는지 알아낸다. 뉴스레터 초대장에서 뉴스레터라는 언급조차 하지 않는다. 대신 사용자가 얻을 수 있는 이점을 설명하고 테스트 결과를 얻는다. 다시 말해 우리도 그렇게 하면, 결과를 얻을 수 있다는 것이다. 대박이다. 버튼 또한 가치를 전달한다(11장 참조). 또한 버튼 아래에는 사용자가 안심할 수 있는 메시지가 있고 이메일의 빈도를 특정하고 있어 스팸에 대한 우려를 완화할 수 있다.

시도하고 테스트하며 배웁니다.
어떤 것이 더 나은지 알아내기 위해 패턴에 대한 A/B 테스트를 적극적으로 실시합니다.
네, 신규 패턴 및 테스트를 보내 주세요. 사양할게요.
언제든지 구독 취소하세요.
새로운 UI 패턴과 테스트 결과가 포함된 이메일을 매주 최대 2개까지 받아보세요.
이미지 출처: www.goodui.org

Barking up the Wrong Tree는 뉴스레터 회원 가입 폼에 다음과 같은 내용을 제시한다.

- 사회적 증거(32만 명 이상의 가입자로부터 추천받음)
- 구독자를 위한 가치(삶에 경탄하기)
- 정확한 발송주기(매주)
- 스팸은 없을 것이라는 약속(절대로!)

32만 명 이상의 가입자!
BARKING UP THE WRONG TREE는 과학에 기반을 둔 답변과 멋진 삶에 대한 전문가의
통찰력을 제공합니다. 뉴욕 타임즈, 월스트리트저널, 와이어드 매거진
그리고 타임 매거진에도 실렸습니다.
매주 업데이트되는 독보적인 콘텐츠를 무료로 즐기세요. 스팸은 없습니다. 절대로.

이미지 출처: www.bakadesuyo.com

YFS 매거진YFS Magazine은 분명한 가치를 제공한다. 탁월한 조언으로 괄목할만한 브랜
드를 구축하는 데 도움을 준다. 뉴스레터 빈도는 분명하며(매주), 버튼 아래에는 스팸
을 보내지 않겠다는 약속이 있다.

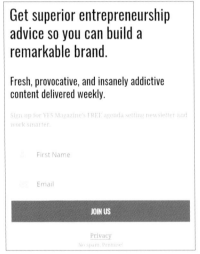

기업가 정신에 대한 탁월한 조언을 바탕으로 괄목할만한 브랜드를 구축할 수 있습니다.
신선하고 자극적이며 미친 듯이 중독성 있는 콘텐츠가 매주 배달됩니다.
YFS 매거진의 무료 아젠다가 설정된 뉴스레터를 신청하시고 더 스마트하게 일하세요.
개인 정보 보호
스팸 없음. 약속합니다!

이미지 출처: www.yfsmagazine.com

노스페이스^{North Face}는 단어를 훨씬 적게 쓰면서 익스트림 스포츠 애호가의 언어를 사용한다.

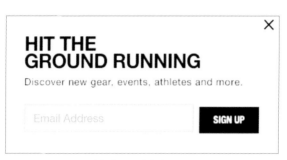

의욕적으로 시작해 보세요.
새로운 장비, 이벤트, 운동선수 등을 발견하세요.
이미지 출처:www.thenorthface.com

그리고 마지막으로 소개하는 내가 제일 좋아하는 뉴스레터 가입용 권유 문구는 미국인의 인생 코치인 **마리 폴레오**^{Marie Forleo}가 쓴 것이다(이 뉴스레터는 다른 것으로 교체됐지만 지금도 나는 이 글이 좋다).

> *You* deserve a business &
> life you love. We can help.
>
> **GET OUR** AWARD-WINNING **VIDEOS DELIVERED**
> **WEEKLY TO YOUR INBOX:**
>
> · Be inspired to go after your dreams and get em'
> · Learn how to fuel higher profits & your higher purpose
> · Become your happiest, wisest & most loving self

당신은 자신이 사랑하는 일과 삶을 누릴 자격이 있습니다. 저희가 도와드릴 수 있습니다.
매주 이메일로 수상작으로 뽑힌 비디오를 받아보세요.
당신의 꿈을 좇아 그걸 이룰 수 있는 영감을 얻으세요.
더 많은 성과와 더 높은 목표를 달성할 방법을 배우세요.
가장 행복하고, 가장 현명하며, 가장 사랑받는 자신이 되세요.
이미지 출처:www.marieforleo.com(이전 버전)

이런 권유 문구가 가진 좋은 점은 무엇인가?

1. **정확하면서 엄청나게 매력적인 가치를 제시하는 타이틀** – 당신이 사랑할 인생과 일을 만들어갈 수 있도록 도울 것이다.

2. **회원 가입이라는 행동이 아닌, 가치를 보여준다** – 사용자가 기대하는 단어와 가치를 가지고 권유한다. 폴레오는 목표를 달성하는 방법을 긴 글로 설명한다. 꿈을 이루고, 성과를 높이고, 더 행복해지고, 더 현명해지며, 자신을 더 사랑하기 위한 궁극적인 목표에 초점을 맞춘다. 이 글은 폴레오와 그녀의 비즈니스에 대해서는 거의 언급하지 않고 사용자에게만 온전히 집중한다.

3. **이메일 전송 주기가 명확히 언급돼 있다** – 매주

4. **사회적 증거가 있다** – 수상내역

5. **폴레오가 쓰는 모든 단어에서 그녀의 개성이 느껴진다** – 카리스마 넘치며 당신을 자신의 동료로 여긴다. 그녀는 까다로운 목표를 세우지만 따뜻하고 배려가 느껴지며, 사무적이지만 인간적이며, 매우, 매우 여성스럽다.

그녀의 최근 뉴스레터 CTA에서 폴레오는 사회적 증거를 활용하는 방법을 택한다. 그녀는 사용자에게 회원 가입을 통해 특권층을 위한 흥미로운 커뮤니티에 가입한다는 느낌을 준다.

원가를 구독했다는 생각은 들지 않고 내심 남몰래 더 많은 이메일을 기대했던 것 같아요.
MF 인사이더 되기
받은 편지함으로 다시 설레 보세요.
네, 부탁해요!
이미지 출처: www.marieforleo.com

그런데, 여기 보이는 6개의 예시 중 5개가 뉴스레터라는 단어조차 언급하지 않았지만, 그 예시들이 전부 무엇에 대한 것인지 여전히 완벽하게 명백하다는 것을 알아챘는가? 이는 사용자가 뉴스레터라는 단어에 겁을 먹을 수 있으므로 다른 방법으로 뉴스레터 임을 명확히 하는 한 그냥 생략할 수도 있기 때문이다.

가장자리에 있지만 미미하지 않게

비록 뉴스레터 신청이 부차적이어서 푸터나 사이드바 위에 표시되더라도 '뉴스레터 신청하기'라고만 쓰면 안 된다. 한정된 공간이지만 회원 가입이 왜 가치가 있는지 그 이유를 짧게라도 알리려고 노력하라. 그리고 뉴스레 터의 주기를 명시하라.

사례

이것은 마법 접착제 샵인 **수그루**Sugru가 푸터에 뉴스레터 권유 문구를 넣는 방법이다 (그리고 멋진 디자인을 추가한다).

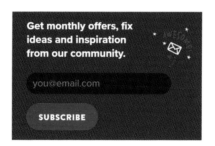

매월 제안을 받아보세요. 커뮤니티로부터 아이디어와 영감을 정해 보세요.
이미지 출처: www.sugru.com

6장

고객 문의

이 장의 주요 내용

- 고객 문의 페이지가 중요한 이유
- 잠재 고객을 위한 고객 문의 페이지
- 고객 지원을 위한 고객 문의 페이지

어떻게 도와드릴까요?

디지털 제품은 조직이나 비즈니스의 가상 버전이다. 그러므로 고객 문의 페이지는 온라인 고객 서비스 센터로, 당신의 도움이 필요하거나 당신과 소통하고 싶을 때 고객이 들어오는 곳이다. 두 경우 모두(잠재 고객이든 도움이나 응답이 필요한 기존 고객이든), 고객 문의 페이지는 제품에서 가장 환영받는 느낌을 주고 서비스 지향적인 페이지여야만 한다.

그렇기 때문에 나는 누군가 억지로 올리게 만든 것처럼 보이는 고객 문의 페이지를 볼 때면 나는 늘 놀라지 않을 수 없다. 이런 페이지는 디자인도 그렇지만, 그 전에 페이지를 제공한 사람이 정말 고객에게 연락받기를 원하고 고객을 진짜 도와 주고 싶다는, 그리고 쓰여진 것을 읽는 누군가가 정말 있다는 것을 암시하는 어떤 것도 없다. 다음의 예를 보자.

아무런 설명도 없는 이런 고객 문의 페이지는 "무엇을 도와 드릴까요?"라며 밝은 얼굴로 반기는 대신, 당신 앞에 무표정하게 서서 기다리기만 하는 서비스 담당자와 같다. 이상하다고 생각하지 않는가?

한편, "당신의 의견을 듣게 돼 기쁩니다. 어떤 질문이라도 대답해 드리겠습니다.", "당신의 의견은 저희에게 중요합니다!", "우리 회사는 고객 만족을 위해 많은 투자를 하고 있습니다.", "고객님, 세부 사항을 기재해 주시면 다음 영업일에 다시 연락 드리겠습니다."와 같은 문장은 너무 진부하고 성의가 없어서 아무것도 쓰지 않은 것과 같다. 또한, "저희는 서비스 향상을 위한 지속적인 노력의 일환으로, 어떤 문의도 기꺼이 듣고 싶습니다."라는 식의 글도 피해야 한다. 고객은 서비스 향상을 위해 고객 문의 페이지에 있는 것이 아니다. 지금 당장 그들의 문제를 해결하고, 가능하면 그들을 하나하나 신경 쓰는 것이 고객을 제대로 돕는 것이다.

따라서 훌륭한 고객 문의 페이지를 작성하려면 먼저, 사이트를 방문한 고객이 어떤 특별한 상황에서 방문했는지, 그리고 그것을 통해 무엇을 달성하고자 하는지 스스로 되물어라. 그런 다음, 고객에게 맞는, 고객만을 위한 특별한 메시지를 작성하라.

1. 잠재 고객을 위한 고객 문의 페이지 만들기

기업 및 서비스 제공업체(테라피스트, 스튜디오, 에이전시 등)의 사이트는 사용자의 연락을 받기 위한 목적으로 만들어진 것이다. 실제로, 이런 사이트가 만들어진 단 하나의 이유는 사용자가 이메일을 보내거나 전화 연락을 해서 함께 일을 시작하기 위한 것이다. 이 사이트를 통해서 사용자는 미팅 시간을 잡고, 서비스를 신청하고, 가격을 확인하고, 업무 프로세스 등에 대한 더 많은 정보를 얻을 수 있다. 어떤 면에서 보면, 콘텐츠 페이지에 투자한 모든 노력은 결국 고객 문의 페이지로 흘러 들어간다. 호기심이나 욕구가 바로 이 고객 문의 페이지에서 폼을 채우거나, 이메일을 보내거나, 전화기를 드는 것과 같은 행동으로 바뀌어야 한다.

이쯤에서는 가속 페달에서 발을 뗄 때가 아니라, 오히려 사용자가 당신에게 연락하는 것이 탁월한 선택이며 할 일을 정확히 하고 있다는 느낌을 더 강하게 받도록 만들어야 한다.

사이트 또는 뉴스 레터의 가입과 마찬가지로, 이 페이지에서 제일 먼저 할 일은 '**고객 문의**'라는 일반적인 제목 대신 가치를 전달하는 제목으로 바꾸는 것이다. 그런 다음, 고객 문의에 따르는 혜택을 이야기하라. 보이스앤톤 디자인 가이드가 준비된 상태라면 사용자와의 관계에서 가장 얻고 싶은 것이 무엇인지 찾을 수 있을 것이다. 이런 가이드가 아직 없다면 지금이 바로 이런 질문을 할 좋은 기회다.

사례

넷크래프트Netcraft는 UX 에이전시로, 고객 문의 페이지를 세일즈 페이지처럼 여긴다. 사용자나 잠재 고객에게 고객 문의를 하면 좋은 다섯 가지 이유를 제시한다. 이유 1, 2번은 신뢰를 만들고, 이유 3번은 가치를 약속하며, 4, 5번은 브랜드와는 떼어놓을 수 없는 재미 요소를 넣었다. 멋지다!

고객 문의
더 알고 싶으신가요? 당신의 이야기를 들을 준비가 돼 있습니다.
저희에게 연락하시면 좋은 다섯 가지 이유
1. 도움을 드리는 저희가 행복해집니다.
2. 저희는 당신이 무엇을 필요로 하는지 이해하고 싶은 사람들입니다.
3. 당신이 꿈꾸는 상품을 만드는 가장 빠른 길을 저희가 찾아 드리기 때문입니다.
4. 모든 미팅에는 맛있는 쿠키가 기다리고 있습니다.
5. 저희는 모두 쿨합니다. :)
이미지 출처: www.netcraft.co.il

에피피오^{Epipheo}는 고객을 위한 영상 제작사로, 판매에 전력을 다하라는 내 말의 뜻을 정확하게 설명하는 훌륭한 권유 문구를 한때 고객 문의 페이지에 올렸다. 이 권유 문구는 신뢰를 만들어 내고 진정성 있고 개성이 풍부하며, 사용자에게 각자의 사업목표를 달성하도록 에피피오가 도울 수 있다는 점을 무엇보다 중요하게 상기시킨다. 사용자가 연락하기 바로 직전, 에피피오와 연락해야만 하는 이유를 훌륭한 문구로 요약한다. 그래도 그렇게 긴 문단은 사용자를 겁주어 달아나게 할 수도 있다고 생각한다. 2~3줄 정도로 짧게 유지하는 것이 낫다.

Get A Free Consultation

When we say consultation, we mean it. We're not going to just sell you a video. Of course, if you want one, we're turbo-good at it. But we'll also be the first to tell you if we're not the right fit for you. Let's talk about what you need to accomplish and how video could help you get it done. Fill out this form, and we'll get in touch with you. Or, you can call 888-687-7620.

무료 상담을 받아보세요.
저희는 진짜 상담만을 합니다. 그저 영상을 판매하기 위한 것이 아닙니다.
물론, 원하신다면 끝내주는 영상을 만들 수 있습니다. 그렇지만 당신에게 도움이 안 된다면
솔직히 말할 겁니다. 그러니 같이 논의해 봅시다. 당신이 이루고자 하는 것이 무엇인지,
그리고 어떻게 하면 영상을 활용할 수 있을지를 말입니다.
이 폼을 작성해 주시면 곧 연락 드리겠습니다.
아니면 직접 888-687-7620으로 연락해 주세요.
이미지 출처: www.epipheo.com(이전 버전)

2. 고객 지원을 위한 고객 문의 페이지 만들기

고객으로부터 연락을 받지 않아도 되는 서비스나 제품을 위한 사이트라면 고객 문의 페이지는 일반적으로 지원, 요청 및 질문 용도로만 사용이 된다.

당신이 추구하는 가치 중 하나가 훌륭한 서비스라면, 고객이 지원이나 답변을 요청하는 바로 그 순간이 가장 서비스 지향적인 시간임을 반드시 명심하라. 그리고 고객이 원하는 그때, 기쁜 마음으로 고객과 함께할 것임을

보여주고, 당신에게 가졌던 믿음이 옳다는 것을 증명하라. 그것이 고객 문의 페이지가 해야 할 일이다. 그렇다면 어떻게 이것을 가능하게 할 수 있을까?

1. **권유 문구는 솔직하게, 기꺼이 그리고 관대하게 작성하라.** 서비스는 모든 일이 원활하게 진행될 때가 아니라, 대개는 사용자에게 당신이 필요할 때 평가된다. 가짜로 작성하지 마라. 효과가 없다.

2. **직접적이고 구체적으로 써라.** '모든 질문이나 제안'과 같은 슬로건을 제품이나 서비스와 직결된 문구로 바꿔라. 무엇에 관한 질문인지, 어떤 관심사에 관한 제안인지 구체적으로 써라.

3. **이상하게 들릴지 모르지만, 고객 문의 폼에도 제거해야 할 장애물이 있다.** 사용자는 자신의 요청 사항이 수백만 개 중 하나여서 읽히지 않을까 걱정한다. 또는 답변을 받을 때쯤 자신이 문의한 이유를 잊을 수도 있다. 사용자가 보내는 모든 지원 요청을 읽고 있으며, 언제 그에 대한 답변을 듣게 될지 약속하라.

TIP 13 농담은 집어치워라

대부분의 경우, 농담이나 진정성 있는 미소만으로도 어색한 분위기를 깨고 친근한 관계를 형성하며 분위기를 개선할 수 있다. 하지만 고객 문의 페이지를 고객 문의나 지원을 전담하는 페이지로 운영하고 있다면, 해당 페이지를 들른 고객은 때로는 화나고 좌절한 상태이거나 단순히 무엇을 해야 할지 모르는 경우다.

고객 문의 페이지의 문구를 재미있게 작성했다면, 불만스러운 사용자라 생각하고 다시 한 번 읽어 보라. 그리고 그 문구가 화를 더 돋우지는 않는지, 냉소적으로 들릴 여지는 없는지를 점검하라. 고객 문의 페이지는 신중하게 운영하는 것이 더 좋다.

사례

이케아는 고객이 문의할 수 있는 다양한 이유를 제시한다. 또한 자신들이 문제를 빠르고 쉽게 해결할 것이며, 고객은 새로 산 소파로 돌아가 쉴 수 있다는, 즉 고객이 이케아에 온 근본적인 이유에 집중한다는 것을 강조한다.

고객 지원 센터

해답을 찾고 있거나, 문제를 해결하고 싶거나, 아니면 그저 저희가 어땠는지 알려주고 싶다면, 바로 여기에 다양한 문의 방법이 있습니다. 당신이 그 문제를 빠르고 쉽게 해결한 후, 더 중요한 일로 돌아갈 수 있도록 돕겠습니다. 새로 산 소파에서 편하게 쉬는 일 같은 것이죠.

이미지 출처: www.ikea.com

마리 폴레오는 성공적인 인생 코치로, 질문이든 칭찬이든 상관없이 그녀에게 연락할 것을 따뜻하게 권한다. 그리고 그녀는 자신의 성격과 브랜드에 잘 어울리는 보이스앤톤으로 글을 쓴다. 더 중요한 것은 그녀가 사용자의 마음을 이해한다는 것이다. 즉, 웹 사이트에 문의하는 사용자는 자신의 질문이 어디로 전달되고, 누가 읽고 처리하며, 그에 대한 답변은 언제 들을 수 있는지 알 수 없어 답답해한다는 것을 이해하고 있다. 마리 폴레오는 사용자의 이런 모든 걱정에 대처해 모든 문의 사항을 읽고 영업일 기준 48시간 이내에 답변하기 위해 최선을 다할 것을 약속한다.

질문이나 댓글, 응원의 메시지를 보내고 싶으세요?

설레네요… 가장 좋은 연락 방법은 info@marieforleo.com으로 메일을 쓰시는 것입니다. 저희는 보내주신 모든 메시지를 읽고, 영업일 기준으로 48시간 이내에 답변을 드리기 위해서 최선을 다할 것입니다. 저희는 평상시 미국 동부시간 기준으로 오전 9시부터 오후 5시까지 일하고 있습니다. 저희는 고객 케어에 온 신경을 다 쏟고 있습니다. 따라서 답변을 듣지 못하셨다면 문의 사항을 받지 못했다는 뜻이니, 다시 한번 보내 주세요.

이미지 출처: www.marieforleo.com

오해피데이^{Oh Happy Day}는 멋진 파티 숍으로 유명하며, 고객 문의 페이지에 짤막한 농담을 담고 있다(하지만 이런 농담은 주의해야 한다. TIP 13 참조). 또한, 영업일 기준 최대 2일 이내에 답변을 주겠다고 약속한다.

SEND US A NOTE

Have a question? Need to return something? Want to tell us a funny story about your cat? Contact us at shop@ohhappyday.com We'll return your email within two business days! (usually sooner!)

우리에게 메시지를 보내세요
질문이 있으신가요? 반품을 원하세요? 기르는 고양이에 관한 재미있는 이야기를 들려주고 싶으세요? shop@ohhappyday.com으로 보내 주세요. 영업일 기준 2일 이내에 답장 드릴게요! (보통은 더 빨라요!)

이미지 출처: www.shop.ohhappyday.com

그러나 "질문이 있으시면" 혹은 "회신을 원하세요?" 보다는 더 구체적으로 쓰는 것이 더 좋다. 문장을 사이트의 주제와 연결해라. 다음의 사례를 보자.

- 색종이 조각(컨페티)에 대한 질문이 있으세요?
- 풍선의 색이 냅킨과 어울리지 않아 반품하셔야 하나요?
- 저희가 생각지도 못한 멋진 파티용 액세서리를 알려 주고 싶으신가요?

서로 다른 고객 그룹이 여러 개 있고, 그룹별로 조금씩 다른 내용을 전달하고 싶다면, 각 그룹에 맞는 고객 문의 폼으로 연결되는 링크를 제공할 수도 있다.

제트블루^{JetBlue}는 사이트를 그런 방식으로 운영하고 있다.

CONTACT US HOME > EMAIL US

We'd love to help. Send us an email using one of the buttons below
and a JetBlue representative will get back to you as soon as possible.

Ask a question

Got a question? Submit one
and we'll get an answer for you
as soon as possible.

Give a suggestion

If you have an idea or
suggestion that will help us
serve you better, we'd like to
hear it.

Voice a concern

If you experienced any issues
during your JetBlue
experience, please share them
with us.

Share a compliment

If you have something nice to
say, by all means—say it!

기꺼이 돕겠습니다. 아래 버튼 중 하나로 메일을 보내시면,
제트블루 담당자가 최대한 빨리 연락 드리겠습니다.

문의하기
질문이 있으신가요?
질문을 제출하시면 최대한
빨리 답변 드리겠습니다.

제안하기
더 좋은 서비스를
제공하기 위한 아이디어나 제안이 있으시면
언제라도 듣고 싶습니다.

고객 불만
제트블루를 이용하시면서 불쾌한 경험이
있었다면 알려 주세요.

칭찬하기
제트블루를 이용하시면서
좋게 보신 것이 있었다면
어떤 것이라도 이야기해 주세요!

이미지 출처: www.jetblue.com

NPR은 미국 공공 멀티미디어 뉴스 기관 및 라디오 프로그램 제작사로, 이 시스템을 사용한다. 버튼을 클릭하면 해당 주제와 관련된 폼이 표시된다.

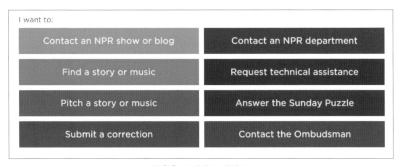

다음을 문의하고 싶어요.
NPR 쇼 또는 블로그 관련 문의   NPR 부서 연결
사연 또는 음악 찾기   기술 지원 요청
사연 또는 음악 신청   일요 퍼즐(Sunday Puzzle)의 답
방송에러 제보   옴부즈맨 문의
이미지 출처: www.npr.org

다소 복잡한 이런 문제들을 해결하는 방법은 매우 다양하다. 더 자세한 설명은 가까이에 있는 UX 전문가에게 문의하라.

FAQ나 온라인 도움말은 많은 사용자가 답변을 기다리는 대신 기꺼이 사용할 만한 서비스다. 이렇게 말하면, 사용자는 당신이 자신을 떨쳐 버리고 연락을 그만두게 만들려 한다고 느낄 수도 있다. 이를 방지하려면 사용자를 온라인 도움말로 안내할 때 당신이 사용자의 의견을 정말 듣고 싶어 하며 FAQ가 그들에게 도움이 되는 가장 빠른 방법이라는 점을 강조하라.

사례

인비전InVision은 디자인, 리뷰, 테스트 세 가지가 모두 가능한 프로토타이핑 툴을 제공한다. 먼저 자신들은 늘 고객을 위해 있을 것이라고 약속한 다음, 비로소 기술적인 이슈에 대해서는 도움말 센터를 문의해 볼 것을 제안한다. 어떤 경우든 이런 메시지 바로 아래에 문의 폼이 있어서 사용 가능하며 고객이 쉽게 선택할 수 있다.

Get In Touch

We're here for you, and we're wearing our thinking caps. But first swing
by our fantastic **Help Center** for all your InVision product and
technical needs!

Name...

연락하세요
우리는 언제나 여기에서 당신을 도울 만반의 준비를 하고 있습니다.
하지만 인비전의 모든 제품 및 기술적 요구 사항에 대해서는 저희의 환상적인
도움말 센터를 먼저 방문해 주세요!
이미지 출처: www.invisionapp.com

타입폼은 고객문의 페이지에 타입폼을 사용한다. :) 사용자가 폼에 대한 도움이 필요하다고 말할 때는 먼저 도움말 센터로 안내되지만, 고객지원팀도 언제나 이용 가능하다는 것을 확실히 알려준다.

1→ **Hi! What's your name?**[*]

Kinneret

안녕하세요, 이름을 알려주시겠어요?

3 → How can we help you? *

A. I need help with a typeform
B. Suggest a new feature

어떻게 도와드릴까요?
A. 타입폼에 대한 도움이 필요해요.
B. 새로운 제품의 특장점에 대해 추천해 주세요.

Our Help Center is the perfect place to start. There's lots of great information, tutorials, and ready-to-use templates.

→ https://www.typeform.com/help/welcome/

If you can't find what you're looking for, click **"Contact Support"** at the bottom of any article. Our Support team will be happy to help 😊

Got it   press ENTER

저희의 도움말 센터는 시작하기에 완벽한 장소랍니다. 훌륭한 정보,
튜토리얼 그리고 바로 쓰실 수 있는 템플릿들이 아주 많거든요.
원하는 것을 찾으실 수 없다면 어떤 페이지든 하단의 "지원부서 문의"를 클릭해 보세요.
저희 지원팀이 기꺼이 도와드릴 겁니다.
알았어요. Enter키를 누르세요.

이미지 출처: www.typeform.com

고객 문의 폼을 위한 주제 분류나 긴급성을 정할 때는 내부에서 사용하는 전문 용어를 사용자의 언어로 변경하라. 다시 말해, 고객의 요청을 당신이 아닌 사용자의 관점에서 보고 있는지를 자신에게 되물어라.

다음의 예시를 보자.

- 주문한 제품 → 나의 주문
- 요금 청구 이슈 → 결제 관련 질문
- 시스템 에러 → 사이트 관련 문제
- 일반 → 기타

다음은 웹 사이트용 콘텐츠를 디자인하고 작성하는 사이트인 **맨위드펜즈**Men with Pens가 사용한 방법이다.

I'd like you to write my website copy or content.
I'd like you to design my business website.
I'd like to schedule a call to discuss my project with you.
I'd like to submit a guest post for your blog.
I'd like to say nice things, like hi, thanks and great work!
I found a small typo/glitch and thought you should know.
It's complicated. I'll explain more in my message.

웹 사이트의 카피 혹은 콘텐츠를 써줬으면 좋겠어요.
회사 웹 사이트의 디자인을 맡기고 싶어요.
프로젝트 협의를 위해 전화 예약을 하고 싶어요.
블로그에 게스트 계정으로 게시물을 올리고 싶어요.
'안녕', '고마워', '훌륭했어' 같이 뭔가 좋은 말을 해주고 싶어요.
작은 오타/결함을 발견했는데 당신이 알아야 할 것 같아요.
복잡해서요. 메시지로 더 자세하게 설명할게요.
이미지 출처: www.menwithpens.ca

고객 문의 폼을 긴급성에 따라 분류한다면 **버퍼**buffer가 좋은 예다. 버퍼는 SNS 활동을 끌어올리기 위한 툴을 제공하는 사이트로, 간단하지만 훌륭한 방법을 쓰고 있다.

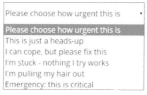

Please choose how urgent this is
Please choose how urgent this is
This is just a heads-up
I can cope, but please fix this
I'm stuck - nothing I try works
I'm pulling my hair out
Emergency: this is critical

얼마나 급한 일인지 선택해 주세요
이제 막 문제가 나타나기 시작했어요
내가 대처할 수 있지만 그래도 해결해 주세요
이것저것 해봐도 안 돼요
골치가 아파서 머리를 쥐어뜯고 있어요
위급 상황입니다. 심각해요
이미지 출처: www.buffer.com

7장

에러 메시지

이 장의 주요 내용

- 에러 메시지의 세 가지 목표
- 2단계로 작성하는 유용한 에러 메시지
- 에러 메시지의 보이스앤톤
- 모든 사이트에 필요한 에러 메시지

당황한 사용자를 위한 응급처치

에러 메시지는 사용자가 절대 보지 않기를 바라면서 쓰게 되는 유일한 문장이다. 따라서 먼저 사용자가 잘못하지 않도록 방지하는 것이 옳으며, 이와 관련된 내용은 에러 및 좌절감 방지를 다루는 17장에서 읽어볼 수 있다. 우리가 노력을 기울인다 해도 사용자가 에러 메시지 중 일부를 보게 될 가능성이 크므로 진짜 도움이 되도록 글을 작성해야 한다.

에러 메시지는 사용자가 완료하고자 하는 프로세스를 일시적으로 중단시킨다. 사용자 입장에서 보면 해당 메시지는 사용자를 지연시키고 무엇이 잘못됐으며 계속하려면 어떻게 해야 하는지 이해할 것을 강요한다. 사용자의 열의는 이미 약해져 있기 때문에, 에러 메시지는 프로세스를 포기하게 만드는 최후의 결정타가 될 수 있다. 메시지의 내용이 명확하지 않거나 위협적이거나 기분을 상하게 하는 것이라면 특히 더 그렇다.

따라서 에러 메시지는 다음과 같은 세 가지 목표를 달성해야 한다.

1. 문제가 있다는 것과 그 문제가 무엇인지 간단하고 명확하게 설명해야 한다.
2. 사용자가 중단됐던 곳으로 되돌아가 프로세스를 바로 끝낼 수 있도록 해결책을 제시해야 한다.
3. 지연되는 현재 상황을 가능한 한 즐거운 경험으로 바꿔야 한다.

보통 에러 메시지는 해결이 필요한 기술적 문제와 관련된 것이므로 **명확성**과 **실용성**이 강조돼야 한다. 에러 메시지는 너무 재치있게 쓰려 하지 말고 가능한 한 쉽게 작성하라. 사용자를 놀리거나 그들이 견디고 있는 지연 상태를 가볍게 다뤄서도 안 된다. 그렇다고 메시지가 냉랭해야 한다는 뜻은 아니다. 이와 반대로, 따져 보면 에러가 불편함을 일으키므로 이런 문제에 부딪혔을 때 좋은 고객 서비스 담당자가 직접 응대하는 것처럼, 지연 상태를 가능한 한 즐겁게 느낄 수 있도록 사람의 목소리처럼 자연스럽게 메시지를 써라.

2단계로 작성하는 완벽한 에러 메시지

1. 사용자가 겪고 있는 문제와 무엇이 잘못됐는지 할 수 있는 한 정확하게 설명하라.

2. 문제의 해결 방법과 앞으로의 진행 방법에 대해 건설적인 제안을 해라. 문제를 바로 해결할 수 없다면 사용자에게 도움이 될 방법과 담당자를 알려라.

다음의 경우는 제외 회원 가입 폼이나 로그인과 관련된 규격화된 에러 메시지(예: 틀린 비밀번호 또는 이미 존재하는 아이디)에서는 문제에 대한 설명이나 해결 방안 중 하나를 생략할 수도 있다. 사용자도 문제와 해결 방안 모두를 아주 잘 알고 있기 때문이다.

TIP 15 좋은 에러 메시지를 쓰기 위해 알아야 할 네 가지

1. 에러 발생 시 사용자는 무엇을 시도하는가?
2. 왜 시스템이 에러로 반응했는가?
3. 해당 프로세스를 계속 진행, 완료하기 위해 사용자가 할 수 있는 일은 무엇인가?
4. 해결 방안이 없다면 사용자에게 제안할 수 있는 대안(예: 고객 지원으로 전환하는 방법 등)이 있는가?

포괄적일수록 유용성은 떨어진다

예산 또는 개발 제약사항 때문에 몇 가지 다른 시나리오가 있음에도 하나의 에러 메시지만을 표현해야 한다면 그 메시지는 다소 포괄적으로 될 것임을 의미한다. 따라서 어떤 문제가 발생했는지 설명할 수 없고(몇 가지 가능한 옵션만 있음) 사용자에게 해결 방법을 알려줄 수도 없다(사용자가 어떤 문제의 해결을 바라는지 모르기 때문이다). 시스템이 에러를 일으킨 원인을 정확하게 알아내지 못한다면 동일한 문제에 직면하게 될 것이다.

여기에는 마법의 해결책이 없다. 에러 메시지가 도움이 되려면 에러 메시지가 발생하는 맥락과 관련이 있어야 한다.

해당 맥락에 맞는 특정 메시지를 표현할 수 없다면 가급적 긍정적이고 친근하게 표현하라.

에러 메시지의 보이스앤톤: 인간적이고 서비스 지향적으로

2장에서는 구어체로 글을 쓰는 방법과 문어체 글쓰기를 피하는 방법에 관해 설명했다. 이를 구현하는 데 있어 매우 중요한 곳 중 하나가 에러 메시지다. 에러 메시지는 실질적인 도움이 되고 읽기 쉬워야 도중에 에러 메시지를 닫지 않고 끝까지 읽게 된다.

1. **딱딱하지 않게, 협박이나 명령조가 아니게, 전반적으로 변호사처럼 들리지 않게 써라.**

나쁜 예:

- 이 입력 필드를 채우시오.
- 이 입력 필드는 필수 사항입니다.
- 진행할 수 없습니다. 다음 입력 필드를 잘못 입력하셨습니다.
- 휴대폰 번호를 제공해야 합니다.
- 고객님, 이 작업을 수행할 권한이 없습니다.

2. **에러 또는 실패와 같은 단어를 쓰지 마라.**

나쁜 예:

- 에러! 해당 입력 필드를 고쳐 주세요.
- 하나 이상의 입력 필드에서 에러가 발생했습니다.
- 해당 작업이 실패했습니다. 다시 시도해 주세요.

3. **유효성 검사[01]나 입증, 법률적인, 공인된, 지원되지 않는 작업, 시스템, 사용 권한 또는 에러 일련번호와 같은 전문적인 기술 용어를 사용하지 말라.**

---

01 오류 검증이나 표준 적합 검증을 위해 소프트웨어나 수작업으로 수행하는 검사. 예를 들어, 나이를 입력할 때 숫자가 아니라 문자가 들어오면 잘못된 자료로 인식하는 검사, 주어진 자료가 어떤 규정에 맞는지를 판단하는 검사, 로그온 수행 중의 패스워드 검사, IP 패킷 검사 등이다(출처: IT용어사전, 한국정보통신기술협회). – 옮긴이

나쁜 예:

- 치명적인 에러: Unhandled c0001du exception at 31c71014h
- 미디어 ID 검증에 실패했습니다.
- XML 데이터 검색 실패: 정의되지 않은 오류
- 로그인 자격증명 무효
- 불법 이메일 주소
- 유효성 검사 에러
- 에러 5647GV

에러 메시지는 이렇게 위협적으로 쓰는 것이 아니라, 사용자를 비난하지 않으면서도 가장 서비스 지향적인 방법과 유쾌한 대화체 말투로 문제를 간단히 설명해야 한다. 그런 다음, 문제에 대한 해결 방법을 제안해야 한다.

그렇게 하는 한 가지 좋은 방법은 불가능한 것 대신 가능한 것을 말하는 것이다.

나쁜 예:

전화번호가 유효하지 않습니다.

좋은 예:

전화번호는 10자리여야 합니다.

나쁜 예:

이 항공편은 예약하실 수 없습니다.

좋은 예:

더블린행 직항편은 8월에만 이용하실 수 있습니다.

에러 메시지에서 사용할 수 있는 유머의 적정량은 브랜드의 보이스앤톤에 달려있다. 브랜드 이미지가 밝고 거침없다면 사용자가 웃을 수 있도록 메시지를 쓸 수 있다. 그렇지만 맨 먼저, 메시지는 명확하고 실질적으로 도움이 되며 문제를 해결하는 방안을 제시할 수 있어야 한다는 것을 기억하라. 재치가 지나치면 사용자를 머뭇거리게 할 수 있으며 문제를 대수롭지 않게 여기는 것으로 보일 수 있다. 유머는 가볍게 유지하면서 사용자가 이해하기 어렵지 않도록 해야 한다는 것을 명심하라.

아래의 오류 메시지는 가족 관련 업무를 관리하는 **아워홈**OurHome 앱에서 122세 이상이라고 말하면 나타난다. 엄청나게 웃기지만 너무 길다. 그러나 분명한 것은 애초부터 실용적이려고 한 것이 아니라 오히려 사용자를 웃기려고 한 것이었다는 사실이다. 그게 나한텐 통했다.

> 🎂 130
>
> (!) **Wow, you're really old!** The oldest person in recorded history is Jeanne Calment from France, who lived to 122. If you're really that old, please contact Guinness World Records.

와우, 진짜 나이 드셨군요! 역사상 기록으로 가장 오래 산 사람은
프랑스인 잔 칼맹(Jeanne Calment)으로 122세까지 살았습니다.
정말 그 정도로 나이를 드셨다면 기네스북에 문의해 주세요.

이미지 출처: OurHome app

사례

아래 두 개의 에러 메시지는 실질적으로 같은 내용을 말하고 있다.

Reservations longer than 30 nights are not possible.

30박 이상 예약은 불가능합니다.

· Why don't you just move there? 30 days is the max.

거기로 옮기시는 건 어때요? 30일이 최대라서요.

첫 번째는 불가능을 언급함으로써 부정적인 방향을 택한 반면, **힙멍크**Hipmunk가 만든 두 번째는 최댓값을 언급함으로써 긍정적인 방향을 택하면서도 약간의 유머를 곁들여 사용자를 미소짓게 한다. 여기에서 오는 사용자 경험의 차이는 엄청나다.

그런데 이런 식의 유머는 브랜드의 보이스앤톤에 맞으면 훌륭하지만, **꼭 필요한 것은 아니다.** 브랜드의 목소리가 좀 더 보수적이라면, 가능하지 않은 것보다 가능한 것을 말함으로써 덜 부정적인 경험을 전달할 수 있다. 다음과 같이 말이다. "예약은 최대 30일까지 가능합니다."

사용자 이름이나 비밀번호가 틀렸다고 말할 수 있는 멋지고 유용한 방법이 얼마나 많은지 보라.

핀터레스트^{Pinterest}는 다음과 같이 말한다.

Oops, that email's taken or your password's incorrect. **Reset it?**

이런, 가입된 이메일이거나 비밀번호가 잘못됐네요. 다시 설정할까요?

이미지 출처: www.pinterest.com

메일침프는 다음과 같이 말한다.

 Sorry, we couldn't find an account with that username. Can we help you recover your <u>username</u>?

죄송해요. 그런 사용자명으로 된 계정을 찾을 수가 없네요.
사용자명을 복구하실 수 있게 도와드릴까요?

이미지 출처: www.mailchimp.com

테스코^{Tesco}는 다음과 같이 말한다.

Unfortunately we do not recognise those details. Please try again

불행히도 그런 자세한 내용은 못 알아보겠어요. 다시 시도해 주세요.

이미지 출처: www.tesco.com

다음은 **비메오**^{Vimeo}가 기존 이메일에서 사용한 훌륭한 오류 메시지이다.

Hey, we recognize this email! Want to log in?

저기요, 이 메일을 알아요! 로그인 하실래요?
이미지 출처: www.vimeo.com

그리고 다음은 **BBC** 웹사이트의 사례이다.

Looks like you've already registered with this email. Want to **sign in**?

이 메일로 이미 등록하신 것 같습니다. 로그인 하실래요?
이미지 출처: www.bbc.com

구글^{Google}은 특정 에러에도 특별하고 유머러스한 메시지를 보여준다.

Choose your username

rgf...kjh   @gmail.com

A fan of punctuation! Alas, usernames can't have consecutive periods.

마침표 팬이신가요!
사용자명에는 마침표를 연속으로 쓸 수 없습니다.
이미지 출처: www.google.com

페이스북은 사용자가 하나의 브라우저에서 서로 다른 두 개의 계정을 열면 매우 인간적인 에러 메시지와 함께 두 가지 해결 방안을 제시한다.

Sorry, we got confused

Please try refreshing the page or closing and re-opening your browser window.

이거 참 난처하네요. 어느 계정인지 헛갈려요.
현재 페이지를 '새로 고침'하거나 브라우저 창을 닫았다가 다시 열어보세요.
이미지 출처: www.facebook.com

아소스의 메시지는 인간적이고 탁월하다. 필수 입력 필드를 각각 독특하게 표현한다.

Oops! You need to type your email here

이런! 여기에 이메일을
입력해야 하겠네요.

Hey, we need a password here

저기요. 여기 비밀번호도 필요해요.

We need your first name – it's nicer that way

당신의 이름이 필요해요 –
그게 더 멋질 듯요.

Last name, too, please!

성도. 부탁해요!

이미지 출처: www.asos.com

통신 장애처럼 사용자가 문제 해결을 위해 할 수 있는 것이 없을지라도 그들 손에서 벗어난 일임을 직접 말해주는 것이 좋다. 그래야 사용자가 더 큰 좌절로 이어질지 모를, 고치려는 시도를 하지 않을 테니 말이다.

핏빗Fitbit은 그런 상황을 사랑스러운 그래픽과 글로 잘 묘사하고 있다. 그들은 사과부터 먼저 하고 문제가 무엇인지 설명한 후, 문제를 해결하는 동안 사용자가 어떻게 그 시간을 보낼지 몇 가지 아이디어를 제안해, 짜증 나는 경험 후의 분위기를 밝게 만든다. 이것은 그래픽과 마이크로카피가 서로를 잘 받쳐주면서 메시지 내용과도 잘 맞게 구성된 좋은 사례 중 하나다.

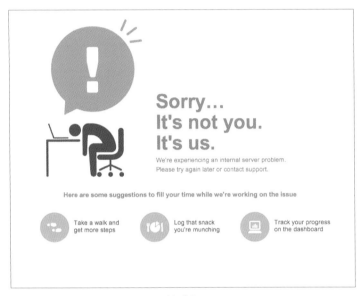

죄송해요…
당신 탓이 아니에요.
저희 탓이에요.
저희는 지금 인터넷 서버 장애를 겪고 있어요.
잠시 후 다시 시도하시거나 고객 지원으로 문의해 주세요.
문제를 해결하는 동안 다음 중 하나를 해 보시는 건 어떠세요?
– 산책하며 더 많이 걸어 보세요.
– 드시고 있는 간식을 기록해 보세요.
– 대시보드에서 진행 상황을 추적해 보세요.
이미지 출처: www.fitbit.com

픽몽키의 에러 메시지는 엄밀히 말하면 에러 메시지가 아니다. 그렇지만 브라우저 버전이 낮아서 사이트를 제대로 표시할 수 없어 생기는 매우 귀찮은 상황과 관련이 있다. 이런 종류의 시나리오는 우리와 사용자 모두에게 골치 아픈 일이다. 픽몽키는 사용자가 직접 사진을 편집할 수 있는 사이트로, 레몬을 레모네이드로 만드는 것처럼 좌절의 경험을 자신들의 브랜드 스타일에 어울리는 기분 좋은 웃음으로 바꿔 놓았다. 사용자에게는 여전히 새로운 브라우저를 설치해야 하는 일이 남아 있지만, 최소한 좋은 기분으로 하게 될 것이다.

Love your vintage browser!

Unfotunately it's a little too vintage. PicMonkey no longer supports version 5 of Safari.

Visit Browser Happy to upgrade your browser, or try out Google Chrome.

> Okay

당신의 빈티지 브라우저를 사랑합니다!
그런데 안타깝게도 너무 빈티지네요.
픽몽키는 더 이상 사파리 브라우저 5.0 버전을 지원하지 않는답니다.
브라우저 해피(Browser Happy)를 방문해서 브라우저를 업그레이드하시거나
구글 크롬(Google Chrome)을 한번 써보세요.
이미지 출처: www.picmonkey.com

표준 메시지와 특수 메시지를 포함한 모든 에러 메시지는 마이크로카피 라이터에게 직접 맡기거나 최소한 검토 받아야 한다. 또한, 소프트웨어 개발자가 시스템에서 작업을 시작하기 전에, 주의 깊게 작성한 에러 메시지를 최대한 많이 주는 것이 좋다(작성해야 하는 가장 일반적인 에러 목록은 이 장의 마지막 부분에 있다). 이렇게 하면 개발자가 에러 메시지를 쉽게 통합할 수 있다. 그래도 아마, 개발이 진행되면서 에러 메시지를 작성해야 하는 새로운 시나리오가 생길 것이다. 이때 개발자가 해당 에러 메시지를 작성하도록 맡겨 두면 안 된다. 에러 메시지 작성은 기본적으로 개발자의 업무가 아니며, 어쩌면 그 일을 잘 할 수도 있지만 못할 가능성이 더 크기 때문이다. 개발자가 새로운 에러 메시지의 필요성을 제기하면 반드시 그 내용을 시나리오에 대한 설명과 함께 마이크로카피 라이터에게 전달해서 더 적절한 문구를 쓰게 해야 한다는 점을 확실히 인지하게 하라.

오려두고 참고하기

(거의) 모든 디지털 제품에서 말로 표현돼야 하는 에러

회원 가입

1. 사용자명 또는 이메일이 이미 있는 경우: 가능하면 기등록 사용자를 위한 로그인 페이지로 연결되는 링크를 제공하라.

2. 이메일 주소에 에러가 있는 경우: 일반적으로 시스템은 @ 또는 서픽스[02]가 빠졌는지 체크한 후 사용자에게 문제가 무엇인지 말해줘야 한다.

3. 전화번호 또는 아이디가 규칙에 안 맞는 경우: 사용자에게 규칙이 무엇인지 알려줘야 한다.

4. 비밀번호가 규칙에 안 맞는 경우: 메시지에서 필요조건을 상세히 설명해야 한다. 필요조건이 엄격하다면 이를 해당 입력 필드 옆에 둬서 처음부터 에러를 피할 수 있게 하는 것이 좋다.

---

02 뒤에 붙이는 것을 표시하며 접두사(prefix)와 대비된다. 컴퓨터에서의 연산 처리를 고속화하는 방법으로서 후치 연산자(suffix operator)와 전치 연산자(prefix operator)를 사용하는 경우가 있다. 이메일 오류 검증 시 말하는 서픽스는 도메인 서픽스(Domain Suffix), 즉 마침표를 포함한 그 이하(예: .com/.co.kr/.net)를 말한다(출처: 컴퓨터인터넷IT용어대사전, 2011. 1. 20., 일진사). - 옮긴이

5. 비밀번호 입력 필드와 확인용 입력 필드가 일치하지 않아서 검증에 실패한 경우

6. 필수 입력 필드가 입력되지 않았을 경우: 일반적인 메시지 하나를 모든 입력 필드에 쓰지 말고, 각 입력 필드에 맞는 특정 메시지를 별도로 준비할 것을 추천한다.

7. 사용자가 이용약관에 동의하지 않는 경우

기등록 사용자를 위한 로그인

1. 사용자명 또는 이메일이 존재하지 않을 경우: 회원 가입 폼에 연결되는 링크를 제공하라.

2. 비밀번호가 맞지 않을 경우

3. 사용자명과 비밀번호가 일치하지 않는 경우: 보안상의 이유로 이 두 가지 입력 필드 중 어느 쪽이 문제인지 말하지 않는 것이 바람직할 때가 있다. 이럴 경우, 메시지에는 사용자명과 비밀번호가 일치하지 않거나 둘 중 하나에 실수가 있다고 써야 한다(어느 쪽인지는 말하지 않아야 함).

4. 사용자명 또는 비밀번호 중 하나가 입력되지 않았을 경우

고객 문의(그리고 뉴스레터 가입과 같이 사용자에게 이메일을 요청하는 모든 곳)

1. 이메일 주소에 에러가 있는 경우

2. 전화번호가 규칙에 맞지 않는 경우

3. 필수 입력 필드가 입력되지 않았을 경우

비밀번호 복구

1. 사용자명 또는 이메일이 없는 경우: 회원 가입 폼으로 연결되는 링크를 제공하거나 다른 이름이나 이메일 주소를 사용해서 등록했는지 물어보는 것이 좋다.

2. 이메일 주소에 에러가 있는 경우

8장

성공 메시지

끝이 좋으면 모든 것이 다 좋다

이 책의 파트 1에서는 클리포드 나스 교수의 매력적인 연구 결과를 소개했다. 그는 인간이 디지털 인터페이스를 사용할 때, 자신이 컴퓨터를 쓰고 있다는 것을 알고 있는데도 디지털 인터페이스가 수용 가능한 사회적 규범에 따라 작동하기를 기대한다는 것을 발견했다. 여기에는 사용자의 행동에 반응하고, 적절한 시점에 사용자를 칭찬하기도 하고, 뭔가 잘못되고 있을 때 사용자에게 도움을 주는 것 등이 포함된다.

사용자가 어떤 행동을 취한 다음 보게 되는 성공 메시지는 사용자가 기대하는 가장 중요한 반응 중 하나다.

다음은 성공 메시지로 종료되는 사용자 행동에 대한 몇 가지 예시다.

- 웹 사이트/이벤트/서비스의 등록 또는 가입
- 제품/서비스/구독서비스의 주문 또는 구매
- 뉴스레터 신청
- 구독 취소
- 무료 가이드 다운로드
- 고객 문의 폼 보내기
- 파일/프로그램/플러그인의 다운로드/업로드
- 데이터/파일 가져오기/내보내기
- 이메일 주소의 유효성 검사
- 무료 평가판 선택
- 비밀번호 복원 등

성공 메시지가 왜 중요할까? 성공 메시지에는 세 가지 목표가 있다.

1. **확신 주기**: 성공 메시지를 통해 사용자는 작업이 성공적으로 완료됐으며 아무 문제 없다는 확신을 하게 된다.

2. **지시하기**: 성공 메시지는 사용자에게 다음 단계가 선택적인지 또는 필수적인지에 대해서 알려준다.

3. **관계 맺기**: 성공 메시지는 전체 프로세스의 마지막 단계이며, 감동과 재미, 심지어 짜릿함을 선사할 수 있다. 사용자의 액션에 의미를 더할 수 있으며 사용자로 하여금 브랜드에 대한 긍정적이고 좋은 느낌과 즐거운 경험을 간직하게 한다.

이 모든 목표를 언제나 충족시킬 필요는 없다. 때로는 몇 초만 나타났다가 사라지는 체크 표시로도 충분하다. 이메일 전송이나 문서 저장과 같이 빈번하고 간단한 작업의 경우 매우 짧고 실용적인 성공 메시지를 작성하라. 하지만 사용자에게 중요한 행동일수록 성공 메시지는 더 충분해야 한다.

그렇다면 어떻게 해야 할까? 아래와 같은 방법은 아니다.

- 처리가 성공적으로 완료됐습니다.
- 성공적으로 등록됐습니다.
- 주문이 성공적으로 접수됐습니다.
- 이메일 주소가 성공적으로 확인됐습니다.

"OO가 성공적으로 완료됐습니다."라는 템플릿은 첫 번째 목표인 사용자에게 확신을 줄 수는 있지만, 지루하고 인간미 없으며 무심한 태도로 비친다. 따라서 이런 템플릿은 피하거나 그것이 메시지의 주요 파트가 되지 않도록 주의하라. 그리고 나머지 목표 중 하나라도 달성하는 데에 도움이 되는 내용을 적어라.

낡아빠진 템플릿을 사용하는 대신, 다음에 제시한 방식을 하나 이상 적용하라. 물론 다 적용하는 것이 가장 좋다.

1. **방금 끝낸 행동에 대해서가 아니라 사용자에 대해 또는 사용자에게 이야기하라.** 프로세스 그 자체가 아닌 프로세스를 끝낸 사용자에 대해 언급하라. 예를 들면, 데이트 사이트인 **오케이큐피드**에서는 프로필 사진

을 업로드 할 때 "사진을 성공적으로 업로드 했습니다."라는 메시지는 보이지 않는다. 대신 업로드하는 사진마다 다른 메시지가 보이는데 모두 재미있어서 기분이 좋아진다.

끝내주네요.

Love it.	That's a good one.
마음에 들어요.	그거 좋은데요.
Yes yes yes yes yes.	They're going to love you.
네네네네네	사랑받으실 거예요.

이미지 출처: www.okcupid.com

여기서 주목해야 할 것은 '다른 사진 업로드'와 같이 사용자가 해야 할 다음 작업을 참조하도록 하는 것이다. 이에 대해서는 뒤에서 다시 상세하게 다루겠다.

2. **원했던 일이 실제로 일어났음을 명확하게 알려라.** 하지만 "○○가 성공적으로 완료됐습니다."와 같은 템플릿은 쓸 필요가 없다. 최대한 분명하게 알리되, 약간 다른 방식을 시도하라. 앞에 나온 오케이큐피드의 사례를 보면, 업로드된 사진을 보여주고 이에 반응함으로써 사용자가 원했던 일이 일어났음을 은연중에 알리고 있다.

다음은 톡톡 튀는 출판물인 **디아웃라인**^{The Outline}에서 뉴스레터를 신청한 후 볼 수 있는 아주 작은 성공 메시지이다. "곧 말해줄게^{TTYS:}

Talk To You Soon "라는 의미의 이 두문자어는 두 가지 목적이 있다. 구독 신청이 제대로 되었는지 확인하는 것과 당신이 정확히 무슨 이야기를 할 것인지에 대한 기대치를 쌓는 것이다. 그런데, 전 세계 구독자를 위한 것이라면 두문자어는 피하도록 노력하라. 혼란스러운 사용자들이 명확한 뜻을 찾기 위해 구글로 몰려가게 될 것이 분명하다.

곧 말해줄게.
이미지 출처: www.theoutline.com

3. **관련성이 있다면 사용자가 취한 액션이 가진 더 깊고 의미 있는 측면을 포함해라.**

어떻게? 사용자에게 그 행동을 취함으로써 얻은 가치가 그들에게 어떻게 영향을 미치며 얼마나 중요한지를 간략하게 상기시켜 주라.

예를 들어, 사용자가 뉴스레터를 신청했다면 보물이 그들의 이메일 수신함으로 곧 배달된다는 사실을 알려서 첫 번째 뉴스레터가 도착하기를 손꼽아 기다리게 하라.

사용자가 레저 관련 상품을 샀다면 함께 기뻐해 줘서 그 상품을 사길 잘했다고 느끼게 하라.

사용자가 고객문의 페이지를 통해 연락해왔다면 당신에 대한 믿음이 정당하다는 것과 당신이 그 일에 직접 관여하고 있다고 느끼게 하라.

그 외에도 많다.

워드프레스^{WordPress} 설치 후 나오는 성공 메시지는 이 일을 정말 잘 해 낸 예다.

> Success!
>
> WordPress has been installed. Were you expecting more steps? Sorry to disappoint.

성공!
워드프레스가 설치됐습니다. 다음 단계가 더 있을 것이라고 기대하셨나요?
실망시켜 드려서 죄송합니다.
이미지 출처: www.wordpress.com

이 메시지는 재미있을 뿐 아니라 단순하고 직관적인 플랫폼이라는 약속을 지켰다는 것과 그들의 제품을 고른 것은 사용자의 삶을 훨씬 수월하게 해줄 탁월한 선택이었음도 함께 말하고 있다.

4. **당신과 사용자를 위해 다음 단계를 제시하고 적극적으로 홍보해라.** 예를 들면 다음과 같다.

- 이제 무슨 일이 일어날 것인가(이메일에 대한 답장을 받기까지 얼마나 걸릴 것인가? 구매한 제품은 언제 발송되는가? 구독은 언제부터 시작되는가? 등록 절차에서 활성화가 필요한가? 등).
- 사용자에게 이메일을 보내려 한다면 이메일 수신함을 참조하게 하라(이메일 주소를 인증하기 위해 혹은 주문 내역을 보기 위해).
- 사용자가 했으면 하는 추가 행동(사용자가 제품 사용을 시작한 페이지로의 링크, 앱 다운로드 권유, 소셜 미디어상의 공유 또는 팔로우 권유 등)
- 다른 단계가 없다면 사용자를 사이트로 다시 보내라. 프로모션이나 블로그와 같이 당신이 정말 관심을 두고 중요하게 여기는 곳으로 말이다.

탈리아 울프^{Talia Wolf}의 「Use these 7 hacks on your thank you pages to boost retention(유지율을 높이려면 감사 페이지에 이 7가지 꿀팁을 사용하

라)」라는 게시물을 읽어보길 추천한다. 이것이 뉴스레터 구독 신청 후에 볼 수 있는 **마리 폴레오**의 성공 메시지이다. 그녀는 이 성공 메시지에서 다음에 얘기된 모든 것들을 실현한다.

1. **사용자에게** 행동에 대해서가 아닌 그들과 그녀의 관계에 관해서 **얘기한다**.

2. 가입이 성공적이었다는 **확신을 주지만** 기술적인 용어는 사용하지 않는다.

3. 인사이더가 돼 그녀와 개인적으로 연락한다와 같은 **추가적인 의미를 액션에 부여해준다.**

4. 매우 정직하게 들리는 훌륭한 CTA를 사용해서, 사용자가 첫 번째 이메일을 읽도록 **받은 편지함을 참조하게** 한다.

5. **다음 단계도 우아하게 홍보**한다. 즉, 사용자들이 소셜 미디어에서도 그녀를 팔로우하도록 장려한다.

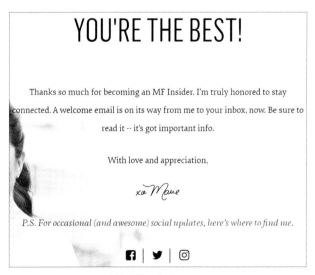

당신이 최고예요!
MF인사이더가 돼 주셔서 감사해요. 연락하고 지낼 수 있어서 정말 영광이에요.
환영 이메일이 받은 편지함으로 가는 중이에요.
꼭 읽어 주세요. 중요한 정보를 담고 있거든요.
사랑과 감사를 담아
p.s. 가끔 하는(그리고 멋진) 소셜 업데이트를 보시려면 이곳이 저를 찾을 수 있는 곳이에요.

추가 사례

에피피오는 비즈니스용 동영상을 만든다. 웹 사이트의 목표는 사용자가 자신들에게 연락하게 해서 빛나는 새 동영상 작업을 함께 시작하는 것이다. 고객문의 폼이 전송된 후 사용자는 자신에게 감사를 전하고 전문가가 개인적인 관심을 기울일 것을 약속하며 사진과 함께 비즈니스 개발자를 직접 소개함으로써 신뢰도를 엄청나게 높여주는 아래와 같은 성공 메시지를 받게 된다. 이는 개인적인 것과 전문적인 것을 멋지게 조합한 것으로 그들에게 문의한 것이 잘한 일이라는 느낌이 들게 해준다. 그들은 다음 단계인 페이스북 그룹 가입을 제안하는 것도 빠뜨리지 않는다.

문의해 주셔서 감사합니다!
이제 비디오 전략 전문가에게 귀하의 요청을 전달합니다.
당신에게 생길지 모르는 추가적인 질문에 답하기 위해 소니(Sonny), 조나단(Johnathan)
또는 체이스(Chase)가 연락을 드릴 겁니다.
저희 페이스북 그룹에 가입하셨나요?
지금 가입하시려면 아래 버튼을 탭 하세요.
이미지 출처: www.epipheo.com

윅스Wix의 새로운 기능 중 하나에 대한 피드백을 제공한 후 그것이 실제로 무슨 뜻인지 다음과 같이 말한다. "방금 기능을 개선하셨습니다." 일러스트레이션을 통해 그들이 감사한다는 것을 보여주고 카피를 완성한다. 매우 만족스럽다.

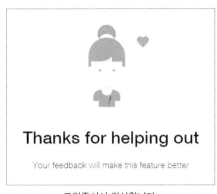

도와주셔서 감사합니다.
보내주신 피드백으로 이 기능이 향상될 것입니다.
이미지 출처: www.wix.com

라운즈Rounds. "정말 훌륭해요!" 이것이 앱 설치 후 보이는 성공 메시지다. 어떤 사람들은 등을 두드리며 격려하는 것이 잘난 체하는 모습으로 비칠 수 있다고 주장한다. 그러나 클리포드 나스 교수는 자신의 연구를 통해, 칭찬을 들은 사용자는 그것이 순전히 임의적이고 자신에게만 해당하지 않는다는 것을 알면서도 스스로에 대해 긍정적인 감정을 갖게 되며, 자신을 칭찬해준 인터페이스에게 고마움을 느낀다는 사실을 발견했다. 그렇다, 우리 인간은 이상하다. 그러니 사용자를 계속 칭찬하라. 그다지 힘든 일도 아니지 않은가.

정말 훌륭해요!
이제 친구들을 추가해 볼까요?
다음 단계로!
이미지 출처: Rounds 앱

엔바토envato. 보안 체크가 완료되자마자 보이는 성공 메시지는 매우 짧지만, 놀랍고 재미있으며 협업의 진정한 의미를 전달한다. 그리고 사용자에게 보안 계정이 갖는 이점이 무엇인지 이야기한다.

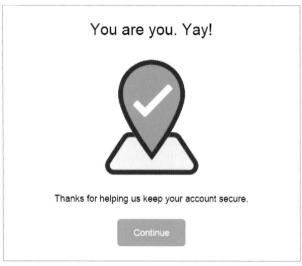

진짜 당신이 틀림없군요. 예이!
계정을 안전하게 보호할 수 있도록 도와주셔서 감사해요.
이미지 출처: www.envato.com

9장

공백 상태

이 장의 주요 내용

- 막다른 길을 열린 문으로 바꾸는 방법
- 최초 사용 전 기능의 공백 상태
- 빈 장바구니와 주문 내역이 없는 상태
- 검색 결과가 없는 상태

여긴 볼 것이 없네, 다른 곳으로 갈까?

말은 경험을 강화하고 선명하게만 하는 것이 아니다. 경험할 것이 없어 보일 때조차도 경험을 만들어 낼 수 있다. 이를 증명하는 가장 좋은 예가 공백 상태를 위한 마이크로카피다.

먼저, 공백 상태에 대한 정의를 짚어 보자. 공백 상태는 사용자에게 보여줄 것이 없는 상태를 말한다. 공백 상태는 사용자가 디지털 제품 또는 해당 제품의 어떤 기능을 처음 접할 때 나타날 수 있으며, 결과가 없는 검색의 실행처럼 사용에 대한 결과로써 나타나기도 한다.

공백 상태를 그대로 내버려 두면 기본적으로 사용자에게 없다는 것을 알려주는 것이 된다. 즉, 사용자에게 무엇이 있는지 말할 기회를 놓치게 되는 것이다. 여기에 있을 수 있었던 것, 사용자가 해당 서비스로부터 얻을 수 있었던 것, 일을 진행하기 위해 사용자가 할 수 있는 것을 예로 들 수 있다. 또한, 아직 사용되지 못한 기능은 사용자에게 그 장점을 제시하고 사용을 권할 기회가 된다. 빈 장바구니는 판매를 촉진할 기회가 된다. 결과 없이 끝난 검색은 다른 옵션을 제공해 사용자가 빈손으로 떠나지 않게 함으로써 당신이 신경쓰고 있다는 것을 보여줄 기회가 된다. 이렇듯 공백 상태는 좋은 서비스를 제공하는 기회일 뿐만 아니라 사용자를 다음 단계로 안내하며 하던 일로 되돌아갈 수 있게 한다.

1. 최초 사용 전 기능의 공백 상태

디나 차이페츠Dina Chaiffetz는 「공백상태 디자인에 더 많은 시간을 투자해야 하는 이유Why Empty States Deserve More Design Time」(InVision 블로그)에서 다운로드된 앱 전체 중 77%는 다운로드된 지 삼 일 안에 삭제된다고 썼다. 분명히 이 모든 책임을 공백 상태에 떠넘길 수는 없지만, 공백 상태가 웹 사이트, 앱 그리고 서비스의 첫인상을 결정하는 데 매우 중요한 역할을 하는 것은 분명하다.

회원등록 후 사이트를 탐색하거나 앱을 다운로드 한 후 탐색하는 사용자를 떠올려 보라. 그들 모두는 다음과 같은 것을 보게 된다.

- 고객님의 장바구니(또는 쇼핑 카트 또는 쇼핑백)가 비어 있습니다.
- 고객님의 위시리스트가 비어 있습니다.
- 이전 활동을 찾을 수 없습니다.
- 저장된 즐겨찾기가 없습니다.
- 메시지가 없습니다.
- 고객님의 네트워크에는 친구가 없습니다. 등등

이런 공백 상태 메시지가 완전히 빈 페이지 위에 표시되는 것은 흔한 일이다. 그것도 상당량의 공백으로 말이다.

아직 활동내역이 없습니다 :(

이 얼마나 낭비인가! 이런 정적이고 비효율적인 제품을 잠깐 둘러 본 사용자는 이 사이트에서 얻을 수 있는 것이 많지 않으며 자신의 삶을 완전히 바꾸지는 못할 것이라고 느낄 것이다.

사용자가 이전에 이용하지 않았던 페이지나 기능에 접근할 때, 기능의 잠재력을 보여주고 사용을 시작하도록 동기를 부여할 기회를 얻을 수 있다.

여기에는 아무것도 없다고 말하는 대신, 여기에 있어야 할 것이나 사용자가 여기서 무엇을 할 수 있는지, 해당 기능의 역할과 그것이 사용자에게 어떤 도움이 되는지에 대해 써라.

필요하다면 지침을 추가하라. 해당 기능의 사용법을 정확히 설명(가능하면 시각적 요소를 곁들이는 것이 가장 좋다)하거나 링크를 제공하라.

최초 사용 전 기능의 공백 상태에 대한 사례

방금 프로필을 열었을 때 **페이스북** 피드가 어떻게 생겼었는지 기억나는가? 이것은 아무것도 하기 전의 공백 상태이다. 공백 상태는 사용자를 환영하고, 사용자가 플랫폼의 기반인 친구 추가하기를 첫 번째 행동으로 취하도록 안내한다. '다음(Next)' 버튼을 누르면 친구 추천으로 이동한다. 나는 이 버튼의 레이블이 친구 추가, 추천 보기, 또는 '여기 누가 또 있는지 봐'와 같은 것이기를 기대했다. 그러나 아마 '다음'이 애매모호해서 더 매력적일 수 있다는 생각도 든다. 페이스북이 이 점을 테스트했는지 궁금하다.

페이스북에 오신 것을 환영합니다
친구 추가로 시작하세요.
여기서 그들이 올린 비디오, 사진 그리고 게시물을 볼 수 있을 것입니다.
다음
이미지 출처: www.facebook.com

오케이큐피드의 받은 편지함은 데이트 사이트에서 가장 중요한 페이지 중 하나이다. 받은 편지함이 여전히 비어 있다면, 사용자가 사이트를 탐색하도록 권장한다. 특정 상황을 반영한 귀여운 일러스트는 사용자 경험을 향상하는 훌륭한 방법이다. 그리고 알맞은 짝을 탐색할 수 있도록 바로가기 버튼을 추가하면 좋을 것 같다.

There's nobody here yet!

Get out there and find someone you'd like to talk to.

아직 아무도 없네요!
거기서 나와서 얘기나누고 싶은 누군가를 찾아보세요.
이미지 출처: www.okcupid.com

텀블러는 알림이 없다고 말하는 대신, 언제 돌아와서 확인해야 할지를 말해준다. 무엇이 그곳에 없는지가 아니라, 무엇이 그곳에 있을지를 알린다.

Check out this tab when you make a post to
see Likes, Reblogs, and new followers.

포스팅하면서 좋아요, 리블로그(Reblog) 및 새 팔로워를 보려면 이 탭을 확인하세요.
이미지 출처: www.tumblr.com

아마존 포토^{Amazon photos}에서는 아직 앨범을 만들지 않았다면 '앨범 없음'이라고만 하지 않고 앨범이 어떻게 도움이 되는지(사진 정리 및 공유) 알려주고, CTA가 포함된 바로 가기 버튼을 제공한다. 따라서 사용자는 가서 첫 번째 앨범을 만들면 된다.

You don't have any albums yet

Create albums to organize and share your photos.

Create new album

아직 앨범이 없군요.
앨범을 만들어서 사진을 정리하고 공유하세요.
새 앨범 만들기
이미지 출처: www.amazon.com

투두이스트Todoist는 할 일 관리 도구다. 오늘 할 일을 아직 게시하지 않았다면, 작업을 게시하면 여기에서 볼 수 있다는 것과 할 일을 리스트로 정리하는 것이 왜 가치 있는지 그 이유도 함께 알려준다. 또한 다가올 하루를 선명하게 보여준다. 아래 이미지는 이러한 가치를 돋보이게 해주며 버튼은 실용적이면서 본론을 말하고 있다.

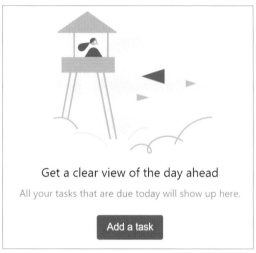

다가올 하루를 선명하게 보세요.
오늘 끝내야 할 일들이 여기에 표시됩니다.
할 일 추가하기
이미지 출처: www.todoist.com

먼데이Monday는 신규 사용자에게 시스템이 어떻게 작동하는지, 그리고 사용자가 그것을 어떻게 최대한 활용할 수 있는지 보여주기 위해 공백 상태를 잘 활용한다. 먼데이는 '아직 태그 없음'만 보여주는 대신 태그를 쉽게 찾아 관리할 수 있게 해준다. '삭제 항목 없음' 대신 삭제된 항목을 30일 동안 보관해준다. '아카이브 항목 없음' 대신 임시로 폴더를 보관할 수 있게 해준다.
또한 '아직 알림 없음' 대신 사용자들에게 @를 사용하여 어떻게 개인적 알림을 받고 보낼 수 있는지 보여주기 위해 공백 상태를 잘 활용한다.

보관함이 비어 있습니다.
사용하지 않는 보드는 다시
꺼낼 때까지 여기에 보관됩니다.

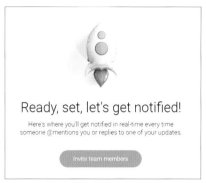

준비, 설정, 알림을 받으세요!
누군가 사용자님을 @멘션하거나 아이템에 답변을
달 때마다 실시간으로 알림을 받는 곳입니다.
새로운 팀원 초대하기

휴지통이 비어 있습니다.
무언가를 삭제하면 30일 동안 여기에
보관됩니다.
마음이 바뀔 경우를 대비하여

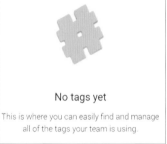

아직 태그가 없습니다.
당신의 팀이 사용하고 있는 모든 태그를
쉽게 찾고 관리할 수 있는 곳입니다.

이미지 출처: www.monday.com

미래의 디자인이 등장할 공간에서 **캔바**^{Canva}는 당신이 놀라운 작품을 만들거라는 믿음을 가지고 있다. 또한 사용자가 그 시작을 검색창에서 할 수 있도록 안내한다.

Your first design is going to be amazing.
Everything you design will appear here. To get started,
create a design using the search bar above.

당신의 첫 번째 디자인은 놀라울 거예요.
당신이 디자인한 모든 것은 여기서 보여
집니다.
시작하려면 위의 검색창을 이용해서 디
자인을 만들어 보세요.

이미지 출처: www.canva.com

2. 빈 쇼핑 카트와 주문 내역이 없는 상태

사용자가 빈 쇼핑 카트(또는 장바구니 또는 쇼핑백)를 열게 되는 이유는 다양하다. 예를 들어, 실수로 어떤 상품을 쇼핑 카트에 넣었다고 생각하고 거기에 있는지 확인하러 가거나, 상품을 넣었는지 기억하지 못해 확인하거나, 쇼핑 카트에 넣어 뒀던 상품을 삭제하고 빈 상태로 둔 경우 등이다.

빈 쇼핑 카트는 끔찍한 공간의 낭비다. 나는 다음 그림과 같이 구현된 사례를 꽤 많이 봐왔다.

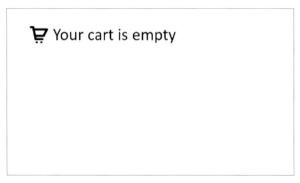

쇼핑 카트가 비어 있습니다.

그렇다면 이 빈 공간을 어떻게 쓸 수 있을까? 당연히 사용자의 쇼핑을 유도하는 데 써야 한다.

1. **쇼핑 카트가 비어 있고 그 안에 아무것도 없음을 분명히 하라.**

2. **판매와 관련된 흥미롭고 설득력 있는 이야기를 해라.** 재미있거나 흥미롭게 또는 사용자의 호기심을 자극하려 노력하라. 물론 이 세 가지 모두를 시도하는 것이 가장 좋다. 이 책의 첫 번째 파트에서 봤듯이, 사용자는 행복하거나 들뜨면 뭔가 행동을 취하고 싶어한다. 여기에 글과 그래픽을 조합하면 매우 효과적이다.

3. **사용자를 상점에서 가장 흥미로운 파트로 이끌어라.** 초특가 할인, 인기 상품이나 신상품 등이 있는 곳으로 말이다.

4. **사회적 증거** 또는 다른 구매자나 물품에 대한 흥미로운 통계 자료를 제공할 수도 있으며, 그런 다음 사용자에게 특정 상품을 안내할 수 있다.

한 가지 예로, 매우 유명한 온라인 초콜릿 숍은 "고객님의 쇼핑백이 비어 있습니다."라고만 쓰고 페이지의 나머지 부분을 공백으로 남긴다. 이 빈 공간에서 판매 광고를 할 수도 있었고, 사용자의 구매 욕구를 자극하는 동시에 관심 있는 사용자를 상점으로 안내할 수도 있었다. 예를 보자.

쇼핑백에 초콜릿이 아직 없네요.
그래도 저희 쇼콜라띠에는 끊임없이 놀라움을 선사합니다.
새로운 2017년 초콜릿 컬렉션이 상점에 들어왔습니다. 중독성 있는 맛이에요.
[새로운 맛을 탐험해 보세요]

또는 이렇게 쓸 수도 있었다.

쇼핑백에 아직 초콜릿이 없군요 :(
충분히 이해합니다, 고르기 어렵죠.
아마도 다음 버튼이 도움이 될 거예요.
[가장 인기 있는 맛을 만나보세요]

또 다른 예는 건강 및 미용 제품을 판매하는 온라인 숍으로, 쇼핑백이 비어 있다는 말조차 쓰지 않았다. 사용자가 쇼핑백을 처음 열었을 때 봤던 유일한 것은 놀라우리만큼 깨끗하게 비어 있는 공간이었다. 여기에 무엇을 쓸 수 있었을까? 예를 보자.

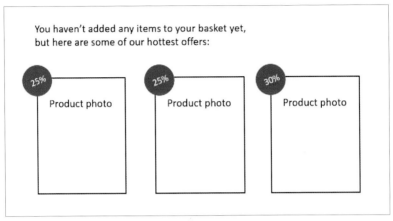

You haven't added any items to your basket yet, but here are some of our hottest offers:

25%

Product photo

25%

Product photo

30%

Product photo

장바구니에 아직 아무 상품도 담지 않으셨군요.
여기 최고로 핫한 특가 상품이 있습니다.

물론, 제안하는 특가 상품은 사용자가 장바구니에 담은 것처럼 보여서는 안 된다. 우리는 지금 사용자에게 동기를 부여하려는 것이지, 혼란스럽게 만들려는 것이 아니다.

이것을 사회적 증거와 결합해서 다음과 같이 작성할 수 있다.

이번 주에 가장 많이 판매된 상품

또는 다른 고객들이 지금 보고 있는 상품

각 제목 아래에는 제품 사진과 구매로 이어지는 링크도 추가하라.

많은 사이트에는 **지난 주문내역** 페이지가 있어 과거에 구매한 상품 리스트를 열어 보고, 심지어 구매 상품 중 어떤 것은 재구매할 수도 있다. 첫 구매가 이뤄지기 전의 사용자는 당연히 공백 상태를 보겠지만, 이때 빈 쇼핑 카트와 함께 "지난 주문내역이 없습니다."라고만 써놓으면 판매 기회를 놓쳐 버리게 된다. 다음의 예와 같이, 사용자에게 실질적으로 와 닿는 내용을 쓰면 그들의 경험과 구매 의지를 모두 획기적으로 높일 수 있다.

You haven't ordered a delivery yet, but
our seasonal fruit will have you drooling.

Find out what we found
today in the market

아직 배달 주문을 하지 않으셨군요.
그래도 저희가 준비한 제철 과일에는 군침 흘리실걸요.
[오늘 저희가 시장에서 무엇을 발견했는지 살펴보세요.]

빈 쇼핑 카트에 대한 사례

벨앤수Belle and Sue는 이스라엘의 패션 쇼핑몰이다. 먼저 쇼핑백이 비어 있다는 것을 확실히 알려주는데, 그 방식이 사용자를 미소 짓게 한다. 그런 다음, 사용자가 상품을 구매하도록 동기를 부여하고 쇼핑 욕구를 자극하는 제목과 함께 여러 개의 링크를 제공한다. 첫 번째 링크는 숍으로, 나머지는 특정 상품들로 연결된다.

Your shopping bag

Your shopping bag is empty, neglected and poor.
Add items to revive it.

To continue shopping

What's fun?

comfort zone
/ Jeffrey Campbell
₪ 389 ₪ 549

Inter Galactic
/ Belle&Sue
₪ 559 ₪ 690

쇼핑백
쇼핑백이 비어 있네요. 가엾게도 너무 무관심하셨네요.
상품을 담아서 생기를 불어넣어 주세요.
쇼핑 계속하기
뭐가 좋을까요?
이미지 출처: www.belleandsue.co.il(히브리어에서 영어로 번역)

버스티드 티즈^{Busted Tees}는 쇼핑 카트가 비어 있다고 분명히 말한다. 그리고 사용자에게 이 상점에서 가장 흥미로운 세 페이지를 언급한다.

쇼핑 카트가 비어 있어요.
뭔가 굉장한 것을 추가해 보세요!
오늘의 딜, 신상 디자인, 재밌는 물건들을 확인하세요.
이미지 출처: www.bustedtees.com

아메리칸 이글^{American Eagle}은 새로운 컬렉션이 사용자의 호기심을 최고조로 끌어올릴 것이라 믿는다.

쇼핑백이 비어 있군요…
새로운 컬렉션을 확인할 시간입니다!
이미지 출처: www.ae.com

다양한 상품, 저렴한 가격에 대한 약속, 무료 배송, 베스트셀러에 대한 사회적 증거와 도움의 손길. 이 모든 것들을 언급함으로써 **북디파지토리**^{Book Depository}는 장바구니가 다음번 독서 모험을 항해하고 싶게 만들도록 바꿨다.

> Your basket is empty.
>
> **Need some help finding a book?**
>
> We sell over 19 million titles at unbeatable prices with free delivery worldwide. Explore our bestsellers to find your next favourite book!
>
> Browse Bestsellers

장바구니가 비어 있어요.
책 찾는 것을 도와드릴까요?
저희는 1,900만 개 이상의 출판물을 최저가, 무료배송으로 전 세계에 판매합니다.
다음에 선호할 책을 찾으시려면 베스트셀러를 탐색해 보세요!
이미지 출처: www.bookdepository.com

아트샵, **소사이어티6**는 공백 상태마다 서로 다른 문구를 사용한다. 다음은 사용자가 빈 쇼핑카트 아이콘 위로 마우스를 가져갈 때 제공되는 툴팁이다.

쇼핑카트가 비어 있네요... 지금은..
어디로 뛰어들지 보여드릴게요.
여기서 시작하기

그리고 빈 쇼핑카트 페이지에는 다음과 같이 표시된다.

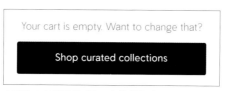

쇼핑카트가 비어 있네요. 이 상태를 바꾸고 싶으세요?
큐레이팅 컬렉션 쇼핑하기
이미지 출처: www.society6.com

3. 검색 결과가 없는 상태

시스템이 사용자가 검색한 것을 찾지 못하면 검색 결과 페이지는 빈 상태가 된다. 여기에 개발자는 "쿼리 결과가 없습니다." 또는 "입력값에 대한 어떤 결과도 찾지 못했습니다."라고 쓴다. 그러나 사용자에게는 시스템에 대한 내용뿐만 아니라 쿼리나 입력값 같은 용어도 절대 쓰면 안 된다. 사무실 밖에서는 이런 용어들은 절대 입에 담지 마라. 또한, 사용자에게 다른 검색을 하라고 요청하지 마라. 같은 것을 다시 찾지 않을 테니 말이다. 그리고 절대 "검색 결과 없음" 또는 "검색 결과를 찾지 못했습니다."라는 메시지를 그대로 남기지 마라. 사용자를 막다른 골목에 내버려 두지 말고, 다음 단계로 안내해 계속 제품을 사용할 수 있게 하라.

1. **상황을 설명하라.** 사용자에게 바라던 것을 찾지 못했다고 분명하게 알려라. 메시지에 공감이나 유머를 활용할 수도 있다.
2. **다음 중 하나를 제안하라.**

   a. **같은 것을 검색하는 다른 방법**: 콘텐츠 유형과 가장 잘 어울리는 방법을 선택하라.

   - 카테고리로 검색
   - 더 일반적인 용어로 검색
   - 더 특정한 단어로 검색
   - 맞춤법 체크
   - 동의어 사용 시도

   b. **사용자가 검색한 것과 비슷한 것**: 최대한 비슷한 상품이나 링크를 제안하라.

   - 같은 디자이너, 작가, 제조업체 등의 다른 상품

     (예: 토요타^{Toyota}의 다른 모델)
   - 유사한 사양이지만 다른 제조업체의 다른 상품

     (예: 2009년식의 타 제조사 차량)
   - 같은 유형, 스타일 또는 기능을 가진 다른 상품

     (예: 다른 가족용 차량)

   c. **다른 검색 결과**: 사용하는 검색 엔진이 구글처럼 비슷한 단어를 검색할 수 있는 경우, 그 결과를 사용자에게 제공하면 또 다른 검색을 하는 번거로움을 피할 수도 있다. 이는 그만한 가치가 있는 일이다.

위의 세 가지 옵션을 모두 사용해 사용자가 얻고자 하는 검색 결과가 무엇인지 진정으로 이해해야 한다. 그런 다음, 조금이라도 더 가까운 것을 제시하라.

검색 결과가 없는 상태의 사례

자포스^{Zappos}는 세 가지 검색 팁과 팁 아래쪽에 새로운 검색창을 제공한다. 매우 효율적이다.

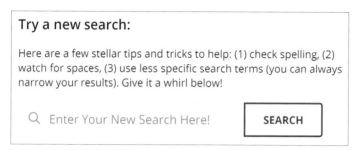

새로운 검색을 시도해 보세요!
몇 가지 놀라운 팁과 요령이 여기 있습니다. (1) 철자 검사, (2) 공백 체크, (3) 특정 검색어 덜
사용하기(검색 결과의 범위를 항상 좁힐 수 있음) 아래에서 검색을 한 번 돌려보세요!
새 검색어를 입력해 보세요!
이미지 출처: www.zappos.com

지메일^{Gmail}은 더 많은 검색 옵션을 선택할 수 있는 링크를 제안한다. 클릭하면 고급 검색 창이 열린다.

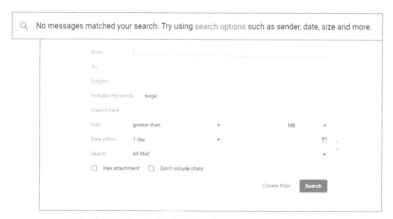

검색어와 일치하는 메시지가 없습니다. 보낸 사람, 날짜, 크기 등과
같은 검색 옵션을 사용해 보세요.
이미지 출처: www.gmail.com

구글맵^{Google Maps}은 다른 지역을 시도하거나 누락된 장소를 추가할 것을 제안한다. 물론 링크도 같이.

No results found

Try searching for something else
or in a different area

Something missing? Add a place

검색 결과 없음
다른 것을 검색하거나 다른 지역에서 검색해 보세요.
뭔가 빠진 게 있나요? 장소 추가하기
이미지 출처: Google Maps app

킥스타터^{Kickstarter}는 링크와 함께 수정(뭔가 다른 것을 찾으셨나요?)을 제안하고, 검색 팁을 주며(검색 범위를 넓혀 보세요), 탐색만 하는 경우를 위해 인기 있는 프로젝트 몇 가지를 제시한다.

이 모든 유용한 정보가– 미안하지만, 결과가 없다고 상상해 보라….

Oops! We couldn't find any results. Did you mean farm?

Why not change some things around or broaden your search?

Popular Projects

Tainted Grail: The Fall of Avalon

by Awaken Realms

6915% funded 9 days to go

HyperDrive: World's 1st USB-C Hub for iPad Pro 2018

by HYPER by Sanho Corporation

492% funded 27 days to go

이런! 결과를 찾을 수 없습니다. 농장을 찾고 싶으셨나요?
검색 내용을 바꿔보시거나 검색 범위를 넓혀 보시는 건 어떠세요?
인기 프로젝트
이미지 출처: www.kickstarter.com

이베이^{Ebay}는 뭔가를 찾지 못하면 사용자에게 검색 내용을 저장해 두었다가 나중에 알림을 받도록 제안한다. 정말 좋은 생각이다.

검색 저장하기
찾고 있는 것을 못 발견하셨나요?
이베이 피드에서 이메일 알림 및 업데이트를 받으시려면 'dfnhdf'를 저장하세요.
이미지 출처: www.ebay.com

10장

플레이스홀더

이 장의 주요 내용

- 플레이스홀더를 사용하지 말아야 할 때와 사용해야 할 때
- 플레이스홀더의 여섯 가지 유형과 사용법

플레이스홀더가 필요한 경우와 더 주목해야 할, 불필요한 경우

플레이스홀더는 입력 필드 안에 쓰여 있는 글이며, 사용자가 입력을 시작하기 전까지 일반적으로 밝은 음영으로 표시된다. 모든 것이 제대로 작동할 경우, 플레이스홀더는 사용자가 해당 입력 필드 안으로 커서를 옮기면 바로 사라지거나 이동한다. 스마트폰이 우리 생활을 장악한 이후, 공간을 절약할 필요가 생겼고 필드 레이블을 플레이스홀더처럼 입력 필드 안에 쓰는 것이 흔해졌다. 다음의 예시를 보자.

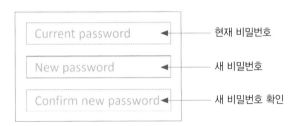

이런 관행은 공간 제약이 없는 데스크톱에까지 이어졌다. 실제로 이런 일이 너무나 많아져서 디자이너는 입력 필드를 비워 두지 못하고 아래 예시와 같이 이해할 수 없는 불필요한 중복이 생기더라도 입력 필드를 채워야 한다고 느끼는 경우가 종종 일어났다.

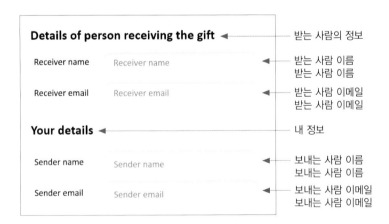

설령 창의적인 방법으로 중복에 대한 문제를 극복한다 하더라도 다음과 같은 수준이다.

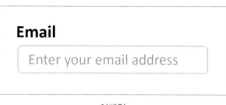

이메일
이메일 주소를 입력하세요

무엇보다 중요한 두 가지 원칙은 다음과 같다.

1. 레이블과 플레이스홀더를 분리하라

레이블은 사용자에게 해당 입력 필드에 어떤 정보를 입력해야 하는지 알리는 제목 또는 질문이다. 그것이 레이블의 유일한 기능이며 다른 것은 없다.

입력 필드 안에 레이블을 입력하는 것은 사용자의 단기 기억에 도전장을 내미는 셈이 된다. 사용자가 입력을 시작하면 해당 레이블은 사라지고, 사용자는 다시 돌아와서 어떤 정보를 입력해야 했는지 생각해 낼 방법이 없다. 가장 중요한 정보 한 조각이 더는 거기에 없는 것이다. 이메일과 비밀번호의 경우라면 사용자가 예상하는 내용이기 때문에 비록 문제가 덜 심각하지만 완전히 사라진 것은 아니다. 예를 들어, 두 개의 입력 필드가 로그인 폼에 있으면 나는 습관적으로 첫 번째 박스에 이메일 주소를 입력한다. 그래서 아래와 같은 상황이 벌어지기도 한다.

"잠깐, 내가 첫 번째 입력 필드에 어떤 정보를 입력해야 했던 거지?" 나는 전혀 기억할 수 없었고 이메일 주소를 삭제한 후에나 알아낼 수 있었다.

이 문제를 해결하는 한 가지 방법은 사용자가 해당 입력 필드에 커서를 놓으면 플레이스홀더가 바로 사라지는 것이 아니라 입력 필드 위나 바깥으로 이동하는 것이다.

이베이에서 입력 필드에 커서를 놓기 전과 후, 어떤 일이 일어나는지 보자.

전:

후:

이미지 출처: www.ebay.com

또 다른 방법은 레이블을 레이블로서, **입력 필드 바깥에 대조되는 색상으로** 고정하는 것이다. 이는 공간이 정말 많이 부족하지 않은 한 가장 좋은 방법이다(접근성 측면에서도 좋다! 18장 참조). 규칙은 단순하다. 누가 봐도 분명하고, 눈에 띄고, 이해하기 쉽고, 어렵지 않게 만들면 모든 사용자가 더 쉽게 사용할 수 있다. 공간의 문제가 있다면 레이블을 언제든 입력 필드의 옆이 아닌 위에 배치할 수도 있다.

2. 타당한 이유가 없다면 플레이스홀더를 넣지 마라

사용자가 폼을 처음 볼 때, 최대한 단순해 보여야 하며 손이 많이 가지 않고 쉽게 작성할 수 있을 것 같은 느낌을 줘야 한다.

텍스트가 많아지면 이런 느낌은 바로 사라진다. 왜냐하면 사용자는 모든 단어를 읽어야 하고 그 자체가 일이므로 텍스트가 많다는 것은 할 일이 많다는 뜻이기 때문이다. 따라서 사용자가 태스크를 끝내야 하는 폼과 기타 영역에서의 규칙은 언제나 단어를 **될 수 있으면 적게** 사용하는 것이다.

부디 닐슨 노먼 그룹^{Nielsen Norman Group}의 케이티 셔윈^{Katie Sherwin}이 쓴 「Placeholders in form fields are harmful(입력 폼에서 입력 필드의 플레이스홀더는 좋지 않다)」라는 기사를 읽어보라.

모든 입력 필드에 레이블과 플레이스홀더를 둘 다 추가하면 폼에 들어가 는 **텍스트의 양이 정말 두 배가 된다.** 그래서 폼이 비좁고 복잡하며 입력하기 가 어려워 보인다. 예를 들어, 다음의 입력 폼은 그 자체로는 충분히 단순 하지만 플레이스홀더 때문에 복잡해 보인다. 게다가 레이블만으로도 정보 를 다 알 수 있기 때문에 플레이스홀더는 다른 어떤 역할도 하지 못한다.

First and last name
Full name

Mobile or landline number
Phone number

Your email address
Email

이런 것은 전혀 필요 없다. 플레이스홀더를 빼고 레이블을 제대로 사용하 면 폼은 다음과 같이 정말로 단순해 보인다.

Full name

Phone number

Email address

비어 있는 입력 필드는 실제로 시선을 사로잡으며 그 안에 뭔가 입력하고 싶게 만든다. 사용자가 자신을 표현하게 하고 싶다면 그들에게 그만한 공간을 제공하라.

앞서 언급한 케이티 셔윈의 기사에서 그녀는 다음과 같이 쓴다. "아이 트래킹 연구에 따르면 사용자의 시선은 비어있는 필드에 끌린다. 최소한 사용자는 입력된 필드가 어디 있는지 파악하는 데 더 많은 시간을 소비할 것이다. 최악의 경우 사용자는 해당 필드를 완전히 간과할 수 있다. 잠재적인 사업상의 재난인 것이다."

결론적으로, 그저 공간을 채우기 위해 플레이스홀더를 추가하지 마라. 타당한 이유가 있고 특정 목적을 이루는 데 도움이 될 경우에만 추가하라. 그 목표가 무엇인지 알 때 가장 적합한 플레이스홀더를 고를 수 있을 것이다. 다음 섹션에서는 다양한 유형의 플레이스홀더에 대한 사례와 사용법을 살펴보자.

TIP 18 잠깐, 몇 글자라고 했나요?

힌트나 설명을 플레이스홀더로 쓰는 방법은 바람직하지 않다. 사용자가 입력하는 동안 참고해야 할 수도 있는데 이때 조언을 보려면 이미 입력한 내용을 삭제해야 하기 때문이다.

비밀번호용 규칙, 특정 입력값이나 문자 수의 제한과 같이 특정 입력 필드에 대한 설명이 있다면 다음과 같은 방법으로 적어라. 레이블 아래나 툴팁 또는 적합하다고 생각되는 다른 방법으로 작성하라(여러 가지 가능한 방법은 14장 참조). 사용자가 내용을 입력하는 중에도 언제든지 해당 설명을 볼 수 있도록 그 밖에 적절해 보이는 방법으로 설명을 제공하라.

플레이스홀더를 사용해야 하는 경우

레이블을 플레이스홀더로 쓰면 안 되고, 플레이스홀더를 사용자가 기억해야 할 가이드라인으로도 사용해서는 안 된다면 플레이스홀더는 대체 언제 사용해야 할까?

1. 사용자가 꼭 작성하길 원하는 입력 필드

예를 들면, 사용자가 사이트를 탐색하도록 유도하는 검색 창이 홈페이지에 있는 경우가 그렇다. 보통 검색 창은 홈페이지에서 가장 좋은 위치인 맨 위쪽에 있으며, 그 옆에는 사용을 유도하는 글이, 그다음에는 검색 버튼이 있다(곧 예시에서 확인할 수 있다). 또 다른 매우 중요한 입력 필드는 제품의 주된 목표에 기여하는 입력 필드다. 페이스북의 '상태status' 입력 필드나 온라인 데이트 사이트의 프로필 입력 필드가 그 예다('상태'나 전체 프로필이 없으면 이런 사이트에서 사용자가 할 수 있는 것은 거의 없다). 이런 중요한 입력 필드에 플레이스홀더를 두면 사용자의 행동을 끌어낼 수 있고 모든 작업이 원만하게 진행될 수 있다.

2. 사용자가 이해하지 못하거나, 피하거나, 꺼릴 것 같은 입력 필드

예를 들면, 답이 여러 가지일 수 있는 질문, 생각할 시간이 필요한 열린 질문open questions 01, 확실한 대답을 하기 어려운 문제, 민감한 정보를 요구하는 질문, 대답할 때 혐오감을 느낄 수 있는 질문이 있다(예시가 바로 나온다). 이런 입력 필드에는 사용자가 장애물을 피하는 데 도움이 되는 플레이스홀더를 넣어 편안한 마음으로 내용을 채울 수 있는 길을 열어 주는 것이 좋다.

플레이스홀더를 추가하는 또 다른 이유는 그저 사용자를 웃게 만들기 위함이다. 이 내용은 이 장의 마지막 부분에서 다루겠다.

여섯 가지 유형의 플레이스홀더와 적용 방법

타입 #1: 질문

특히 중요한 입력 필드에서 재미있고 개인적인 질문을 던지면, 사용자는 그에 답하고 싶은 마음이 생기고, 트래픽이 올라갈 것이며, 제품에 대한 사

---

01 미결 문제(안건), 이론이 분분한 문제, 응답자의 자유 의견을 구하는 문제(출처: http://terms.naver.com/entry.nhn?docId=1922188&cid=41810&categoryId=41811). – 옮긴이

용자 액션이 증가할 것이다. 사용자의 흥미를 끌 수 있고, 대답하고 싶어지고, 단순하고 짧게 답할 수 있는 직접적인 질문을 하라(되도록 2인칭 '당신'이라는 호칭을 사용하라).

사례

에어비앤비^{Airbnb}는 어디로 여행을 가고 싶은지 묻곤 했다. 이 질문에 답하고 싶지 않은 사람이 있을까? 게다가 이 질문은 꿈에 그리는 곳에서 무엇을 할 수 있는지 잠깐 들춰보고 싶게 만든다. 에어비앤비는 바로 이런 일이 일어나기를 원했을 것이다.

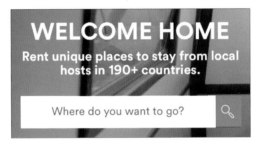

집에 오신 것을 환영합니다.
190여 개국의 독특한 숙소들을 현지 호스트에게 빌려서 지내보세요.
어디로 가고 싶으세요?
이미지 출처: www.airbnb.com(이전 버전)

부킹닷컴^{Booking.com}도 비슷하게 묻는다.

계절에 관계없이 특가 찾기
아늑한 시골집부터 펑키한 도시의 아파트까지
어디로 향하시나요?
(현재 한국어 버전)
이미지 출처: www.booking.com

파이버^Fiverr입력 필드 안에서 "어떤 서비스를 찾고 계세요?"라는 질문을 하고 있다. 입력 필드 앞에 놓인 텍스트는 플레이스홀더와 함께 매우 실용적인 CTA를 만든다. 모든 것이 바로 여기서 가능하고 필요한 것을 말하기만 하면 된다는 일종의 약속이다. 질문에서도 사용자에게 어떤 유형의 검색어가 이 플랫폼에서 최고의 검색결과를 얻게 하는지 알려준다. 즉, 서비스이다. 그런데 그들은 예제를 통해서도 그것을 달성할 수 있었다(이 장의 뒷부분에서 논의할 것이다).

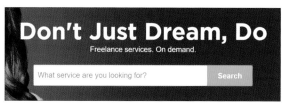

꿈만 꾸지 마세요, 하세요.
프리랜서 서비스. 온디맨드 방식
어떤 서비스를 찾고 계세요?
이미지 출처: www.fiverr.com

온라인 강좌 플랫폼인 **유데미**^Udemy는 홈페이지에서 다음과 같이 묻는다.

무엇을 배우시겠습니까?
(현재 한국어 버전)
이미지 출처: www.udemy.com

이전의 모든 사례에서 사이트 홈페이지의 플레이스홀더는 사용자가 개인적인 답을 찾고 사이트에 빠져들도록 동기를 부여할 뿐만 아니라 계층 구조의 메뉴들을 검색하지 않고 관심사로 직접 갈 수 있게 해준다.

위트랜스퍼^{WeTransfer}는 이러한 일을 고객 지원 영역에서 플레이스홀더의 질문을 통해 하고 있다.

빠른 도움말
어떤 도움을 드리면 될까요?
이미지 출처: www.wetransfer.com

트위터^{Twitter}는 "무슨 일이 일어나고 있나요?"라고 묻는다. 플레이스홀더에 넣기로 한 질문은 당신이 듣게 될 대답의 스타일을 결정한다. 그래서 사용자들이 현장에서 전해지는 최신 소식을 얻기 위해 체크하는 소셜 미디어로 트위터를 꼽는 것은 전혀 놀랄 일이 아니다.

무슨 일이 일어나고 있나요?
이미지 출처: www.twitter.com

페이스북은 무슨 생각을 하는지 묻는다. 그들은 밖에서 벌어지는 일에 대한 내 생각을 묻지 않고, 내 안에서 일어나고 있는 일로 나를 이끈다. 그래서 페이스북에는 끊임없이 지나가는 생각들이 가득하다.

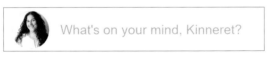

무슨 생각을 하고 계시나요, 킨너렛?
이미지 출처: www.facebook.com

타입 #2: 카테고리

카테고리를 잘 정의하면 선택 범위가 좁혀져 가능성에 집중할 수 있으며 입력 필드를 활용하는 제일 나은 방법을 찾을 수 있게 된다. 질문 형식의 플레이스홀더와 마찬가지로, 카테고리도 사용자의 개인적 관심사에 맞게 입력해 두는 것이 좋다.

사례

오디오 플랫폼인 **사운드 클라우드**^{SoundCloud}는 여기서 찾을 수 있는 내용을 네 가지 카테고리로 상세히 나누고 있다.

Search for artists, bands, tracks, podcasts	Q

아티스트, 밴드, 트랙, 팟캐스트를 검색해 보세요.
이미지 출처: www.soundcloud.com

휴가 플래너인 **힙멍크**는 호텔을 찾기 위해 무엇을 검색할 수 있는지 설명하고 있다.

City, airport, hotel name

도시, 공항, 호텔명
이미지 출처: www.hipmunk.com

심플리하이어드^{SimplyHired}는 구인 게시판으로, 구직을 위한 세 가지 카테고리와 위치 선택을 위한 세 가지 카테고리를 제공한다.

직책, 기술 또는 회사   도시, 주 또는 우편번호
이미지 출처: www.simplyhired.com

픽사베이^{Pixabay}는 무료 스톡 사진을 공유하는 플랫폼이다. 플레이스홀더는 최고의 검색 카테고리를 제안하고 있으며 필드 아래에는 더욱 분명한 이해를 돕기 위한 몇 가지 예시가 있다. 다음 페이지에서 예시 사용에 관해 얘기해 볼 것이다.

이미지, 벡터 이미지, 동영상 찾기
이미지 출처: www.pixabay.com

타입 #3: 사례

때로는 잘 만들어진 하나의 예시(두세 개까지도 필요 없다)가 필드를 활용하는 제일 나은 방법을 이해하는 지름길이 될 수 있다.

사례

테일러 브랜드Tailor Brands는 로고 생성 서비스이다. 사용자는 자신들의 비즈니스를 설명하도록 요청받는다. 그리고 예시는 플레이스홀더로 주어지는데, 사업 규모, 산업, 회사 위치 그리고 타깃 고객과 같은 요구되는 정보 유형을 제공한다.

By telling us more about what you do, we can create better designs for you.

e.g., We are a small organic shop located in Williamsburg focused on a young cool audience

하는 일에 대해 더 자세히 말해 주시면 당신에게 더 알맞은 디자인을 만들 수 있습니다.
예: 우리는 윌리엄스버그(Williamsburg)에 있는 소규모 유기농 숍으로,
젊고 쿨한 고객을 타깃 고객으로 삼고 있다.
이미지 출처: www.tailorbrands.com

결제 요청 폼에서 **페이팔**의 사례는 비즈니스 메모가 개인적일 수도 있다는 것을 상기시켜준다.

Note to recipient

Such as "Thank you for your business"

수신자에게 전달하는 메모
예를 들면 "거래해 주셔서 감사합니다"
이미지 출처: www.paypal.com

온라인 학습 플랫폼인 **유데미**는 강사가 자신의 교육과정을 매우 실용적인 방법으로 설명할 수 있도록 예제를 사용한다.

Who should take this course?

  Example: Beginner python developers curious about data science. This course is not for experienced d

What knowledge & tools are required?

  Example: Be able to read sheet music and be familiar with music theory terms. A piano is optional.

누가 이 과정을 수강해야 하나요?
예: 데이터 사이언스에 대해 궁금한 초급 파이썬 개발자.
이 과정은 경력직 개발자를 위한 것은 아님.
어떤 지식이나 툴이 필요한가요?
예 : 악보를 읽을 수 있고 음악 이론 용어에 익숙해야 함. 피아노는 선택사항임.
이미지 출처: www.udemy.com

디자인 플랫폼인 **캔바**는 사이트를 방문할 때마다 다음과 같이 디자인 템플릿 예시를 바꿔 제공한다.

What would you like to design?

Q Try "Social Media"

Q Try "Tumblr Banner"

Q Try "CD Cover"

Q Try "Twitter Header"

무엇을 디자인하고 싶으세요?
"소셜 미디어"를 시도해 보세요.
"텀블러 배너"를 시도해 보세요.
"CD 커버"를 시도해 보세요.
"트위터 헤더"를 시도해 보세요.
이미지 출처: www.canva.com

타입 #4: 가이드 문장

열린 질문은 사용자를 생각하게 만든다. 사용자는 폼을 다 완성해서 프로세스를 계속 진행하고 싶어 하므로, 그중에 하고 싶지 않은 태스크가 있다면 진행 중이라도 생각할 수 있게 해야 한다.

따라서 열린 질문을 할 때 플레이스홀더의 목적은 사용자에게 단서를 주고 중요한 것에 집중하게 만드는 것이다. 이렇게 하면 사용자는 더 쉽다고 느끼고 대답할 용기를 얻는다.

사례

리얼매치^{RealMatch} 구직 게시판에서 지원자는 게시판을 통해 올리는 이력서에 자기소개서를 첨부할 수 있다. 자기소개서를 쓴다는 것은 고민을 많이 해야 하는 일이다. 그 때문에 많은 구직자가 채용 가능성이 있는 고용주로부터 제안을 받을 확률이 상당히 높아진다 하더라도 이 단계를 건너뛰기로 마음먹는다. 이때 플레이스홀더는 사용자가 시작할 수 있도록 자기소개서의 목적을 명시해 주며 작성 가능한 주요 주제를 제공한다.

자기소개서를 추가하세요!
많은 사람 속에서 두각을 나타내세요.
자기소개서는 구직 기회를 최대 25%까지 증가시킵니다.
당신이 이 일에 가장 적합한 사람임을 보여주세요.
어서 당신이 가진 기술, 경험 그리고 매력을 자랑하세요.
이미지 출처: RealMatch Job Boards

에어비앤비에 체험을 올릴 때 게스트에게 좀 더 매력적으로 보이도록 가이드해주는
플레이스홀더를 소개한다.

> ### Describe each place you'll visit on the experience
>
> Consider including special places guests can't find or access
> on their own.

체험 시 방문하게 될 장소를 각각 설명해 보세요.
게스트가 스스로 찾아갈 수 없는 특별한 장소를 포함시키는 것을 고려하세요.
이미지 출처: www.airbnb.com

타입 #5: 장애물 제거

사용자가 무엇 때문에 질문에 답을 못하는지 알고 있다면, 플레이스홀더에
서 해당 장애물을 직접 언급해 제거할 수 있다.

사례

오케이큐피드 데이트 사이트에는 프로필을 작성할 때 대답하기 어려운 열린 질문이
많다. 각 질문은 입력 필드 위에 있는데 다음은 그중 하나다.

> # I spend a lot of time thinking about

나는 이런 생각을 하면서 많은 시간을 보낸다.
이미지 출처: www.okcupid.com

사용자는 여기에 자신이 평소 많이 생각하는 관심 분야를 입력해야 한다. 그러나 자
신이 생각하는 대부분이 파트너가 될지도 모르는 사람에게는 별로 재미없을 것이라고
걱정할 수 있다(너무 사소하거나, 너무 심각하거나, 다소 낯설거나, 그다지 중요하지
않거나, 너무 중요할 수 있다 등). 이런 불안 때문에 사용자는 솔직하게 답하지 않거나
심지어는 아예 대답을 안 할 수도 있다.

그래서 플레이스홀더에 다음과 같은 글을 넣어 사용자의 불안을 잠재운다.

> Global warming, lunch, or your next vacation… it's all fair game.

지구 온난화나 점심, 또는 다음 휴가… 모두 편하게 다룰 만한 주제죠.
이미지 출처: www.okcupid.com

이 플레이스홀더는 매우 중요하거나(지구 온난화), 중요하지 않거나(점심), 매우 흔한 (다음 휴가) 예시들을 조합해서 장애물인 불안감을 없앤다. 그리고 마지막에 사용자가 솔직한 답을 줄 수 있도록 그들이 듣고 싶은 말을 정확하게 전달하는 문구를 더해 그들을 진정시킨다.

이미 **오케이큐피드**에 대해 이야기하고 있지만, 나는 독자분들 중 행복한 결혼생활을 하는 분일지라도 이 사이트를 방문해서 프로필 질문과 플레이스홀더를 확인해 볼 것을 적극 권한다. 입력 필드 주변의 마이크로카피는 혼란과 우려를 크게 줄여 주고, 폼을 채워가는 작업을 간단하게, 심지어 재미있게 만든다.

타입 #6: 재미있게만 하는 것도 가능하다

때때로 플레이스홀더는 사용자를 즐겁게 하려고 디자인되기도 한다. 그것도 훌륭하다. 그렇지만 폼의 원래 목적은 사용자가 그것을 최대한 빨리 완성할 수 있도록 하는 것임을 기억하라. 그래서 대부분의 경우 폼은 사용자와 농담을 할 곳이 아니다. 보이스앤톤에 꼭 들어맞고 제품의 분위기와도 잘 어울리지 않는다면 말이다. 그렇지 않으면 누구도 서두르지 않는, 재미만 있는 폼으로 끝날 수 있다.

사례

트렐로^{Trello}의 회원 가입 폼에 있는 플레이스홀더는 사용자를 웃게 하기 위한 것이다. 매번 TV 시리즈, 영화, 책 또는 비디오 게임에 나오는 가공의 캐릭터가 이름을 입력하는 필드에 표시된다.

Email (or username)

e.g., dana.scully@fbi.gov

e.g., arya.stark@mail.wi.wes

e.g., ender@battle.edu

e.g., hermione@spew.org.uk

이미지 출처: www.trello.com

그리고 이것은 **타입폼**의 사례이다.

Name

Email

Password

우리끼리 비밀이 될 거예요.

이미지 출처: www.typeform.com

11장

버튼

이 장의 주요 내용

- 전환 버튼의 마이크로카피를 작성하는 기본 원칙
- 클릭 트리거의 정의 및 그 사용 방법

바로 그 버튼을 눌러라

버튼의 중요성은 아무리 강조해도 지나치지 않다. 사용자는 원하는 것을 이루고 당신은 사용자의 탐색이 당신이 원하는 결과인 고객전환으로 이어지게 하려면 사용자가 반드시 버튼을 클릭해야 한다. 즉, 버튼은 사용자의 결정이 행동으로 변하는 포인트이기 때문에 버튼에는 그만큼의 시간과 고민을 기울여야 한다(가능하다면 검증할 시간도 필요하다). 사용자의 행동을 끌어내지 못하는 일반적인 용어로 만족하지 마라. 그것은 달리기 선수가 결승점을 바로 앞에 두고 갑자기 속도를 줄이는 것과 같다.

버튼에 들어가는 텍스트 작성에 대한 모범 사례를 살피기 전에 다음의 중요 사항을 주목하기 바란다.

테스트하고 테스트하고 또 테스트하라. 버튼을 위한 마이크로카피는 놀라움으로 가득하며, 그저 단어 하나만 바꾸는 것으로도 고객전환율이 눈에 띄게 올라가거나 떨어질 수 있다(이와 관련된 사례는 인터넷에 무궁무진하다. 구글에서 '버튼 카피^{button copy}'를 검색해 보라). 고객전환율을 최대로 올리고 싶다면 A/B 테스트에 투자하라. 그만한 성과를 얻을 것이다. '왜 아직도 모범 사례를 봐야 하지?'라고 생각할지 모르겠지만, 평범한 두 가지를 선택하는 대신, 훌륭한 두 가지 중 하나를 선택하려면 모범 사례를 살펴야 한다.

"어떻게 얻나?" 보다는 "무엇을 얻나?"

다운로드, 검색, 전송 혹은 **등록**^{register}과 같은 일반적인 단어는 사용자가 어떤 결정을 내리는 데 도움이 되지 않는다. 일반적인 버튼은 사용자 스스로 장단점을 비교하고, 지금까지 읽고 이해한 내용을 되짚어가며 이 버튼은 클릭할 가치가 있는지 따져 자신을 위한 결정을 하게 만든다.

일반적인 단어의 또 다른 문제점은 보통 사용자가 해야 할 일, 즉 힘든 일을 강조한다는 것이다.

그렇다면, 이런 단어 대신 무엇을 써야 할까? 마이클 에이가드는 4년 동안 버튼을 실험했고 그 결과로 다음과 같은 공식을 찾아냈다.

고객가치 + 고객 관련성 = 고객전환

그는 버튼에 고객이 **해야 할 것**(행동) 대신, **얻을 수 있는 것**(가치)을 분명히 밝히는 글을 써야 한다고 그의 논문「고객 전환을 일으키는 CTA 작성법 How to Write a Call-to-Action that Converts」에서 말한다. 예를 들면, 그가 버튼의 카피를 '정보 주문하기Order information'에서 '정보 얻기Get information'로 바꾸자 고객전환이 거의 40% 가까이 증가했다!

'주문하기' 버튼은 사용자가 **얻을** 수 있는 것이 아닌, 해야 **하는** 것을 강조하기 때문에 사용자가 버튼을 클릭하고 싶어질 만큼 충분한 가치를 제공하지 못한다.

버튼 카피의 초점이 가치가 아닌 행동에 맞춰지면 사용자에게 결정권을 맡기는 격이 되며, 그들의 생각이 어디로 흘러갈지 알 길이 없다. 하지만 버튼 카피에 사용자가 얻게 될 가치를 쓰면 그들이 찾는 핵심을 정확하게 제시할 수 있으며, 이는 훨씬 더 큰 동기 요인으로 작용하게 된다.

마이클 에이가드 공식의 두 번째 변수는 **고객 관련성**이다. 가치 그 자체만으로는 여전히 너무 일반적일 수 있는데 에이가드는 실험을 통해 맥락과 관련된 구체적인 마이크로카피가 적힌 버튼이 더 높은 고객전환을 일으킨다는 것을 보여줬다. 예를 들면, '**무료 다운로드**'보다는 '**가이드를 무료로 다운로드하기**'가 더 낫고, 더 나아가 '**무료 가이드 받기**'라고 쓰는 것이 고객전환을 더 증가시킨다. 또한, 마이크로카피를 더 알맞게 다듬으면 고객전환율을 수십 퍼센트 더 끌어 올릴 수 있다. 혹시 버튼 카피가 길어질까 봐 걱정이라면 안심해도 된다. 고객과 관련된 가치를 제공하는 버튼이라면 비록 카피가 길더라도 고객전환율을 높일 수 있다. 그렇다고 이 말을 있는 그대로 받아들이지는 말고 자신의 상황에 맞는지 검토하라.

주의해야 할 것이 있다. 제품에 있는 모든 버튼이 다 중대한 가치를 제공할 필요는 없다. 내가 말하는 가치는 회원 가입, 고객 유입 혹은 다운로드와 같이 **행동이나 고객전환을 끌어내는 버튼에 해당한다.** 제품에서 가장 중요한 행동이 예를 들어 검색, 코멘트 달기 또는 비디오 시청이라면 여기에 딱 맞는 버튼을 제공하는 데 주력해야 한다.

하지만 제품에서 쓰는 버튼의 마이크로카피는 기능 위주의 가이드라인, 즉 널리 알려진 일반적이고 분명한 것이 대부분일 것이다. 예를 들면 **계속하기, 장바구니 담기, 대화, 안심결제, 편집, 공유, 작성, 업로드, 저장** 등이 이에 속한다. 이런 카피는 그대로 둬도 괜찮다. 아니 그대로 두는 것이 가장 좋다.

예시

세 가지의 서로 다른 전자 세금 계산서 발행 시스템은 30일간의 무료 체험판을 제공한다. 각 버튼은 다음과 같이 조금씩 다른 방식으로 이를 제안한다.

무료 체험을 위한 회원 가입 폼으로 안내하는 홈 화면의 버튼	무료 체험을 위한 회원 가입 폼의 마지막에 있는 버튼
1. 지금 가입하세요. **Sign up now**	계정 만들기 **Create account**
2. 지금 가입하세요. 30일 무료 체험 **Sign up now** 30-day free trial	무료 체험 시작하기 **Start free trial**
3. 지금 가입하세요. 무약정 30일 무료 체험 **Sign up now** 30-day free trial no commitment	전송 후 시스템 사용 시작하기 **Send and start using the system**

1번 시스템(1열)에서는 두 버튼 모두 사용자가 해야 할 행동만을 언급하며, 인터넷 계정 만들기가 취미가 아닌 이상 버튼을 누를 만한 가치를 전혀 제공하지 않고 있다. 또한, 두 버튼 모두 고객 관련성이 없으며, 일반적인 단어를 사용하고 있어서 다른 디지털 제품에 그대로 옮겨 놓아도 웬만큼 어울릴 것이다.

2번과 3번 시스템(2열과 3열)에서는 홈 화면에 있는 버튼(왼쪽 세로줄)은 사용자가 해야 할 행동에 관해 이야기하지만, '30일 무료 체험'이라는 가치도 바로 일깨워 준다. 하지만 이 버튼은 홈 화면에 배치되므로 가치만 쓰는 것이 더 나았을 것이다. 나아가 회원 가입 절차는 복잡하게 들려서 사용자가 버튼 클릭을 주저하게 만들 수 있으니 아예 언급하지 않는 것이 좋다.

홈 화면에 '30일간의 무료 체험'이라는 혜택을 썼다면 폼 마지막에 있는 버튼(오른쪽 세로줄)에는 무엇을 써야 할까? 그것은 마지막 가치인 세금 계산서 발행이다. 세 번째 시스템(3열, 오른쪽 세로줄)에서는 실제로 비슷한 가치인 '시스템 사용 시작하기'를 제공하지만, 이 버튼은 사실 어떤 시스템에나 쓸 수 있기 때문에 고객 관련성이 부분적으로만 들어맞을 뿐이다. 또한 사용자가 해당 작업의 결과로 무엇을 얻는지에 초점이 맞춰진 것이 아니라 힘든 작업을 해야 한다는 것만을 암시한다. 더 고객 관련성이 높은 문구는 **"전자세금계산서를 발행하세요."**이다.

추가 사례

언바운스^{Unbounce}는 고객 전환에 최적화된 랜딩 페이지 구축을 전문으로 한다. 높은 가치를 지닌 버튼들도 많이 있다. 이 버튼에 쓰인 카피는 길어 보이고 마이크로카피 라이터 관점에서 보면 꽤 많은 단어를 없애고 싶을 수도 있지만, 사용자 입장에서는 중요한 정보다. 그리고 어느 누구도 버튼 카피가 짧아야 한다고 말하지 않았다.

PREVIEW THE LANDING PAGE BUILDER
랜딩 페이지 빌더 미리 보기

SEE HOW UNBOUNCE CAN HELP ME
언바운스가 어떤 도움이 되는지 보기

Start My Free 30-Day Trial
30일 무료 체험판 시작하기

이미지 출처: www.unbounce.com

> ### 구매 버튼은 평범할수록 더 좋다
>
> 쇼핑카트에 추가라는 말은 구매할 물건을 쇼핑카트에 추가한다는 뜻이다. 그게 전부다. 사용자는 쇼핑카트에 어떤 물건을 추가하면 향후에 구매를 고려하거나 구매를 하기 위해 저장만 해둘 것이라 예상한다. 사용자는 아직 구매하거나 결제 프로세스를 시작할 의도가 없다. **당신이 쓰는 다른 어떤 것도 사용자의 불확실성 수준을 증가시킬 뿐이다.** 예를 들어, 나는 이것을 원한다, 나는 이것을 고른다, 또는 어떤 유사한 표현도 이 버튼이 실제로 무엇을 하고 나를 어디로 데려갈 것인가에 대한 불필요한 의구심을 즉시 불러일으킬 것이다.
>
> 진짜 결제를 진행하려는 사용자만 클릭할 수 있도록 결제 버튼도 명확해야 한다(16장에서 볼 수 있듯이 기껏해야 **안심 결제** 또는 **안전하게 결제**일 수 있음). 마지막 버튼인 **결제 확인**, **주문** 또는 **구매 제출**도 마찬가지다.
>
> 더 나아가 히브리어로 쓰여진 유니크UI(UniqUI)의 연구는 **표준 구매 프로세스에서 이탈하면 구매 전환율이 낮아진다**는 것을 알아냈다. 따라서 지금은 바퀴를 다시 발명할 때가 아니다.

끝으로 몇 가지 더

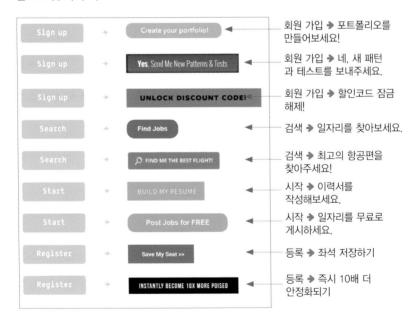

회원 가입 ➜ 포트폴리오를 만들어보세요!

회원 가입 ➜ 네, 새 패턴과 테스트를 보내주세요.

회원 가입 ➜ 할인코드 잠금 해제!

검색 ➜ 일자리를 찾아보세요.

검색 ➜ 최고의 항공편을 찾아주세요!

시작 ➜ 이력서를 작성해보세요.

시작 ➜ 일자리를 무료로 게시하세요.

등록 ➜ 좌석 저장하기

등록 ➜ 즉시 10배 더 안정화되기

TIP 19 왜 회원 가입을 원하는지 상기시켜라

회원 가입 폼 마지막에 있는 가입 버튼은 훨씬 흥미롭고 사용자에게 동기부여가 되게 만들 수 있다. 사용자가 회원 가입 시 얻게 되는 이점이나 가입 후 할 수 있는 일이 무엇인지 당신 자신에게 묻는다면 말이다. 따라서 단순히 '**회원 가입**'이라고만 쓰지 말고 "**레시피 저장 시작하기**", "**프랑스어 공부 시작하기**", "**전문가의 솜씨가 들어간 로고 만들기**", "**당신에게 맞는 일자리 보기**" 등으로 쓸 수 있다.

게다가, 회원 가입 시 할인 혜택이나 선물이 있다면 버튼에 쓸 수 있다. 예를 들면, "**무료쿠 폰을 받으시거나 25% 할인을 받으세요!**"와 같이 말이다. 이런 버튼은 회원등록에서 오는 부담감을 등록해야 할 이유로 전환해 매우 효과적일 수 있다.

TIP 20 도대체 내가 뭘 취소한 거지?

특별한 주의가 필요한 버튼이 있는데, 그것은 바로 취소 버튼이다. 이런 버튼은 정말 혼란스럽다.

다음 예시를 보자.

행동을 취소하시겠습니까?
취소 확인

이 버튼으로 취소되는 것은 무엇인가? 행동인가, 아니면 취소 요청 자체인가?

이런 경우 "**실행 취소**"와 "**취소**"라는 말 대신, "**예**", "**아니요**"를 사용하는 것이 더 좋으며, 결정적인 한두 단어를 더 추가하라. 예를 들면 다음과 같다.

Cancel Free Order

Are you sure you want to cancel this order?

YES, CANCEL THIS ORDER   NO, NEVERMIND

무료 주문 취소하기
정말 이 주문을 취소하고 싶으세요?
네, 이 주문을 취소할게요. 아니요, 신경 쓰지 마세요.

이미지 출처: www.eventbrite.com

클릭 트리거 - 결정적 영향을 미치는 마지막 메시지

조애너 위브[Joanna Wiebe]는 자신의 e북 저서 『Buttons and Click-Boosting Calls to Action(버튼과 클릭을 불러일으키는 CTA)』(Copy Hackers, 2012)에서 버튼 옆에 쓰인 짧은 메시지로 버튼의 마이크로카피처럼 고객전환을 크게 높이는 방법을 보여준다. 그녀는 이런 짧은 메시지를 **클릭 트리거**[click trigger]라고 부른다. 클릭 트리거의 목적은 사용자가 선택하는 그 짧은 순간에 결정적인 영향을 미치는 말을 정확히 하는 것에 있다. 클릭 트리거는 사용자가 즉각적으로 반응하게 만들고 사용자가 의도한 바를 행동으로 옮기도록 만들어야 한다.

뉴스레터 신청이든, 제품 회원 가입이든, 구매나 데모 비디오 시청이든, 중요한 모든 버튼의 바로 옆(또는 아래나 위)에 최소한 하나의 클릭 트리거를 써두는 것이 좋다.

클릭 트리거 역시 버튼의 마이크로카피처럼 클릭하면 얻게 될 가치를 다시 떠올리게 해준다. 그러나 클릭 트리거는 다른 흥미로운 방식으로도 작용할 수 있는데 클릭에 따르는 불안을 제거해 클릭을 쉽게 일어나게 만들 수도 있다.

클릭 트리거는 사용자가 제품에서 얻고자 하는 것에 기반을 두고, 그들을 가장 방해하는 요인이 무엇인지에 따라 신중하게 선택해야 한다. 제품의 다른 곳에서 이미 이런 이슈를 해결했더라도 버튼 옆에 기억을 돕는 짧은 메시지를 둬서 원하는 반응을 끌어낼 수 있다(16장에서 우려 사항 완화시키기에 대해 자세히 알아보라).

필요하다면 2~3개의 클릭 트리거를 작성할 수도 있지만, 지나치게 많이 쓰지는 마라. 가장 영향력을 미칠 수 있는 클릭 트리거를 신중하게 선택하고, 보통 때처럼 A/B 테스트를 실행하라.

사례

인터콤Intercom의 클릭 트리거는 훌륭하다. 세 개의 클릭 트리거가 시도를 통해서만 혜택을 받을 수 있는 사용하기 쉬운 제품이라는 이미지를 함께 형성한다. 마음에 들지 않는가? 시간이나 돈을 잃지 않고 취소할 수 있다.

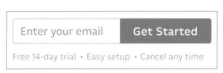

14일 무료 체험　쉬운 설정　언제든지 취소
이미지 출처: www.intercom.com

부킹닷컴은 효과적인 클릭 트리거를 작성하는 데 탁월하다. 이들은 호텔 룸의 가치를 보여주기 위해, 특히 긴박감을 일으키기 위해, 수많은 사회적 증거를 사용한다. 사용자가 버튼을 클릭할지 말지 고민할 때, 다른 사람들이 그 호텔을 좋아한다는 사회적 증거가 선택의 트리거가 될 수 있다. 또한, 지금 예약하지 않으면 방을 놓칠 것 같은 느낌도 준다.

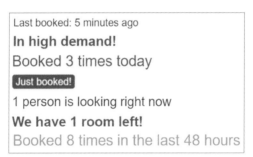

마지막 예약: 5분 전
예약 폭주!
오늘 하루 동안 3회 예약됨
방금 예약됨
현재 1명이 확인 중
잔여 객실 단 1개!
최근 48시간 동안 8회 예약됨
이미지 출처: www.booking.com

마찬가지로 **에어비앤비**에 집을 예약할지 여부를 심사숙고할 때 버튼 아래에는 두 개의 클릭 트리거가 있다. 첫째는 걱정을 덜어주고, 둘째는 그 반대이다.

예약
아직 청구되지 않을 거예요.
사람들이 이 집을 마음에 두고 있습니다.
지난주에 301번이나 조회되었어요.
이미지 출처: www.airbnb.com

쇼우포Showpo는 패션 아이템에서도 동일하게 한다. 빈둥거리면 진다.

신상 사이즈 14가 1장밖에 안 남았어요. 서두르세요!
이미지 출처: www.showpo.com

소사이어티6는 쇼핑객의 주요 걱정을 덜어준다. 구매한 제품이 마음에 들지 않으면 반품 할 수 있나요? 반품하는 데 힘들까요? 대답은 '아니요'다. 사용자가 이 사실을 알고 있으면 결제를 계속 진행하는 것이 훨씬 더 쉽다. 최악의 시나리오는 사용자가 쉽게 제품을 반품하는 것이지만 별거 아니다.

체크아웃
완벽 보증 : 번거롭지 않은 무료 반품
이미지 출처: www.society6.com

높은 평점은 일반적인 사회적 증거이며 클릭 트리거로도 사용할 수 있다. 이것이 **다운로드**Download에서 하고 있는 방식이다.

에디터 평점　　　　　　　　　1,166명 사용자 투표

이미지 출처: www.download.com

버튼 그 자체에 쓰인 클릭 트리거 사례가 있다.

인비전은 '영원히 무료!'라고 말한다.

시작하기 – 영원히 무료!

이미지 출처: www.invision.com

12장

404에러: 페이지 없음

이 장의 주요 내용

- 모든 404페이지가 포함해야 할 네 가지
- 완벽하게 브랜딩 된 404페이지를 만들기 위한 아이디어

인터넷의 블랙홀

레니 글리슨^{Renny Gleeson}은 매우 짧은 테드 강의인 〈404, the story of a page not found(404, 찾을 수 없는 페이지에 관한 이야기)〉에서 404페이지에 대해 다음과 같이 요약했다.

> 단순한 실수가 당신이 무엇이 아닌지 알게 해주거나
> 내가 왜 당신을 사랑해야 하는지 생각나게 할 수 있다.

404페이지는 사용자가 더는 사이트에 존재하지 않는(또는 애초에 없었던) 페이지를 검색할 때 표시된다. 이런 일은 이제는 존재하지 않거나 주소가 변경된 페이지로 연결되는 링크를 사이트나 인터넷 어딘가에 남겨둔 경우 일어날 수 있다. 아니면 사용자가 잘못된 URL을 입력할 때도 일어날 수 있다.

원칙대로라면 사용자가 404페이지를 보는 일은 없어야 하고, 보게 되더라도 아주 드물어야 한다. 그런데도 404페이지는 중요하다. 사용자가 구글 검색 결과 페이지에서, 또는 당신을 참조한 다른 사이트에서 404페이지로 온 경우 다음과 같은 문구만 보인다고 가정해 보자.

404 에러: 페이지를 찾을 수 없습니다.

사용자는 그 즉시 '뒤로 가기' 버튼을 클릭할 것이고 당신은 그들을 잃게 된다. 그리고 사용자가 사이트의 다른 페이지를 둘러 볼 확률은 0이 된다. 사용자는 이 페이지에서부터 어떻게 계속해야 할지 방법을 모르며, 그들에게는 그런 시도를 해야 할 이유도 거의 없다. 게다가 레니 글리슨이 말했듯이, 404페이지는 사용자에게 당신의 브랜드에 관한 많은 이야기를 한다. 예를 들어, 당신이 자신의 실수를 처리하는 방법, 사용자 에러를 다루는 방법, 사용자가 문제를 겪거나 실망했을 때 대처하는 방법 등이 있다.

앞서 나온 표준 메시지는 404페이지의 작성자가 사용자나 문제(설령 누군가 주의를 기울여 문제가 있음을 알았더라도)를 이해하지 못했음을 보여 준다. 엄밀히 따지면 이런 메시지는 무엇이 잘못됐는지 사용자가 이해하는 데 전혀 도움이 안 되며, 가고 싶은 곳으로 보내 주지도 못한다. 막다른 길인 것이다. 심지어 감정적으로도 사용자가 원하던 것을 찾지 못해 느끼는 실망감에 대해 공감하고 있다는 것 또한 전혀 보여 주지 못한다.

404페이지의 디자인은 중요하지만, 그것만으로는 충분하지 않다는 것을 이해하는 것은 중요하다. 마이크로카피가 없는 이미지는 사용자를 웃음 짓게 할지는 모르겠지만, 원하는 곳에 갈 수 있도록 도와줄 수는 없다.

404페이지를 위한 마이크로카피 작성법

1. 사용자에게 일어난 일과 여기서 끝난 이유를 설명하라.

사용자는 404페이지가 무엇인지 모른다는 것을 기억하라. 사실, 숫자 '404'나 단어 '에러'를 언급할 필요도 없다. 페이지를 찾을 수 없다거나 더는 존재하지 않는다는 것을 기술적 전문 용어 없이 심플한 단어만으로 설명하라(사용자가 디지털 기술을 잘 다루는 디지털 새비$^{digital\ savvy}$라면 404라는 용어를 언급할 가치가 있다. 이해할 수 있기 때문이다. 하지만 여전히 그것이 주요 메시지가 돼서는 안 된다).

2. 공감을 표현하라.

원하는 것을 찾지 못한 사용자는 실망하기 마련이고 그 원인이 때때로 우리의 잘못이므로 공감을 표현하는 것에는 노력을 들이는 게 좋다. 방법은 사용자가 지금 느끼는 것에 당신도 공감한다는 것을 보여줄 수 있는 단어나 문장을 추가하는 것이다. 사용자에게 사과하거나 그들의 감정을 반영할 수도 있다(곧 예시가 많이 나온다).

3. 출구를 알려라. 다음 중 한 가지 이상을 추가하는 것이 좋다.

- 사이트의 주요 영역과 많은 사람이 검색하는 카테고리로 연결되는 링크, 또는 사용자를 안내하고자 하는 페이지로 연결되는 링크
- 검색 입력 필드

- 홈 화면으로 연결되는 링크
- 404페이지에 메인 메뉴가 표시된다면 단어나 시각적인 표시로 사용자의 주의를 끌어라. 사용자 스스로 메인 메뉴가 출구임을 알고 이해하리라고 기대하지 마라.

4. 404페이지는 다음 중 하나를 포함할 수 있지만 반드시 포함해야 하는 것은 아니다.

- 훌륭한 디자인
- 부정적인 경험을 긍정적인 것으로 바꿔주는 유머(그러나 혼란스러워하는 사용자를 비웃지 않도록 주의해야 한다)
- 손상된 링크를 신고할 방법을 다음과 같은 문구와 함께 제공하라. "다른 사이트를 통해 들어오신 경우, 저희가 문제를 해결해 다른 사용자가 이 막다른 곳에 오지 않도록 해당 사이트를 알려주시면 감사하겠습니다." 그런 다음, 고객 문의 페이지로 연결되는 링크나 이 목적만을 위해 만든 특별 고객 지원 폼을 추가하라.
- 고객 서비스 및 지원 부서의 상세 연락처 리스트

사물을 넓게 보라

404페이지에 투자를 많이 하는 사이트들이 있다. **구글**은 404페이지용 안드로이드 게임을 개발했고(다음 페이지의 스크린샷 참조), **로망 브라지에**[Romain Brasier] 사이트(www.romainbrasier.fr)에는 404마리의 레밍[01]을 구해야 하는 게임이 있다. 마이크로카피와 디자인 업계에서는 다른 어떤 페이지보다 404페이지에 더 많은 관심을 기울였던 것 같고, '404페이지 베스트 30'과 같은 타입의 기사는 넘쳐난다.

그래, 솔직히 말해 우리는 404페이지를 가장 즐기는 사람들이다. 하지만 사용자는 404페이지를 거의 볼 수도 없거니와, 거기 머물지 않고 원래 찾고 있던 것이 무엇이었든 그것을 찾아 앞으로 나아간다.

404페이지가 고객 참여를 끌어내고, 사이트의 다른 페이지를 계속 살펴보고 싶은 욕구를 만들어내는 것은 중요하다. 그러나 404페이지에서 충분한 상세정보 및 고객에게 필요한 서비스를 제공하는 것이 훨씬 더 중요하다. 너무 과할 필요도 없다. 심플한 디자인이나 재

---

01 쥣과의 포유류로, 몇 년마다 크게 증식해 이동하므로 나그네쥐라고도 한다. 대개 야행성이나, 낮에 활동할 때도 있으며 집단을 이루고 직선적으로 이동해 호수나 바다에 빠져 죽는 일도 있다. - 옮긴이

미있는 그림, 가벼운 유머를 곁들인 명확한 문장 그리고 사이트의 중심 영역으로 연결되는 세 개의 링크가 훌륭한 역할을 해낼 것이다.

다음을 잊지 마라. 성공적인 404페이지는 페이지 제공자에게는 훌륭한 마케팅 서비스의 역할을 했다. 사용자들이 해당 페이지를 공유했기 때문이다. 입소문이 났던 **노쉬**Nosh 비디오처럼 로망 브라지에도 하나의 사례다(유튜브YouTube에서 'Nosh 404'를 찾아보라). 그러므로 404페이지의 목적이 영업이라면 과감히 투자하라!

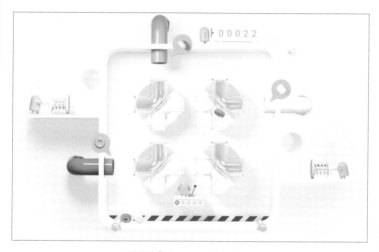

이미지 출처: www.android.com

사례

이스라엘 패션 샵인 **벨앤수**의 404페이지에는 디자인이 전혀 없지만, 매우 재미있다. 사용자가 느끼는 좌절감을 반영하는 한편 유머를 많이 활용해 모든 것을 넓게 바라본다. 문제가 있다는 말은 간단히 끝내고(사용자는 문제에 대한 기술적인 세부 사항에는 관심이 없다) 메시지의 마지막 부분에 다른 페이지로 나가는 길을 제시한다. 정말 사랑스럽다.

재앙! 비극! 스캔들! 그냥 넘어가지 못해!
찾고 있는 페이지에 문제가 있습니다.
그동안 다른 페이지를 둘러 보시거나 여기서 잠시 평화와 고요를 즐겨 보세요.
이미지 출처: www.belleandsue.co.il(히브리어를 영어로 번역)

스포티파이Spotify는 단순하지만 아름다운 이 404페이지에서 레코드(실제로 오른쪽에서 회전하고 있음)에 실망감을 반영하는 타이틀을 붙인다. 또한 일상적인 말로 무슨 일이 일어났는지 설명하고 FAQ, 커뮤니티 및 뒤로 가기 링크를 제공한다. 뒤로 가기 링크는 사용자를 홈페이지로 데려다주는데, 사용자가 다른 페이지에서 이곳에 왔을 수도 있기 때문에, 정확히 홈페이지라고 말하는 것이 더 나았을 것이다.

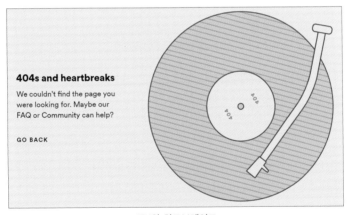

404와 하트브레이크
당신이 바라는 페이지를 찾을 수 없었어요.
혹시 FAQ나 커뮤니티가 도움이 될까요?
뒤로 가기
이미지 출처: www.spotify.com

RSPCA(동물 학대 예방 왕립협회)는 그 페이지에 무슨 일이 일어났는지 설명하는 재미있는 카피를 가지고 있다(물론 개가 그 페이지를 가지고 도망쳐서 마당에 묻었다). 그리고 유용하고 중요한 링크들과 도움말 센터에서 더 검색할 수 있도록 추가 링크를 제공한다. 아주 귀엽고 유용하며, 사회의 정신을 전달하고 있다.

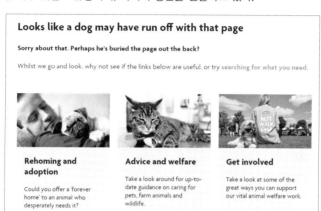

개가 그 페이지를 가지고 달아난 것 같아요.
죄송해요. 뒤쪽에 페이지를 묻어두었으려나요?
저희가 가서 확인해 볼 동안, 아래 링크가 유용한지 확인해 보시는 게 어때요?
아니면 필요한 걸 찾아보시겠어요?
집 찾아주기 및 입양
집이 절실한 동물에게 '영원한 집'을 제공해 주실 수 있나요?
어드바이스 및 복지
반려동물, 가축, 야생동물 돌보기에 대한 최신 가이드를 한번 둘러보세요.
참여하기
중요한 동물 복지 사업을 지원할 수 있는 좋은 방법들을 한번 살펴보세요.
이미지 출처: www.rspca.org.uk

아이디어: 마이크로카피 외에 404페이지에 추가할 수 있는 것

- 재미있는 그림
- 사용자가 느끼는 좌절감을 표현하는 그래픽
- 애니메이션
- 브랜드의 보이스앤톤이 느껴지는, 해당 페이지가 없어진 이유에 대한 설명
- 노래 또는 영화 발췌
- 유튜브 비디오

이스라엘 UX 스튜디오인 **유니크UI**는 심플한 단어를 사용해 문제를 군더더기 없이 설명하고(404 용어를 아는 사람들은 눈치챌 수 있다), 문제에 대한 모든 책임을 인정하며 마지막에는 탈출구용 링크를 몇 가지 제시한다.

> 이런 일이 생긴 건 처음이에요. 정말로요!
> 오늘 아침에 커피를 못 마셔서 링크가 뒤죽박죽됐어요.
> 원하시는 페이지는 여기 없어요. 정말 죄송해요.
> 문제가 처리될 때까지, 관심을 가지실만한 다른 페이지들을 알려 드릴게요.
> 이미지 출처: www.uniqui.co.il (히브리어를 영어로 번역)

404페이지에서의 브랜드 콘텐츠

이 장을 열었던 인용문에서 레니 글리슨은 404페이지가 사용자에게 그들이 브랜드를 사랑하는 이유와 해당 사이트에 있는 이유를 떠올리게 할 기회가 되기도 한다고 말했다. 다시 말해서, 404페이지는 사용자가 에러 상황을 벗어나도록 도울 뿐만 아니라 참여시킬 기회이기도 하다. 이렇게 하려면, 브랜드 콘텐츠에서 골라낸 아이디어를 404페이지에 넣는 것이 좋다. 예를 들어, 빠진 페이지를 설명할 때 관련 콘텐츠에서 쓰는 전문 용어를 사용해 브랜드가 하는 일과 연관된 이유를 써라.

사례

IMDB는 영화 및 TV 데이터베이스로, 404페이지가 나올 때마다 서로 다른 영화의 대사를 인용한다. 인용된 대사는 자신들의 데이터베이스에서 가져온 것으로, 15개 정도로 추려서 사용한다.

웹 페이지? 우리가 갈 곳에는 웹 페이지가 필요 없지
에밋 브라운Emmett Brown박사, 백 투 더 퓨처Back to the future(1985년)

페이지는 없다.
스푼 보이Spoon Boy, 매트릭스The Matrix(1999년)
이미지 출처: www.imdb.com

트립어드바이저는 우리가 찾고 있는 페이지가 휴가를 떠났고 우리도 그래야 한다고 말한다.

이 페이지는 휴가 중입니다.
회원님도 떠나셔야죠. 트립어드바이저는 회원님에게 딱 맞는 호텔의 최저가를 찾기 위해
200개 이상의 예약 사이트에서 가격을 비교합니다.
이미지 출처: www.tripadvisor.com

리드페이지스^{Leadpages}는 랜딩 페이지와 운영하는 캠페인을 통해 고객을 위한 리드를 생성하는 것이 전문이다. 그들은 404페이지에서 사용자의 실망감에 대해 공감해 주고 인내심에 감사하지만, 더욱 흥미로운 것은 이메일을 제공하면 무료로 관련 콘텐츠를 제공하고, 따라서 리드를 생성해 준다는 것이다. 404페이지에서 말이다!

나는 그것이 창의적이고 효율적이라고 생각한다. 그리고 사용자에게 이런 점들이 그들이 다루고 있는 장점이며 이 서비스가 어떻게 사용자에게도 혜택을 줄 수 있는지 또한 보여준다. 아래에서 리드페이지스는 웹 사이트의 세 가지 주요 영역에 대한 링크를 제공한다.

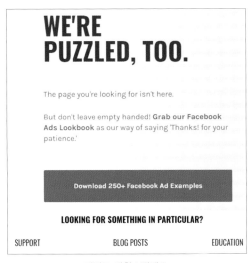

저희도 당황스럽네요.
찾고 계신 페이지가 여기 없어요.
하지만 빈손으로 가진 마세요!
페이스북 광고 룩북을 가져가세요. 기다려주셔서 감사하다는 뜻입니다.
특별히 뭔가 찾고 계세요?

지원   블로그 게시물   교육

이미지 출처: www.leadpages.net

나사^{NASA}는 천체물리학을 생각하며 사용자를 이벤트 호라이즌⁰² 너머로 보낸다.

---

02 물리학, 천체학 용어로 일반상대성이론에서 그 너머의 관찰자와 상호 작용할 수 없는 시공간 경계선을 말한다. 여기서는 영화 〈이벤트 호라이즌〉과의 연관성을 활용, 중의적이고 은유적인 표현으로 사용됐다.
    – 옮긴이

404 The cosmic object you are looking for has disappeared beyond the event horizon.

당신이 찾고 있는 우주 물체는 이벤트 호라이즌 너머로 사라져 버렸습니다.

이미지 출처: www.nasa.gov

파이낸셜 타임즈 Financial Times는 페이지가 빠진 이유를 설명하기 위해 404페이지에 많은 시간을 썼다. 여기에는 22가지의 가능한 경제 이론이 동원됐다. 이 페이지는 정말 꼭 읽어봐야 한다(주소창에 ft.com/404를 입력하라).

Sorry

The page you are trying to access does not exist.

This might be because you have entered the web address incorrectly or the page has moved.

For help please visit help.ft.com.

We apologise for any inconvenience.

Why wasn't this page found?

We asked some leading economists.

Stagflation ℹ️
The cost of pages rose drastically, while the page production rate slowed down.

General economics
There was no market for it.

Liquidity traps
We injected some extra money into the technology team but there was little or no interest so they simply kept it, thus failing to stimulate the page economy.

Monetarism ℹ️
The government has limited the number of pages in circulation.

Efficient Markets Hypothesis ℹ️
If you had paid enough for the page, it would have appeared.

Moral Hazard ℹ️
Showing you this page would only encourage you to want more pages.

Tragedy of the Commons ℹ️
Everyone wanted to view this page, but no-one was willing to

접근하시려는 페이지는 존재하지 않습니다.
웹 주소를 잘못 입력하셨거나 페이지가 이동했기 때문인 것 같습니다.
도움이 필요하시면 help.ft.com을 방문해 주세요.
불편을 드려서 죄송합니다

이 페이지를 찾지 못한 이유는 무엇인가?
우리는 저명한 경제학자들에게 물었습니다.

스태그플레이션: 페이지의 단가는 급격히 상승했지만 페이지 생산율은 감소했음
일반 경제학: 페이지 시장 자체가 없음
유동성 함정: 경제 주체인 기술팀에 약간의 자금을 더 풀었지만 이에 대한 관심이 미미하거나 거의 없어서 자금을 쓰지 않고 둬서 페이지 경기가 살아나지 못했음
통화주의: 정부가 페이지의 발행 부수를 제한해 왔음
효율적 시장 가설: 페이지에 대한 충분한 값을 지급했었다면 그 효과는 이미 반영됐을 것임
모럴 해저드: 이 페이지를 보여주면 당신은 더 많은 페이지를 원할 것임
공유지의 비극: 모두가 이 페이지를 보고 싶어했지만 아무도 기꺼이…

이미지 출처: www.ft.com

NPR은 용감하고 책임감 있는 저널리즘을 상징하는 뉴스 및 라디오 네트워크로, 실종돼 전혀 찾을 수 없는 사람과 물건에 대한 뉴스 스토리를 404페이지에서 제공한다. 이것은 사용자가 찾고 있던 페이지와 정확히 같은 맥락이다. NPR 사이트에 가서 그 흥미진진한 리스트를 보라.

It's a shame that your page is lost, but at least it's in good company; stick around to browse through NPR stories about lost people, places and things that still haven't turned up.

Amelia Earhart

Researchers are still trying to figure out what happened to aviator Amelia Earhart, who disappeared while flying over the South Pacific in 1937

18 1/2 Minutes of Watergate Tapes

Rose Mary Woods, the loyal secretary of President Richard Nixon, took responsibility for erasing tape that was crucial to the Watergate investigation.

Jimmy Hoffa

Prosecutors in Michigan say authorities are calling off their latest search for the remains of Jimmy Hoffa, the long-missing former Teamsters boss.

찾고 계신 페이지가 빠진 것은 수치스러운 일이지만, 적어도 이 페이지는 좋은 회사 안 어딘가에 존재합니다. 그러니 우리를 떠나지 마시고 아직 나타나지 않은 실종자, 장소 및 물건에 대한 NPR 스토리를 더 둘러보시기 바랍니다.

아멜리아 에어하트(Amelia Earhart)
조사원들은 1937년 남태평양을 비행하다가 사라진 조종사 아멜리아 에어하트에게 무슨 일이 일어났는지 아직도 조사 중이다.

18분 30초 분량의 워터게이트 테이프
리처드 닉슨(Richard Nixon) 대통령의 충직한 비서인 로즈 메리 우즈(Rose Mary Woods)는 워터게이트 사건의 결정적인 증거였던 지워진 테이프에 대한 책임을 떠안았다.

지미 호파(Jimmy Hoffa)
미시간주 검찰은 당국이 오랫동안 실종 상태인 팀스터즈 전 위원장 지미 호파의 유해에 대해 최근 수색을 중지하고 있다고 말했다.

이미지 출처: www.npr.org

13장

대기 시간

이 장의 주요 내용

- 대기 시간 경험에 투자하는 것이 중요한 이유
- 사용자가 대기 시간을 즐겁게 보낼 수 있도록 하는 몇 가지 아이디어

사용자와 함께 하는 귀중한 시간

대기 시간은 시스템이 데이터를 로딩하고 처리하거나 검색하고 파일을 다운로드 하는 등, 일련의 작업을 하는 데 걸리는 시간을 말한다. 왜 이런 하찮은 일에까지 신경을 써야 하는지 자신에게 묻고 있다면 이 책의 전문 컨설턴트가 되어 준 탈 마샬리^{Tal Mishaly}의 훌륭한 논문(지금까지는 히브리어로만 있다)이 도움이 될 것이다. 그는 사용성 대비 사용자 경험에 대한 연구를 통해 매우 흥미로운 인사이트를 얻었는데 애니메이션, 변하는 텍스트, 프로그레스 바^{progress bar} 모두, 사용자의 **시간 지각**^{time perception}을 짧게 만든다는 것이다. 다시 말해서 사용자가 기다리는 동안 무엇인가를 읽거나 보거나 따라 하느라 바빠지면 시간이 훨씬 빨리 흘러가는 것처럼 느끼게 돼 대기 시간을 실제보다 더 짧게 인지하게 된다는 것이다.

대기 시간에 신경 써야 하는 또 다른 이유는 사용자가 그저 화면을 응시하면서 기다리는 몇 분간의 시간을 활용할 기회를 가질 수 있기 때문이다. 이 시간을 현명하게, 마음이 훈훈해지거나 브랜드와 관련된 무엇인가를 전달하는 데 활용하면 어떨까? 최소한의 투자로 사용자를 위한 깜짝 이벤트를 준비할 수 있으며 이를 통해 당신이 사용자를 생각하고 있다는 것과 사용자가 당신에게 중요하다는 것을 보여줄 수 있다. 이렇게 작은 것들이 모든 차이를 만든다!

중요한 것은 이 대기 시간 동안에는 단어 없이 그래픽만 사용해도 전혀 문제없다는 것이다. 그러니 재미있는 애니메이션에 투자할 수 있다면 그것도 멋진 일이다. 하지만 단어는 디자인과 개발이 훨씬 덜 필요하기 때문에 같은 효과를 내는 데 더 빠르고 저렴한 해결책이 될 수 있다.

그렇다면 대기 시간 동안 어떤 텍스트를 보여줘야 사용자가 기다리는 시간을 더 짧게 느끼도록 할 수 있을까? 또한 대기시간이 시간 낭비가 아닌 사용자와의 관계를 강화하는 시간이 될 수 있을까? 다음에 제시하는 방법들 중 하나 이상을 선택하라.

사용자를 분위기에 동화시켜라

인비전은 UX 디자이너를 위한 경험을 약속한다.

당신의 경험을 로딩하고 있습니다.
InVision 제공, 디자인 공유 및 협업을 위한 가장 좋은 방법
이미지 출처: www.invisionapp.com

윅스는 웹 사이트 구축 플랫폼으로, 사용자가 기다리는 동안 좋은 기분을 유지하길 바란다.

로딩 중… 당신을 찾아오는 좋은 느낌
이미지 출처: www.wix.com

에잇트랙스8tracks는 플레이리스트를 만들고 찾아주는 앱으로 재미있고 또 재미있다.

네가 갑자기 올 줄 몰랐어, 여긴 엉망이야…
이미지 출처: 8tracks 앱

시스템이 사용자를 위해 하는 일에 그들을 참여시켜라

사용자는 무슨 일이 일어나든 그 과정을 뒤따른다. 이는 시간을 보내는 데 도움이 되며, 사용자에게는 프로세스에 참여하는 느낌을 주며, 프로세스가 끝났을 때의 결과에 대한 기대를 하게 한다. 곧 알게 되겠지만, 진행 단계들이 실제로 이뤄지는 것은 아닐지라도 효과가 있다…

쇼피파이Shopify는 온라인 스토어가 생성되는 동안 사용자에게 진행 단계를 업데이트해준다.

그대로 앉아 계세요! 당신의 스토어를 만드는 중입니다.
1/3 단계: 계정 생성 중
이미지 출처: www.shopify.com

테일러 브랜드는 사용자들에게 그들의 로고와 제품 디자인에 많은 생각이 투자됐다는 진정한 느낌을 준다. 비록 프로세스가 자동화돼 있기는 하지만, 생각만큼은 잘해서 실제 디자이너가 디자인한 것처럼 보인다는 점을 강조하고 싶은 것 같다.

DESIGNING YOUR PERFECT LOGO **18%**
CREATING YOUR BUSINESS CARDS **48%**
PLANNING YOUR SOCIAL POSTS **100%**

완벽한 로고 디자인 중   명함 제작 중   SNS 게시물 준비 중

이미지 출처: www.tailorbrands.com

등록 프로세스가 끝나면 **오케이큐피드**는 사용자를 위해 멋진 사람을 찾고 있다고 업데이트한다. 이것이 바로 사용자들이 여기 있는 이유인 것이다.

Finding you great people!

당신에게 멋진 사람을 찾아드리고 있어요!

이미지 출처: www.okcupid.com

비디오스트림Videostream은 크롬캐스트[01]를 위한 앱으로, 상황을 유머러스하게 표현한다.

로딩 중 - 감자를 으깨고 있어요.　로딩 중 - 다람쥐를 쫓고 있어요.

로딩 중 - 미토콘드리아　로딩 중 - 다리를 왁싱하고 있어요.
충전 중이에요.

이미지 출처: Videostream 앱

복잡한 시스템의 제품에 적합한 최대 활용팁

구글 애드 Google Ads는 업로드 중 시스템에 들어갈 때마다 변경된 퀵팁을 받게 된다. 이것은 시간을 보내는 방법일 뿐만 아니라, 시스템의 특장점을 사용자에게 노출하는 훌륭한 방법이다.

To expand the table, click　▼　≡　▥　⬇　🖑　⋮

테이블을 확장하시려면 클릭하세요.

To manage your conversions, click

전환 관리를 하시려면 클릭하세요.

For navigation tips, click　　then "Quick reference map"

탐색 팁을 보시려면 클릭하세요. 그런 다음 "빠른 참조 지도"를 클릭하세요.

이미지 출처: www.ads.google.com

---

01 구글에서 만든 멀티미디어 스트리밍 어댑터로, 2인치 동글이며 HDTV의 HDMI포트에 꽂아 오디오나 비디오를 와이파이를 통해 수신해 TV에서 스트리밍 재생한다(출처: 위키백과 https://ko.wikipedia.org/wiki/크롬캐스트). - 옮긴이

대기 시간이 길면 사용자에게 다른 일을 권하라

트위터 카운터Twitter Counter는 트위터의 팔로워 수를 모니터하는 사이트로, 대기 시간이 끝나면 가치 있는 정보를 기대할 만하다고 약속한다. 시스템이 데이터를 수집하고 분석하는 동안, 사용자에게 커피 한 잔의 여유를 권하거나 위키피디아Wikipedia에서 무작위로 고른 기사를 추천하면서 해당 페이지로의 링크를 제공한다(커피까지 주지는 않는다 :( ).

Just a few more minutes!

We have begun collecting data on your tweets. Soon you'll be able to view detailed analytics and recommendations for all your Tweets.

Why not grab a coffee or

Check out a random article on Wikipedia

몇 분만 더 기다려 주세요!
당신의 트윗에서 데이터를 수집하기 시작했습니다.
곧 모든 트윗에 대한 자세한 분석과 조언을 보실 수 있어요.
기다리시는 동안 잠시 커피 한잔하시거나
위키피디아에서 기사나 좀 살펴보시겠어요?
이미지 출처: www.twittercounter.com

하우스파티HouseParty는 비디오 채팅 앱이다. 여기서는 친구의 접속을 기다리는 것도 경험의 일부로, 시간이 다소 걸릴 수 있다. 그 사이에, 앱은 수많은 논평, 생각할 거리, 흥미로운 사실을 보여 준다. 친구가 접속했을 때 대화의 주제로도 활용할 수 있다.

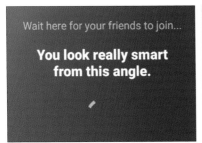

친구가 접속할 때까지 여기서 기다려 주세요.
이 각도에서 보면 당신은 정말
스마트해 보입니다.

친구가 접속할 때까지 여기서 기다려 주세요.
의사들에 따르면, 친구와의 우정이
장수에 도움이 된다고 합니다.

친구가 접속할 때까지 여기서 기다려 주세요.
바로 지금 나초가 있다면 얼마나 좋을까요?

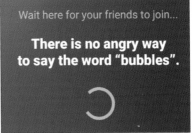

친구가 접속할 때까지 여기서 기다려 주세요.
'버블스(Bubbles)'라는 발음은 어떻게 해도
화가 난 것처럼 들리지 않네요.

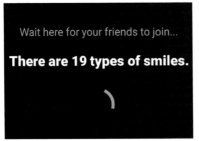

친구가 접속할 때까지 여기서 기다려 주세요.
웃음에는 19가지 종류가 있답니다.

친구가 접속할 때까지 여기서 기다려 주세요.
옴브로파일(Ombrophile)은 비를 열정적으로
사랑하는 사람들을 의미한답니다.

이미지 출처: HouseParty 앱

3
사용성

마찰을 방지하거나 완화하는 방법

사용자는 아주 사소한 이유로도 프로세스를 그만둔다. 어떻게 입력할지 불명확한 입력 필드 한 개, 너무 힘든 일처럼 보이는 태스크, 개인 정보 보호와 관련된 아주 사소한 우려, 또는 답이 없는 질문에 부딪히는 것만으로도 하던 프로세스를 충분히 내던질 수 있다. 프로세스 진행 중 맞닥뜨리는 첫 번째 어려움 또는 마찰의 조짐만으로도 포기하는 사용자가 있다.

좋은 마이크로카피는 이런 마찰이 일어날 수 있는 곳이면 어디든지 나타나 즉각적인 해결책을 제공한다. 때로는 마찰이 시작되는 것을 사전에 막을 수도 있다.

이전 파트에서는 주로 사용자의 행동 전후로 보이는 마이크로카피에 대해서 다뤘다. 파트 3에서는 사용자를 안내하고 태스크를 더 간단하고 빠르게 처리할 수 있도록 사용자의 행동에 수반되는 마이크로카피에 관해 설명하겠다. 목표는 사용자가 태스크를 성공적으로 빨리 수행할 수 있도록 하는 것이다. 이는 사용자와 우리, 모두를 위한 것이다.

14장

마이크로카피와 사용성: 기본 원칙

이 장의 주요 내용

- 간결하라
- 폼에 마이크로카피를 도입하는 4가지 방법
- 마이크로카피가 필요한 곳을 아는 방법

단어는 적을수록 좋다, 그러나...

이전 장에서 다뤘던 CTA 전략 및 메시지를 이용한 마이크로카피의 주된 목적은 이를 통해 사용자의 감성적 경험과 참여를 만들거나 풍부하게 하는 것이었다. 그런데 이제 사용자가 일단 행동을 취했고 웹 사이트나 앱 또는 복잡한 시스템에서 (회원 가입이나 주문, 신규 프로젝트 착수와 같은) 프로세스를 시작했으니 마이크로카피의 목적은 바뀐다. **이제 마이크로카피는 사용성을 높이고 사용자와 시스템 사이의 마찰을 방지해 사용자가 빠르고 쉽게 프로세스를 끝낼 수 있도록 도와야 한다.**

따라서 초점은 사용자를 위한 정서적 경험의 창출에서 명확성과 실용성을 향상하는 방향으로 옮겨 간다. 이 시점에서의 좋은 서비스는 즐거움의 정도(물론 서비스는 유쾌한 상태로 유지돼야 함)가 아닌, 사용자가 최소한의 노력(또는 스티브 크룩Steve Krug [01]이 지적했던 생각)으로 태스크를 완료하는 데 얼마나 도움이 됐는가로 평가된다.

이 말은 변호사처럼 냉담하고 잘난 척하는 태도의 글로 돌아가라는 뜻이 아니며, 절대 그렇게 해서는 안 된다. 이는 가능한 한 적은 단어로 꼭 필요할 때만 마이크로카피를 작성하라는 뜻이다. 또한, 사용자가 태스크를 마치려고 노력하는 한, 그리고 당신이 사용자가 UI 컨트롤에서 UI 컨트롤로 진행해 가기를 원하는 한, 제출버튼을 누르기 전까지는 지나치게 재치 있어 보이려 하거나 일을 복잡하게 만들면 안 된다는 것을 뜻한다.

심플한 언어로 정확하고 간결하게 필요한 설명만 해라.

이어지는 실제 사례를 보면, 카피라이터는 훌륭한 서비스를 제공하고자 길을 나섰지만, 방향을 잘못 잡아 가장 간단한 표준 폼을 뭔가 복잡하다 못해 감당하기 벅찬 것으로 만들었다.

---

01 『(사용자를) 생각하게 하지 마』(인사이트, 2014) 『사용성 평가, 이렇게 하라』(위키북스, 2010), 『상식이 통하는 웹 사이트가 성공한다』(안그라픽스, 2001)의 저자로서 우리나라에도 잘 알려진 사용성 컨설턴트다. 20년 넘게 애플, 블룸버그(Bloomberg), 렉서스(Lexus), NPR, IMF 등 광범위한 분야의 다양한 고객을 대상으로 사용성 컨설팅을 해오고 있으며 사용성 컨설팅 회사인 어드밴스드 커먼 센스(Advanced Common Sense)를 운영 중이다. 스티브 크룩과 그가 하는 일은 www.stevekrug.com에서 자세히 알 수 있다. - 옮긴이

Name*

```
* Your name is how your friends will see you
* Name length must be between 4 to 40
characters.
```

Email address*

```
* e.g. yourname@address.com
* This is what you will use to log in.
❑ Yes, I would like to receive email regarding
   news, products updates and special offers.
* We will never share your email address or
other information with third parties.
```

Password*

```
* A strong password consists of a mixture of
uppercase and lowercase letters, numbers
and/or special characters.
* Must be between 5 and 40 characters.
```

Confirm password*

이름*
입력한 이름으로 친구들이 당신을 알아볼 것입니다.
이름은 최소 4글자에서 최대 40글자 이내로 작성해주시기 바랍니다.

이메일*
yourmail@address.com의 형식으로 작성해주시기 바랍니다.
이메일을 로그인 아이디로 사용합니다.
▢ 네. 이메일을 통해 뉴스, 최신 상품 정보, 상품 안내 정보를 수신하겠습니다.
기재하신 개인 정보는 제삼자에게 허락 없이 절대 공유하지 않겠습니다.

비밀번호*
대문자, 소문자, 숫자, 특수 기호를 조합해 보안 수준이 높은 비밀번호를 작성해 주시기 바랍니다.
최소 5글자에서 최대 40글자 이내로 작성해 주시기 바랍니다.

비밀번호 확인*

대부분의 설명은 전혀 불필요하며 필요한 설명도 훨씬 더 짧아져야 한다. 물론 매력적으로 작성해야 하지만, 이런 일상적인 프로세스에 들어가는 문장은 길지 않게 하면서도 이해하기 쉽고 분명하게 정보를 제공하는 것이 중요하다.

예를 들면 다음과 같다.

예문: 최소 5글자에서 최대 40글자 이내로 작성해야 합니다.

간결하게: 5~40글자 이내

그러므로 단어로 인터페이스를 채우기 전에 자신에게 다음과 같이 물어라.

1. 정말 필요한 단어인가?
2. 어떻게 하면 최대한 적은 단어로 문장을 만들 수 있을까?

UX 체크

스스로 많은 단어를 써서 여러 가지를 설명하고 있거나 딱 맞는 단어를 찾을 수 없다고 느낀다면 UX에 문제가 있는 것일지도 모른다. 훌륭한 인터페이스에는 사용자에게 동기를 부여하고 그 자체로 설명이 가능하도록 디자인된 UX가 있어야 한다. 마이크로카피의 역할은 프로세스를 지원하고 남아 있는 이슈를 해결하는 것뿐이다. UI에 단어가 너무 많다고 생각되면, UX팀이 창의적인 해결책을 찾도록 요청하길 강력히 권한다.

필요한 곳에는 도움의 손길을 주저하지 말고 주라

간결한 것이 필수적이나 문제는 폼에 **얼마나** 많은 마이크로카피를 추가하느냐가 아니라 **사용자들이 도움을 필요로 하는가**이다. 그에 대한 답이 "예"인 경우 가이드를 작성해서 추가하라.

사라 월시Sara Walsh는 멋진 강연을 통해 공백을 포기하고 필드 주변에 보조 문구를 추가하면서 어떻게 **캐피탈 원**Capital One 웹 사이트상의 폼에 단어 수를 두 배로 늘렸는지를 보여준다. 그 결과 폼의 완성률이 26%에서 92%로 **세 배**가 높아졌다(유튜브에서 「Don't forget your online forms」을 보라).

폼에서 사용자가 길을 잃거나, 실수하거나, 안전하지 않다고 느낄만한 곳이 어딘지 안다면 그들을 따라다니며 괴롭히는 질문에 대한 답이나 그 시점에서 사용자를 안심시키는 데 필요한 말을 주저하지 말고 적어두라. **사용자에게 부담을 줄까 봐 중요한 설명을 건너뛰어서는 안 된다.** 오히려 **사용자는 이런**

껄끄러운 지점에서 **지원받게 돼 기쁠 것**이며 지원 문의를 하거나 원하는 것을 포기하지 않고도 찾고 있는 것을 쉽게 발견할 수 있을 것이다.

앞서 살펴본 것처럼 지침은 당연히 가능한 한 짧고 간결해야 하며, 최소한의 단어로 최대한의 정보를 제공하는 그런 것이어야 한다. 물론 지침이 필요한 정확한 순간까지 이를 숨겨 두거나 맥락에 따라 다양한 방식으로 제시할 수도 있다.

폼에 마이크로카피를 도입하는 4가지 방법

1. 고정하는 방법

보조 마이크로카피는 나타나거나, 움직이거나, 사라지지 않고 화면에 영구적으로 보인다.

주요 장점: 사용자가 놓칠 수 없다.

주요 단점: 폼의 가시성을 저해할 수 있다.

권장 용도: 사용자가 어떻게 액션을 취해야 할지 이해하는 데에 지침이 중요하며 사용자가 이를 놓치지 않도록 하고 싶을 때

먼처리Munchery는 번복할 수 없는 액션에 대해 사용자에게 알리기 위해 고정적 마이크로카피를 사용한다.

한번 제출하면 수정할 수 없습니다. 메시지를 두 번 체크해 주세요.
이미지 출처: www.munchery.com

이런 지침들은 마이크로카피의 접근성 요구사항을 충족하려면 해당 필드의 앞에 배치해야 한다는 것에 유의하라(18장을 보라).

2. 요구 시 표시하는 방법

사용자가 ?, !, i 모양의 아이콘을 클릭하거나 그 위로 마우스를 가져갈 때, 그리고 링크를 클릭할 때 보통 툴팁으로 표시되는 마이크로카피이다.

주요 장점: 누구나 언제든 쉽게 접근할 수 있다. 이미 폼에 익숙한 사람들에게 부담이 되지 않는다.

주요 단점: 사용자가 클릭하지 않을 수 있고 중요한 정보를 놓칠 수 있다. 그러므로 중요한 설명이 자동으로 나타나지 않는다면 툴팁에 감추지 말고 UI 컨트롤 옆에 표시할 것을 추천한다(자동으로 표시되는 것과 관련된 내용은 곧 볼 수 있다).

권장 용도:

　　a. **많은 정보나 지침이 제공돼** 시각적 과부하를 일으킬 수 있는 경우

　　b. 사용자에게 지시하거나 사용자가 액션을 취했을 때 얻을 수 있는 가치를 보여주는 액션에 대한 **배경 정보를 제공**하는 경우

　　c. **자주 수행되는 액션**으로 두 번 혹은 세 번째 사용 시 사용자가 정보 아이콘을 참조하지 않고도 완료할 수 있도록 해야 하는 경우. 이렇게 하면 신규 사용자는 필요한 정보에 쉽게 접근할 수 있는 반면, 베테랑 사용자는 끊김 없이 신속하게 이동할 수 있으며 필요한 경우 참조할 수 있다.

정보와 지침이 매우 풍부한 웹사이트인 **부킹닷컴**에서 이 툴팁은 마우스 커서를 '?' 아이콘 위에 올려놓으면 나타난다. 툴팁의 목적은 왜 부킹닷컴이 그런 사적인 정보를 요구하는지 설명하는 것이다. (16장 참조)

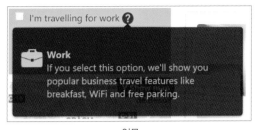

업무
이 옵션을 선택하시면 아침 식사,
Wi-Fi 및 무료 주차와 같은 인기 있는 비즈니스 여행 기능을 보여드릴 것입니다.
이미지 출처: www.booking.com

다음은 광고 제작을 위한 **페이스북**의 UI이다. UI 컨트롤마다 옆에 'i'모양의 아이콘을 배치했는데 많지만 방해되지는 않는다. 오히려 모든 용어에 대해 정확하고, 접근 가능하고, 유용한 지침을 전달함으로써 사용자가 올바른 결정을 내리도록 돕는다.

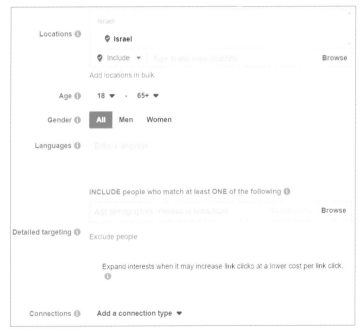

이미지 출처: www.facebook.com

다음 장에서 설명적이고 및 보조적인 툴팁의 사례를 더 많이 살펴볼 것이다.

3. 자동으로 표시되게 하는 방법

사용자가 정확히 필요로 할 때(즉, 커서가 필드 안에 있고 필드가 포커스돼 있을 때) 마이크로카피가 자동으로 나타나며, 사용자가 필요로 하는 동안 계속 보인다. 일단 폼에서 사용자가 움직이면 기존 것은 사라지고 포커스의 위치에 맞는 새로운 마이크로카피가 보여진다.

주요 장점: 필요 시 항상 사용할 수 있고 폼에 부담을 주지 않으며 지침을 간과할 가능성이 거의 없다.

주요 단점: 더 이상 필요하지 않은 재방문 사용자에게도 계속 표시된다.

권장 용도:

   a. 시각적으로 과부하를 일으킬 수 있는 **정보나 지침이 많아서** 더 잘 숨겨야 할 때

   b. 온라인 상점 설정, 계정 만들기, 크라우드 펀딩 캠페인 시작 또는 파푸아 뉴기니 가이드 투어 예약과 같은 **일회성 액션**

   c. 예를 들어, 금융과 관련된 일을 하거나, 학원에 등록할 때 또는 비싼 물건을 구매할 때와 같이 **사용자에게 프로세스 전반에 걸쳐 밀접하게 동반되는 느낌을 주고 싶을 때**

   d. 항공권 구매와 같은 **중요하고 드문 액션**

위즈에어^{Wizzair} 웹 사이트의 툴팁은 비밀번호 필드에 포커스가 되면 자동으로 표시되며 유효한 비밀번호가 생성될 때까지 계속 표시된다.

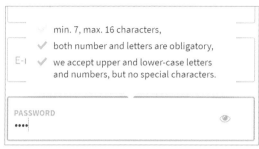

최소 7자, 최대 16자
숫자와 문자 모두 필수입니다.
대소 문자와 숫자는 허용되지만 특수 문자는 허용되지 않습니다.
이미지 출처: www.wizzair.com

그러나 다음과 같이 훨씬 더 짧게 쓸 수 있었다.

- 7~16자
- 숫자 및 문자 필수
- 특수 문자 불가능

이 훌륭한 툴팁은 **윅스** 블로그 플랫폼의 Alt 텍스트 필드에 커서를 놓으면 자동으로 표시되어 Alt 텍스트의 용도를 설명하면서 다음 항목을 추가하도록 권장한다.

방문자가 볼 수 없는 경우 이미지에 무엇이 있는지 알 수 있도록 한두 단어를 추가하세요.
이미지 출처: www.wix.com

그런데 꼭 툴팁일 필요는 없다. 다음의 스크린샷들은 **제플린**Zeplin의 회원 가입 화면이다. 이메일 필드가 포커스 되면 오른쪽에 있는 카피가 자동으로 표시된다.

Email		we'll send an email to this address for verification
Username		

확인을 위해 이 주소로 이메일을 보냅니다.

그리고 사용자 이름 필드로 이동하면

Email		
Username		All your team members will see your username ;) only use letters, numbers and '_'. Sample: aryastark

모든 팀원들이 당신의 사용자 이름을 볼 것입니다.
문자와 숫자, '_'만 사용하세요.
예시: 아리아스타크

이미지 출처: www.zeplin.io

4. 플레이스홀더로 제공하는 방법

10장에서 봤듯이, 플레이스홀더는 보통 필드 안에 더 밝은 음영으로 쓰이고, 필드에 초점이 맞춰지면 사라진다.

주요 장점: 사용자가 놓치지 않는다.

주요 단점: 사라져서 사용자가 필요 시 정보를 볼 수 없다.

권장 용도:

    a. 짧은 지침

    b. 플레이스홀더가 사라진 후 사용자가 그 정보를 다시 보고 싶을 수도 있다는 리스크가 없는 경우

    c. 사용자가 시작할 때 참고할 수 있는 실마리 또는 짧은 선행 문구를 제공하는 경우

    d. 사용자에게 필드를 올바르게 채우는 방법에 대한 간단한 예시를 제공하는 경우

10장에서 플레이스홀더를 사용하는 다양한 예시와 방법을 참조하라.

물론, 4가지 방법을 모두 한 폼에서 사용해선 안 된다. 알다시피 일관성은 미덕이다. 각 방법을 적절하게 사용하여 사용자의 요구를 충족시키라. 그리고 사용하기 쉬운 단순하고 편안한 폼을 만들어라.

TIP 21 (?), (!), (i) 아니면 링크?

느낌표 또는 물음표 아이콘은 언제 사용해야 할까? 아니면 짧은 링크를 만드는 것이 나을까? 명쾌하지는 않지만, 그 해답은 사용자의 마음속에 있다.

사용자가 비교적 일반적인 질문(예: **무슨 말이지? 저건 뭘 하는 거지? 왜 이 정보를 원하는 거지?**)을 할 것으로 생각한다면(또는 사용성 평가에서 그런 사실을 찾아냈다면) 물음표 아이콘을 사용하라. 이는 사용자의 질문에 반향을 불러일으켜 여기에 답이 있다는 힌트가 될 것이다.

특정한 질문이 생긴다면(예: **어떻게 이 금액이 계산됐는지, 요청받은 데이터는 어디에서 찾을 수 있는지**) 관련 입력 필드 옆에 사용자가 표현하는 언어로 텍스트 링크를 제공할 수 있다. 질문은 짧고 간단해야 한다. 예를 들어, "어떻게 이 금액을 계산했을까요?" 또는 "어디에서 이것을 확인해야 할까요?" 등이 있다(다음 장에 많은 예시가 있다).

느낌표 또는 i 아이콘은 사용자의 질문에 반드시 대답하지 않아도 되지만 배경을 추가해야 하는 정보나 지시 사항을 제공하고자 할 때 넣을 수 있다. 어쩌면 사용자는 질문이 필요하다는 것조차 모를 수도 있다.

하지만 앞에서 말했듯이, 이는 명쾌한 해답은 아니다. 어떤 것이 더 적절한지 토론 중이라면, 그것은 아마 어떤 것이 옳다고 대답하기 모호한 경우일 것이고, 어떤 선택을 하든 그다지 크게 영향을 미치지 않을 것이다. 가장 중요한 것은 마이크로카피는 효과적이고, 간단하며, 실제로 마찰을 줄여 준다는 것이다.

마이크로카피가 필요한 곳을 알아내는 방법

사용자와 인터페이스 사이에 마찰이 생길 수 있는 곳이 바로 마이크로카피가 필요한 곳이다. 마찰은 지연, 오해, 우려 혹은 에러 때문에 발생할 수 있다. 문제는 물론 잠재적인 마찰이 발생할 수 있는 곳을 파악하고 이를 해결하거나 사전에 예방하는 방법이다.

루크 로블로스키^{Luke Wroblewski}는 그의 저서 『웹 폼 디자인』(인사이트, 2009)에서 웹 페이지 폼의 취약점을 찾는 다양한 방법을 제안했다. 그중 마이크로카피와 가장 많이 연관된 세 가지 방법을 살펴보자.

사용성 평가

녹화된 내용을 보면서(사용자가 사용하는 단어에 주의를 기울여서) 사용자가 지체하거나 망설이거나 막힌 지점들과 그곳에서 이해하지 못했던 것을 모두 기록하라. 때로는 지연을 해결하는 데 필요한 모든 것은 몇 마디의 설명일 수 있다.

예를 들어, 자동 완성 기능을 제공하는 UI컨트롤이 있어서 사용자가 제공된 리스트 중에서 하나의 항목을 선택해야 하지만, 사용성 평가에서 사용자가 전체 단어를 입력하는 것을 선호하고 리스트에서 선택하지 않으려는 결과가 나왔다면, 입력 필드 아래에 짧은 설명을 추가해 더 명확하게 만드는 것이 좋다.

> **City**
>
> Start typing your city, then click the full name in the list that appears

도시
도시명 입력을 시작한 다음 표시되는 목록에서 전체 이름을 클릭하십시오.

물론, 사용자가 원한다면 전체 이름을 직접 입력할 수 있게 하는 것도 좋겠지만, 다른 대안이 없다면 마이크로카피가 도움이 될 수 있다.

고객지원 담당자

온라인 고객지원팀에게 고객이 가장 자주 묻는 말이 무엇인지, 지원 요청을 해야겠다고 느낀 이유가 무엇인지 물어보라. 고객이 문제에 맞닥뜨리고 도움이 필요한 곳이 프로세스의 어느 부분인지, 그리고 어려워하는 것이 정확히 무엇인지를 발견하게 될 것이다. 이런 취약점에는 UX 개선이나 마이크로카피가 필요하다. 예를 들어, 다수의 사용자가 결제 프로세스에서 고객 지원을 요청하고 전화로 구매를 마치려 한다면, 온라인 결제의 안전성을 염려하는 것일 수도 있다. 이런 경우, 결제가 안전하다는 것을 다양한 곳에서 여러 가지 방법으로 강조하고, 더 나아가 결제 보안 시스템의 종류와 장점에 대해서도 언급할 가치가 있다(16장 사례 참조).

모니터링 및 분석 도구

히트맵[02]과 같은 웹 분석 툴은 사용자가 태스크를 포기한 지점, 마지막으로 시도한 것과 에러 메시지가 가장 많이 표시된 단계, 그리고 마이크로카피로 기름칠을 할 수 있는 삐걱거리는 부분을 강조해 주는 중요 데이터를 보여줄 수 있다.

예를 들면, 사용자가 생년월일 입력 필드를 건너뛰거나 입력하지 않아 에러가 발생하는 경우, 이런 개인 정보를 입력해야 하는 이유를 이해하지 못했을 가능성이 크다. 해당 입력 필드가 필수임을 표시하고 이해할 만한 이유를 간단히 설명하는 것이 좋다(즉, 법으로 요구됨, 16장의 사례 참조).

이어지는 다음 몇 장에서는 거의 모든 프로세스에서 발견할 수 있는 취약점 몇 가지를 나열할 것이다. 항목별로 이 취약점을 강화하고 사용성을 향상해 고객이 폼을 더 많이 완성하게 하고 고객전환율을 높일 수 있는 마이크로카피에 관해 살펴보겠다.

---

02 고객이 가장 많이 클릭한 메뉴 또는 영역을 열상 지도처럼 보여주는 도구다. - 옮긴이

15장

질문은 답을 얻고
지식의 차이는 메워진다

이 장의 주요 내용

- 마이크로카피가 대답해야 할 일반적인 네 가지 질문

지식의 저주를 없애라

실제로 모든 디지털 프로세스는 사용자의 내면에 어느 정도의 불확실성을 불러일으킨다. 사용자는 자신을 위해 누군가가 디자인한 이 프로세스가 도움을 줄 것이며, 그렇지 않더라도 적어도 문제를 일으키지 않을 것이라는 믿음을 갖고 진행한다. 이 프로세스를 디자인한 우리는 전체적인 그림을 보지만, 사용자는 몇 단계 앞만 볼 수 있다. 그러므로 사용자가 용어를 이해하지 못했는데 그에 대한 설명을 찾을 수 없거나 그로 인해 인터페이스의 사용법을 이해하지 못하면 이런 근본적인 불확실성은 커져서 해당 프로세스뿐만 아니라 우리에 대한 신뢰도 잃게 만든다.

마이크로카피를 사용하면 사용자가 가질 수 있는 모든 질문에 즉각적이고 이해하기 쉬운 답을 줄 수 있기 때문에 확실한 느낌을 줄 수 있다. 마이크로카피는 질문에 대한 해답을 제시할 뿐만 아니라 사용자에게 우리가 그들을 고려하고 있으며 그들의 질문이 타당하다는 것도 보여주기 때문에 믿음을 얻을 수 있다.

마이크로카피 라이터가 겪는 어려움은 '**지식의 저주**^{Curse of Knowledge}'로 알려진 것에서 비롯된다. 이 말은 이미 어느 정도 지식을 가진 사람은 그 지식이 부족한 사람의 관점에서 사물을 보지 못한다는 것이다. 디지털 제품에 관한 마이크로카피를 쓰는 당신은 주제, 특정 태스크, 전반적인 인터페이스 등을 속속들이 잘 알고 있다. 그러나 당신에게는 익숙하고 명백해 보일지라도 사용자에게는 생소하고 이해하기 어려울 수 있다. "**그건 뭐죠?**" 또는 "**그건 뭘 하나요?**", "**어떻게 쓰면 되나요?**" 등, 사용자가 질문을 던질 수 있는 곳을 알아내려면 해당 프로세스를 새로운 시각으로 봐야 한다. 이전 장에서 논의했던 리소스(사용성 평가, 고객지원 담당자, 분석 툴)를 활용하는 것도 좋다.

이 장에서는 사용자가 물어볼 수 있는 일반적인 질문 몇 가지를 살펴볼 것이다. 사용성 테스트 전일지라도 완전히 새로운 사용자의 시선으로 프로세스를 확인하고, 질문이 생길 수 있는 곳을 찾으려고 노력하라. 그리고 해당 질문에 답하는 마이크로카피를 작성하라.

질문 #1. 그건 뭐죠?

a. 프로세스를 검토해서 **내부 기술 용어**와 사용자의 눈으로 볼 때 **일상적이지 않거나 생소한**, 사용자가 "그건 뭐죠?"라고 물을 수 있는 용어를 찾아내라.

b. 찾아낸 모든 용어를 **더 단순한 단어로 바꿀 수 있는지** 체크하라.

c. 용어를 단순하게 만들 수 없다면 **설명과 함께 마이크로카피를 추가**하라.

사례

커먼웰스 뱅크^{Commonwealth Bank}의 고객은 신용카드 PIN 코드를 알려 달라는 요청을 거의 받지 않는다. 그래서 고객은 '카드 PIN'이라는 금융 용어를 어쩌면 이해하지 못할 수도 있다. 이런 이유로, 은행에서는 입력 필드 바로 옆에 명확한 설명을 제공한다. 해당 설명이 질문 "그건 뭐죠?"에 대한 답이므로 물음표 아이콘을 넣었더라면 더 좋았을 것이다(TIP 21 참조).

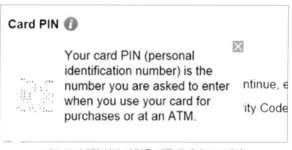

카드 PIN(개인 식별 번호)은 제품 구매나 ATM에서
카드를 사용할 때 입력하는 비밀번호입니다.
이미지 출처: www.commbank.com.au

제품에서 다른 기능의 이름을 정할 때 당신은 사실 사용자가 이해 못 할지도 모르는 새로운 제품 내 규칙을 만드는 것이다. 사용자는 제품이 줄 수 있는 가치를 알지 못할 수도 있다. 사용자가 사용하기를 원한다면 그것이 무엇을 의미하는지, 무엇에 좋은지 설명하라. 팀 프로젝트 관리 도구인 **먼데이**는 다채로운 툴팁을 통해 그렇게 한다.

공유 보드
비공개 보드
팀 외부의 게스트와 공유하기 (클라이언트 등)
이미지 출처: www.monday.com

골란 텔레콤 Golan Telecom은 이스라엘의 이동 통신사다. 사용자는 신규 가입 시 넘버 시퀀스Numbers sequence를 주문할 수 있다. 그런데 넘버 시퀀스란 무엇일까? 물음표 아이콘 위로 마우스를 가져가면 번호가 차례대로 이어지는 SIM 카드를 다수 구매할 수 있다는 설명이 표시된다. 골란 텔레콤이 이 일련번호를 실제로 판매하고 싶다면(그러리라 추측한다), 사용자 행동을 끌어내기 위한 설명을 문구에 언급하는 것이 좋았을 것이다. 예를 들어, "SIM 카드를 두 장 이상 구매하고 일련번호를 받으세요." 와 같이 말이다.

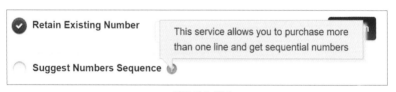

• 기존 번호 유지
• 일련번호 추천
이 서비스를 이용해 두 개 이상의 전화 회선을 구매하면 일련번호를 받으실 수 있습니다.
이미지 출처: www.golantelecom.co.il

타겟Target은 기프트나우GiftNow 기능에 대한 설명으로 연결되는 영구적인 링크를 보여준다.

What's GiftNow®?

기프트나우(GiftNow)가 뭐죠?
이미지 출처: www.target.com

플레이스홀더와 마찬가지로 때로는 예시가 복잡한 생각을 설명하는 가장 좋은 방법이다. 질문지 작성 툴인 **타입폼**에서는 툴팁에서 예시를 제공해 이용 가능한 모든 종류의 질문에 대해 설명한다. 용어를 명확히 하고 사용자가 필요한 용어를 선택하는 것을 매우 쉽게 만든다.

긴 텍스트
e.g. 삶, 우주 그리고 모든 것의 의미는 무엇인가?

드롭다운
e.g. 어디 사세요? 국가를 선택하세요.

평가하기
e.g. 제가 만든 브로콜리, 금귤 빠에야를 평가해 주세요.

척도 평가
e.g. 0에서 5까지의 척도로 평가한다면 당신의 치즈는 얼마나 냄새가 좋은가요?

그림 선택
e.g. 이 타투들 중에서 어떤 것을 원하세요?

서술
e.g. 거의 다 끝났습니다. 질문 몇 개만 남았어요.

이미지 출처: www.typeform.com

에어비앤비는 일반적인 질문에 대한 답을 미리 준비해 뒀다. 그리고 결제와 관련된 다양한 요소를 간단하고 공감 가는 방식으로 설명한다. 자신들이 수수료로 무엇을 할 것인지에 대한 명세와 함께 '일회성'이라는 용어를 발견할 수 있다. 그리고 가장 중요한 것은 사용자를 위한 내용으로 그들을 안심시키고 반론을 누그러뜨린다.

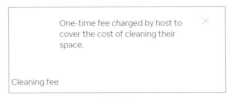

청소비
호스트가 청구하는 일회성 숙소 청소 비용입니다.

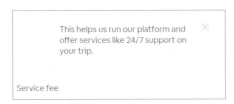

서비스 수수료
수수료는 에어비앤비 플랫폼을 운영하고 연중무휴 지원과
같은 다양한 서비스를 제공하는 데 사용됩니다.

계산의 결과로 사용자에게 숫자를 보여줄 때 어떻게 그런 결괏값이 나왔는지 공유하는 것을 고려하라. **에어비앤비**는 기본요금 내역을 툴팁으로 제공한다. 투명성은 사용자를 가장 안심시킬 수 있는 방법이다.

기본요금 내역
총 기본요금
1박당 평균 요금은 반올림됩니다.
이미지 출처: www.airbnb.com

이베이는 사용자에게 배송일을 예상하는 방법을 알려준다.

Delivery:	Estimated between **Wed. Dec. 12 and Fri. Jan. 18**
	Seller ships within 1 day after receiving cleared payment.

Estimated delivery dates include seller's handling time, origin ZIP Code, destination ZIP Code and time of acceptance and will depend on shipping service selected and receipt of cleared payment. Delivery times may vary, especially during peak periods.

배송: 12월 12일(수)에서 1월 18일(금) 사이로 예상
셀러가 대금 결제를 받은 후 1일 이내에 배송합니다.
예상 배송 날짜에는 셀러의 상품발송 준비 시간, 원산지 우편 번호,
수령지 우편 번호 및 수령 시간이 포함되며, 선택된 배송 서비스 및
지불결제 수령 여부에 따라 달라집니다. 배송 시간은 특히 성수기 동안 달라질 수 있습니다.
이미지 출처: www.ebay.com

전문 용어를 명확히 설명하면 사용자가 다양한 옵션을 선택하는 데 도움이 될 수 있다. 다음 사례에서 아이콘 샵인 **더노운프로젝트**The Noun Project는 각 파일 포맷에 대해 매우 유용한 설명을 제공하는데, 파일 포맷이 어디에 적합한지, 장단점이 무엇인지 자세히 설명함으로써 사용자가 어떤 포맷을 다운로드할 지 결정하는 데 도움을 준다.

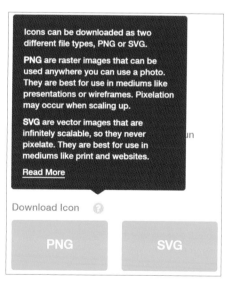

Icons can be downloaded as two different file types, PNG or SVG.

PNG are raster images that can be used anywhere you can use a photo. They are best for use in mediums like presentations or wireframes. Pixelation may occur when scaling up.

SVG are vector images that are infinitely scalable, so they never pixelate. They are best for use in mediums like print and websites.

Read More

Download Icon

PNG   SVG

아이콘은 PNG 또는 SVG 두 가지 파일 타입으로 다운로드할 수 있습니다.

PNG는 사진을 사용할 수 있는 모든 곳에서 쓸 수 있는 래스터 이미지입니다. 프리젠테이션이나 와이어프레임과 같은 매체에서 사용하기에 가장 좋습니다. 확대하면 픽셀화가 생길 수 있습니다.

SVG는 무한 확장이 가능한 벡터 이미지이므로 절대 픽셀화되지 않습니다. 인쇄물이나 웹 사이트와 같은 매체에서 사용하기에 가장 적합합니다.

더 알아보기

이미지 출처: www.thenounproject.com

어쨌든 물음표 아이콘이 유용한 정보가 들어 있다는 것을 의미하지 않는다. 그래서 나라면 '**무엇이 다르죠**', '**어떻게 고르죠**' 또는 '**PNG와 SVG는 무엇인가요?**'와 같은 영구적인 링크를 대신 쓸 것 같다. 또한 UI가 충분히 설명적이기 때문에 툴팁에서 처음 두 줄은 중복이라 생각한다.

질문 #2: 그건 뭘 하나요?

온/오프 토글스위치 또는 체크박스가 어떻게 동작하는지 명확하지 않다면 컨트롤을 켜거나 끌 때 어떤 일이 발생하고 발생하지 않는지 컨트롤 가까이에 설명을 써둬야 한다. 필요하다면 사용자에게 해당 기능을 켜거나 끌 때 생기는 장단점도 설명하라. 또한, 사용자가 기능을 꼭 사용하길 바란다면 중립적이고 기술적인 톤보다는 사용자의 행동을 끌어낼 수 있도록 매력적이고 흥미로운 톤으로 설명하라.

사례

유튜브에서 자동 재생 기능을 출시했을 때 스위치 바로 옆에 i 아이콘이 있었는데, 이 아이콘에 호버링하면 **"그건 뭘 하는 거죠?"**라는 질문에 대한 대답이 나타났다. 유튜브는 조회 수를 높이기 위해 이 기능의 사용 여부에 확실히 관심이 있기 때문에 더 적극적으로 설명했더라면 좋았을 것이다. 예를 들어, "이 기능을 켜시면 다음 추천 동영상이 자동으로 재생됩니다." 와 같이 말이다.

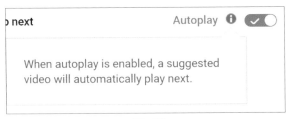

자동 재생
자동 재생을 사용하도록 설정하면 추천 동영상이
자동으로 이어서 재생됩니다.
이미지 출처: www.youtube.com(이전 버전)

'이 셀러 저장'을 클릭하면 어떻게 될까? 어떤 도움이 될까? **이베이**는 툴팁에서 그 답을 제공하고 있다. 그러나 사용자가 더 많은 정보를 찾으려면 툴팁 위에 마우스를 올려야 한다는 것을 알 수 있을까? 아니면 작은 도움말 아이콘을 추가하는 것이 더 나을까?

이 셀러 저장
판매 중인 상품이 무엇인지 피드에서 확인하려면 이 셀러를 저장하세요.
이미지 출처: www.ebay.com

예산 수립 앱인 **토쉴**Toshl에는 뛰어난 유머 감각을 가진 몬스터가 있지만, 모든 사용자가 자신의 돈이 웃음 한 번으로 서비스되는 것을 좋아하는 것은 아니다(마이크로카피에 유머를 사용하는 방법에 대해서는 1장을 참조하라). 그들에게는 몬스터를 가장 정치적으로 올바른 생명체로 바꿀 수 있는 스위치가 있다.

정치적으로 올바른 몬스터
몬스터 팁의 유머가 가끔 과한가요?
정치적으로 올바른 모드를 켜면 자제할 겁니다.
바닐라를 즐기세요!
이미지 출처: Toshl app

노티카Notica는 시각적 메모로 사진을 처리하고 저장하는 앱이다. 고해상도 기능을 켜거나 껐을 때의 결과를 모두 사용자에게 설명한다. 설명은 다소 길지만, 사진을 체계적으로 정리하는 데 시간과 노력을 투자하는 사용자에게는 중요한 정보이며, 개인적인 니즈에 가장 잘 맞는 선택을 할 수 있게 해준다.

고해상도
'고해상도' 옵션을 켜면 원본 이미지가 2048px로 저장됩니다.
옵션을 끄면 디바이스의 저장 공간은 절약되지만,
원본 이미지 사이즈는 1024px로 제한됩니다.
이미지 출처: Notica 앱

왓츠앱의 기능에는 심플하고 명확한 레이블이 있음에도 불구하고 그 밑에 문장이 있다. '카메라 롤에 저장save incoming media'에는 어떤 것이 포함되는지, 그리고 수신 미디어가 언제, 어디에 저장되는지 정확히 설명하고 있다.

카메라 롤에 저장
수신한 사진 및 비디오를 카메라 롤에 자동으로 저장합니다.
이미지 출처: WhatsApp 앱

질문 #3: 이건 어디서 찾을 수 있나요?

사용자에게 특정 정보(예: 운전면허의 종류, 공과금 청구서의 계좌 번호 등)를 요청하는 폼에서는 그 정보를 찾는 방법을 입력 필드 옆에 명확하게 설명하고, 정확한 위치가 강조된 그림도 같이 보여주는 것이 좋다.

입력값에 대시(-)나 슬래시(/) 또는 문자와 숫자의 조합이 들어가면 입력 여부 및 그 순서 등에 대해 언급하라(또는 기호를 건너뛰도록 입력 필드를 여러 개로 나눠 배치하라).

사례

HP 노트북을 등록할 때는 제품명이나 제품 번호를 제공해야 한다. 등록 폼에는 '내 제품 이름/번호를 찾는 방법'이라는 링크가 있다. 이를 클릭하면 새 창이 열리고 동영상 외에 번호를 찾을 수 있는 여러 가지 방법이 있다.

HP가 단어를 더 적게 사용할 수 있었다는 점에 주목하기를 바란다. 해당 입력 필드의 레이블과 플레이스홀더가 그 역할을 훌륭하게 수행하고 있기 때문에 "등록할 제품의…"라는 설명은 없어도 된다. 그리고 링크도 "어디에서 찾을 수 있나요?"처럼 더 짧게 쓸 수 있다.

Enter the name/number of the product you want to register. How do I find my product name/number? ›

* Product Name or Number: e.g. Photosmart A636, LaserJet P2035, or CE461A   SEARCH

등록할 제품명과 번호를 입력하세요.
제품명과 제품번호는 어떻게 찾을 수 있나요?
제품명 또는 번호

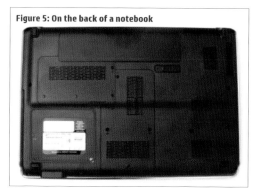

Figure 5: On the back of a notebook

그림 5. 노트북의 뒷면
이미지 출처: register.hp.com

마찬가지로 **먼데이**에서도 보드 ID를 요청하면 ID가 무엇인지, 어디서 찾을 수 있는지에 대한 설명을 제공한다.

주소 복사하기
ID는 무엇이며 어디서 찾을 수 있나요?
ID는 각 보드나 아이템의 고유한 일련 번호이며,
보드 또는 아이템의 URL 주소 맨 끝에 있습니다.
이미지 출처: www.monday.com

TIP 22 하나 이상의 옵션을 선택할 수 있다

알다시피, 라디오 버튼은 한 가지 옵션만 가능할 때 사용되는 반면, 체크박스는 복수 선택이 가능할 때 사용된다. 그러나 일반 대중이 이것을 꼭 알고 있는 것은 아니다. 대부분 사용자는 두 가지 유형의 선택 컨트롤이 있다는 사실조차 모를 수 있다. 따라서 둘 이상의 옵션을 선택할 수 있는 경우에는 이를 명확하게 알려주는 것이 좋다.

질문 #4. 어떻게 쓰면 되나요?

이론적으로 사용자 경험은 별도의 설명이 없어도 이해할 수 있어야 하며, 텍스트는 최후의 수단으로 사용돼야 한다. 그러나 사용자가 해야 할 일을 정말로 모두 이해할 수 있을까? 여기가 바로 지식의 저주에 갇힌 사람들이 가장 혼란스러움을 느끼는 곳이다. 당신은 인터페이스를 이해하고, 최신 인터넷 트렌드를 알고 있으며, 기술적인 배경 지식이 있으므로 직관적으로 접하는 거의 모든 디지털 제품을 견딜 수 있다. 하지만 사용자는 어떨까? 21세기에 사는 모든 사람이 알고 있을 것이라 간주할 수 있는 기본 기술은 무엇이며, 아직 설명이 필요한 것은 무엇인가? 언제 **드래그, 타이핑, 클릭, 선택**이라고 써야 하고, 쓰지 않아도 명백하게 알 수 있는 때는 언제인가?

그리고 UX의 다른 모든 측면에서 봤을 때 옳은 것은 당신이 혼란스러움을 느끼는 곳에서도 전적으로 옳다. **도움말 작성이 필요한지를 알아내는 가장 좋은 방법은 사용성 평가를 하는 것이다.**

설명이 필요 없는 경우

입력 필드, 버튼, 드롭다운, 느낌표 또는 물음표 아이콘, 링크, 별표, 라디오 버튼 그리고 체크박스는 모두 설명이 필요 없다. 예를 들어, "이메일 주소를 입력하세요."가 아닌 '이메일'이라고만 써도 사용자는 이미 이런 입력 필드에서 무엇을 해야 하는지 알기 때문에 그 옆에 심플하게 레이블만 써도 된다. 대부분의 경우, 라디오 버튼과 체크박스 옆에는 레이블만 두고 '선택'이란 단어를 쓰지 않아도 되며, 버튼 위에는 '클릭'을 써넣지 않아도 된다.

사례

오케이큐피드에서는 많이 알려진 드롭다운을 어떻게 쓰라는 별도의 설명없이 제공한다. 덕분에 인터페이스는 단어에 매이지 않아 매우 심플하다.

이미지 출처: www.okcupid.com

이 모든 것 대신   이거면 된다.

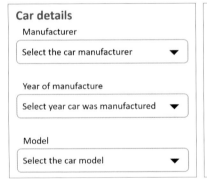

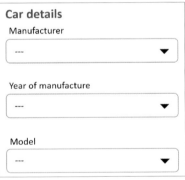

다음과 같은 폼에서는 단어 네 개만 쓰면 된다.

하지만 앞서 말했듯이, 사이트 진입 시 제목을 더 따뜻하게 환영하는 느낌으로 만드는 것이 가장 좋다.

다음 사례에서 버튼이 이미 필요한 모든 정보를 전달하므로 버튼들 위에 있는 지침은 필요 없다.

SNS 계정으로 로그인하려면 아래를 클릭하세요.
페이스북 계정으로 로그인
구글 계정으로 로그인

설명이 필요한 경우

당신의 니즈에 맞는 독창적인 인터페이스를 개발했거나 인터페이스가 아직 혁신적인 것으로 생각된다면, 사용자에게 사용 방법을 알려주는 것이 좋다. 짧고 심플하고 정확한 설명을 꼭 필요한 위치에 써라.

사례

정확히 필요한 시점에 나타나는 상세한 설명에 대한 좋은 사례는 **인스타그램**Instagram에서 찾을 수 있다.
"소리를 들으려면 동영상을 탭tap하세요."
소리를 시작하거나 멈추기 위해 동영상을 탭하는 행동은 (아직도) 직관적이지 않지만, 인스타그램이 이를 채택했기 때문에 곧 그렇게 될 것이다. 하지만 이 글을 쓰는 현시점에서 우리는 유튜브에서의 방식, 즉 동영상을 클릭(또는 탭)하면 재생이 멈추는 것에 익숙하기 때문에 인스타그램의 방식은 실제 직관에 따른 행동과 정반대다.

인스타그램은 이 기능을 처음 소개할 당시, 동영상이 재생될 때 그 밑에 다음과 같은 설명을 썼다.

소리를 들으려면 동영상을 탭하세요.
이미지 출처: Instagram 앱(사진 제공: 엘라자르 이프라Elazar Yifrah)

그러나 시간이 지나면서 이 설명을 숙지하는 사용자가 많아지자, 인스타그램은 사용자 이 인터페이스에 익숙하지 않다는 믿을 만한 근거가 있는 경우에만 이 설명을 노출한다. 예를 들어, 사용자가 비디오가 재생되는 동안 볼륨을 높이려고 하면 실제로는 사운드가 꺼진다.

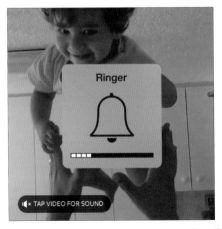

이미지 출처: Instagram 앱(사진 제공: 엘라자르 이프라Elazar Yifrah)

타입폼은 질문지 작성을 위한 고유한 UI를 디자인했다. 블록과 질문 사이의 연관성은 일반적으로 알고 있는 것이 아니거나 명확하지 않기 때문에 시각적 힌트와 도움말을 추가하여 연관성을 보다 명확하게 보여줌으로써 사용자가 시작할 수 있도록 도와준다.

질문을 작성하려면 블록을 추가하세요.
이미지 출처: www.typeform.com

TIP 23 사용자를 그 자신에게서 구하라

인터페이스를 잘못 사용하면 사용자 또는 프로세스에 문제가 발생할 수 있다. 예를 들어, 프로세스 종료, 새 창 열기, 지금까지 입력한 모든 내용 삭제 등, 당신이 보기에는 명백해 보이는 곳일지라도 명확하고 눈에 잘 띄는 설명을 제공해야 한다. 행동이 미치는 영향력이 클수록 설명할 이유도 더 많아진다.

TIP 24 친절하라-심지어 설명을 쓸 때에도

설명은 심플하고 명확해야 하지만, 서비스 지향적인 방식이어야 하지, 명령이 돼서는 안 된다. 설명이 보이스앤톤에 잘 맞으면 약간의 유머도 넣을 수 있다(하지만 결코 명확성을 희생시키지 말아야 한다).

위트랜스퍼를 사용해 파일을 처음 전송했을 때 나는 크게 웃었다.

파일을 여기로 드래그해서

Drop it like it's hot

Add your files by dropping them anywhere in this window

뜨거운 것처럼 떨어뜨리세요.
이 창 어디든 파일을 떨어뜨려서 파일을 추가하세요.
이미지 출처: www.wetransfer.com

16장

우려와 의심의 해소

이 장의 주요 내용

- 해소해야 하는 7가지 일반적인 우려와 의심

무시하면 절대 사라지지 않을 것이다

사용자가 우리를 믿지 않는 데는 여러 가지 타당한 이유가 있다. 모두가 직접적이든 간접적이든 사용자에게 무언가를 팔려 하고, 지금은 무료더라도 나중에는 돈을 지급하게 된다. 사용자는 이메일 주소를 제공할 때마다 스팸 메일에 시달리게 되고, 때때로 거대 기업의 데이터베이스도 해킹당해 신용카드나 다른 개인 정보가 노출됐다는 소식을 듣는다. 작은 위젯 하나를 다운받을 때 요청하지도 않은 세 개의 다른 위젯도 함께 다운로드 된다. 일반적으로 인터넷에서 살아남기 위해 사용자는 끊임없이 조심해야 하고 눈을 크게 뜨고 있어야 한다.

아직 당신 회사에 대해 잘 알지 못하는 사용자는 당신을 신뢰해야 할 이유가 없다. 신뢰는 공을 들여 얻어야 한다. 다른 무엇보다도 먼저, 모든 서비스 인터페이스에서 진정으로, 실질적으로 그리고 정말로 사용자 편이 됨으로써 신뢰를 얻어야 한다. 그러나 그들에게 당신이 신뢰를 받을 만하다는 것도 보여줘야 한다. 사용자가 당연히 가질만한 우려와 의심을 무시하는 대신, 당신이 그들의 우려를 인식하고 존중한다는 것과 안심해도 된다는 것을 분명히 드러나게 말해야 한다.

이 장에서는 사용자의 우려 또는 의심을 불러일으킬 수 있는 몇 가지 취약 포인트와 이를 극복하는 방법을 설명하고자 한다.

우려사항 #1: 이메일 주소 제공

뉴스레터 신청에 관해 다뤘던 5장에서는 사용자가 이메일 주소를 제공할 때 다음과 같은 두 가지를 가장 우려한다고 말했다.

a. **당신이 보낸 이메일에 파묻힐 것이다.** 이에 대한 대책은 뉴스레터를 자주 보내지 않는다고 알려 사용자를 안심시키는 것이다. 사용자가 원할 때는 언제든지 클릭 한 번으로 구독을 취소할 수 있다는 점을 상기시키는 것도 좋다.

b. 당신이 스팸을 보낼 누군가에게 자신의 이메일 주소를 넘길 것이다. 이에 대한 대책은 이메일 주소는 당신의 관리하에 있을 것이며, 사용자의 개인 정보는 당신에게도 중요하다는 것을 약속하는 것이다.

사례

5장의 뉴스레터 신청 폼에 쓰인 짧고 심플한 문구도 참조하라.

메트로MSP^{metroMSP}는 미국 뉴저지주의 노스 저지^{North Jersey}에 있는 IT 지원 회사로, 사용자보다 훨씬 더 스팸을 싫어한다고 말한다.

> **Important!** We hate spam
> as much (or more!) than
> you and promise to NEVER
> rent, share, or abuse your
> e-mail address and
> contact information in any
> way.

중요 사항! 우리는 스팸을 당신만큼,
아니 당신보다 훨씬 더 싫어해요. 그래서 절대 당신의
이메일 주소와 연락처 정보를 어떤 식으로도 빌려주거나 공유하거나
함부로 사용하지 않을 것을 약속드립니다.
이미지 출처: www.metromsp.com

마법의 접착제인 **수그루**의 결제 폼에는 사용자에게 뉴스 레터 구독을 제안하는 체크박스가 있다. 그 체크박스 바로 옆에 빈도를 명시하면서 스팸메일을 보내지 않겠다고 약속한다.

> *We'll email about twice a month with the latest Sugru*
> *fixes, special offers and other things you might like.*
> *We'll never send you spam. Promise.*

한 달에 두 번 최신 Sugru 소식, 특별 행사 및 기타 좋아할 만한 내용을 이메일로 보내드립니다.
절대 스팸은 보내지 않을 거예요. 약속드려요.
이미지 출처: www.sugru.com

푸시 알림은 스팸으로 보일 수 있으므로 사용자 승인 요청 시 이 우려를 다루는 것이 좋다.

라운즈 앱은 사용자에게 승인을 요청하며 잘 관리할 것을 약속한다.

Yes, it's another
pop up!

In order to connect your
calls, we need your
Push Notifications permission.

We promise to treat it well!

그래요, 또 다른 팝업입니다!
전화를 연결하려면 푸시 알림을 승인하셔야 해요.
관리에 조금도 허술함이 없을 것을 약속드립니다!

이미지 출처: Rounds 앱

우려사항 #2: 특별한 개인 정보 제공

최근 사용자는 개인 정보 보호에 대해 경계하며 주로 생년월일, 전화번호, 성별, 집 주소 등, 꼭 필요하지 않은 정보의 제공을 꺼린다. 이러한 정보의 제공을 요청받으면 사용자는 의심하며 **무엇 때문에 필요한지**를 묻게 된다.

우리는 다음과 같이 타당한 대답을 제공해야 한다.

    a. **필수 입력 필드인 경우**, 상세 정보가 필요한 이유를 설명하고 개인 정보 보호를 보장하라.

    b. **선택 입력 필드인 경우**, 상세 정보를 제공하는 것이 왜 **가치** 있는지, 어떤 혜택을 주는지 설명하라.

사례

테스코는 결제하는 동안 커서가 전화번호 입력 필드에 놓이면 번호를 요청하는 이유를 설명하는 툴팁을 보여준다. 해당 정보는 주문과 관련된 질문이 있을 때만 사용된다는 것을 약속하며 사용자를 안심시킨다. 간단하고 완벽하다.

We will only contact you with questions relating to your order.

주문과 관련된 질문이 있을 때만 연락 드립니다.
이미지 출처: www.tesco.com

먼데이는 전화번호를 입력하는 것은 선택사항이라고 명시하고 있지만, 앞으로 어떤 도움이 될 것인지(필요하면 즉시 지원) 사용자에게 알려주면서 스팸 발송에는 절대 사용되지 않을 것이라고 안심시킨다.

Phone

We'll only use this to provide immediate   (Optional)
support. We'll never spam you!

즉시 지원을 제공할 때만 사용하겠습니다. (선택사항)
스팸메일은 절대 보내지 않습니다.
이미지 출처: www.monday.com

패션 액세서리 샵인 **클레어스**Claire's는 개인 정보 보호에 대한 우려를 잘 알고 있으며, 개인 정보를 수집하는 이유와 그 정보로 무엇을 할 것인지에 대해 가능한 한 투명하게 처리하고 있다.

회원 가입 시 다음과 같이 안심시킨다.

Claire's does not share or sell personal info.

클레어스는 개인 정보를 공유하거나 판매하지 않습니다.

클레어스는 전화번호를 요청할 때 예상되는 일반적 질문에 대한 답을 미리 해둔다. '왜 전화번호가 필요한가요?' 그들은 다음과 같이 훨씬 짧고 더 나은 방식으로 표현할 수 있었다. '배송 목적으로만 필요할 뿐, 다른 이유는 없어요.'

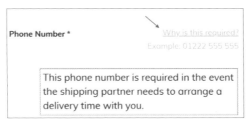

왜 전화번호가 필요한가요?
배송 협력업체가 배송 시간을 조정해야 하는 경우 전화번호가 필요합니다.

생년월일을 요청할 때 **클레어스**는 두 가지 전술을 사용한다. 첫 번째로 왜 이 정보를 요청해야 하는지 설명한다. 두 번째로는 사용자에게 정보 제공으로 얻을 수 있는 이점을 알려준다.

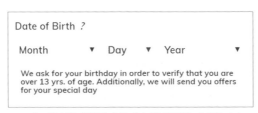

13세 이상임을 확인하기 위해서 생년월일을 요청합니다.
참고로 특별한 날을 위한 제안을 보내 드립니다.

이미지 출처: www.claires.com

아메리칸 이글은 무엇 때문에 전화번호가 필요한지 설명하면서 전화번호를 공유하지 않겠다고 약속한다. 또한 신용카드와 연계된 전화번호여야 한다는 것을 앞에서 명시함으로써 발생 가능한 오류를 예방한다.

신용 카드 명세서의 전화번호와 일치해야 합니다.
걱정 마세요... 당신의 번호를 어느 누구와도 공유하지 않습니다.
결제 문제가 생길 경우를 위해서 필요합니다.

이미지 출처: www.ae.com

렌터카 업체가 사용자의 나이를 묻는 이유는 분명하지만, **유롭카**^{Europcar}는 사용자가
처음 그 일을 접할 경우를 대비해 충분한 설명을 해준다.

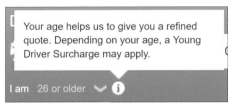

나이를 알려주시면 잘 다듬어진 견적을 드리는 데 도움이 됩니다.
나이에 따라 젊은 운전자 할증이 적용될 수 있습니다.
이미지 출처: www.europcar.com

핀터레스트는 사용자에게 성별을 묻는 이유를 설명한다. 또한, 커스터마이징된 성별
입력 필드를 제안한다.

정체성을 알려주세요.
다음 몇 가지 질문에 답해 주시면 당신에게 알맞은 아이디어를 찾는 데
도움이 될 것입니다.
직접 성별을 입력해 주세요.
이미지 출처: www.pinterest.com

비메오는 사용자의 성별이 아닌 대명사를 묻는다. 그리고 즉시 묻는 이유를 설명한다.

Pronouns
Help us call you by the proper pronouns.
○ She/her   ○ He/him   ○ They/them   ○ Rather not say

대명사
당신을 적절한 대명사로 부를 수 있도록 도와주세요.
이미지 출처: www.vimeo.com

우려사항 #3: 소셜 미디어 계정으로 회원 가입하기

회원 가입 프로세스에 관해 살펴봤던 4장에서 언급했듯이, 소셜 미디어를 통한 등록은 광범위하게 사용되지만 여전히 우려를 자아낸다. 따라서 사용자에게 다음과 같이 약속하는 것이 중요하다.

  a. 사용자명으로 게시물을 포스팅하지 않겠다.
  b. 사용자 정보를 다른 사람들과 공유하지 않겠다.

사례

4장에 있는 예시를 몇 가지 더 살펴보라. 대부분의 경우 첫 번째 우려에 대한 참고자료만 있을 뿐이지만 실수일 수 있다. 두 번째 우려 역시 매우 중요하기 때문이다.

신선한 식사를 배달해주는 서비스인 **먼처리**는 놀라는 일이 없을 거라고 약속한다.

자동 포스팅은 없습니다. 언제나.
이미지 출처: www.munchery.com

신중한 웹사이트일 경우 이 약속은 두 배로 중요해진다. 데이트 플랫폼인 **이하모니** eHarmony의 사례에서 볼 수 있다.

절대, 어떤 것도 포스팅하지 않을 겁니다.
이미지 출처: www.eharmony.com

스위치Switch는 이력서 업로드를 위해 링크드인LinkedIn 계정을 사용하는 구직 앱이다.

링크드인 이력서 불러오기
당신 대신 포스팅하지 않습니다.
이미지 출처: Switch 앱

우려사항 #4: 안심결제

온라인 구매는 가장 걱정되는 프로세스 중 하나로 여겨진다. 주요 관심사는 당연히 신용카드 정보의 안전성에 있다. 이 문제를 해결하고 사용자를 장바구니에서 결제로 진행하게 하기 위해서는 결제 버튼을 클릭하기 직전에 이런 우려를 없애는 것이 가치 있는 일이다. 물론 결제 폼 자체에서도 그렇다.

사례

에어비앤비는 보안에 대해 안심하게 만드는 툴팁을 필요한 곳에 정확히 배치한다. 바로 신용카드 번호 필드 안이다.

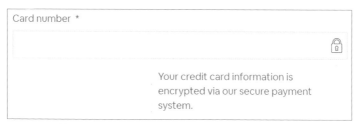

신용카드 정보는 당사의 보안 결제 시스템을 거쳐 암호화됩니다.
이미지 출처: www.airbnb.com

유롭카는 고객이 보안상의 이유로 차량 픽업 시에 결제하는 것을 선호할 수 있다고 가정한다. 그래서 다음과 같이 명시적으로 말한다.

픽업 시 결제하세요.
이 사이트는 보안 서버에 있으며 모든 상세정보는 암호화됩니다.
이미지 출처: www.europcar.com

결제 폼 상단에서 **메이시스**Macy's는 다음과 같이 말한다.

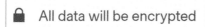

보안 결제

이미지 출처: www.macys.com

H&M은 결제 폼에 다음과 같이 쓴다.

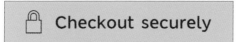

모든 데이터는 암호화됩니다.

이미지 출처: www.hm.com

다음은 **막스앤스펜서**Marks and Spencer의 쇼핑카트 안에 있는 버튼이다. 사용자는 계속해서 상품을 구매할지 말지, 버튼을 누를지 말지 갈등하는 바로 그 시점에 자신의 주요 우려사항에 대해 "네, 결제는 안전합니다."라는 응답을 받는다.

⌂ Checkout securely

안전하게 결제하기

이미지 출처: www.marksandspencer.com

그리고 이것은 패션 샵 **록시**Roxy의 쇼핑 카트에 있는 버튼이다.

SECURE CHECKOUT

보안 결제

이미지 출처: www.roxy.com

TIP 25 배송비는 누가 내는가?

온라인 구매 시 또 다른 공통 관심사는 배송에 관련된 것이다. 배송비는 누가 내는가? 그 비용은 얼마인가? 제품이 기대에 미치지 못하면 어떻게 반품하며 그로 인한 배송비는 누가 부담하는가? 이 모든 질문에 대한 답은 프로세스를 시작할 때 명확하게 제시해 사용자의 의심과 망설임을 피하라.

우려사항 #5: 무료 체험판

무료 체험 기간에 가입할 때 사용자가 가장 우려하는 점은 체험 기간이 끝나면 바로 요금이 부과되리라는 것이다. 이에 대한 해결책은, 언제나처럼, 이 우려에 분명하게 반박하는 것이다.

회원 가입 프로세스가 시작될 때, 사용자에게 신용카드 상세 정보가 필요 없다는 것, 즉 비용을 청구할 수 없음을 약속하라.

만약 신용카드 상세 정보가 필요하다면 사용자의 명시적인 허락 없이는 어떤 결제 방법으로도 비용을 청구하지 않을 것을 약속하라.

사례

팝틴^{Poptin}은 팝업 제작 플랫폼이다. **스포티파이**는... 음, 알고 있지 않나.

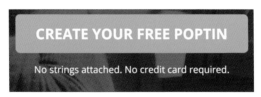

무료로 팝틴 만들기
아무 조건 없음. 신용카드 필요 없음.
이미지 출처: www.poptin.com

수백만 곡의 노래. 신용카드 필요 없음.
스포티파이 무료로 받기
이미지 출처: www.spotify.com

구글 클라우드 플랫폼^{Google Cloud Platform}은 신용카드 상세정보를 요청하지만, 다음과 같이 약속한다.

No autocharge after free trial ends

We ask you for your credit card to make sure you are not a robot. You won't be charged unless you manually upgrade to a paid account.

무료 체험이 끝난 후에도 자동 결제되지 않아요.
로봇이 아니라는 것을 확인하기 위해서 신용카드를 요청합니다.
유료 계정으로 직접 업그레이드하지 않으면 요금이 청구되지 않습니다.
이미지 출처: cloud.google.com

우려사항 #6: 환경설정 및 시스템 구성

사용자는 프로세스를 시작할 때 대개 그 과정이 빨리 끝날 것으로 예상한다. 프로세스가 사용자에게 진지한 생각을 요구하면 사용자는 나중에 시간이 날 때 하는 것으로 미룰 수도 있다. 이를 방지하려면 사용자에게 나중에 그들이 원할 때는 언제든 이런 설정을 변경할 수 있다는 것을 명확하게 설명해야 한다. 이렇게 하면 사용자는 일생의 결심처럼 느끼지 않게 되고, 향후 결과에 대한 걱정 없이 환경설정을 빠르게 진행할 수 있다.

사례

새로운 온라인 강의를 만들 때 어떤 제목을 사용할지에 대한 딜레마는 마지막 순간까지 계속될 수 있다. 그리고 **유데미**는 이를 알고 있다. 그러나 그들은 사용자가 프로세스를 지연시키는 것을 원하지 않기 때문에 임시 제목을 입력하고 걱정하는 사용자에게 명확하게 정하도록 한다.

How about a working title?

It's ok if you can't think of a good title now. You can change it later.

e.g. Learn Photoshop CS6 from Scratch   60

작업 제목은 어떤가요?
지금 좋은 제목이 생각나지 않아도 괜찮습니다. 나중에 변경할 수 있습니다.
예: 기초부터 배우는 포토샵 CS6
이미지 출처: www.udemy.com

텀블러는 사용자명을 선택하는 것이 어렵다는 이유만으로 회원 가입을 미루는 것을 정말 원하지 않는다. 그들이 내놓은 해결책은 재미있는 이름을 많이 제공하고, 원하면 언제든지 쉽게 이름을 바꿀 수 있다고 약속하는 것이다.

추천해 드릴까요?
(언제든지 나중에 바꿀 수 있습니다.)
사용 가능한 사용자명
이미지 출처: www.tumblr.com

질문지 작성 툴인 **타입폼**은 개인화된 템플릿을 제공하지만, 시간이 지남에 따라 니즈가 바뀔 것이라는 것을 알기 때문에 다음과 같이 말한다.

> ## For personalized templates, tell us what you do.
> You can come back and change this later.

개인화된 템플릿의 경우 어떤 작업을 하는지 말해 주세요.
나중에 다시 와서 바꾸실 수 있습니다.
이미지 출처: www.typeform.com

프로세스에 사용자의 추가 작업이 필요한 단계가 포함된 경우(예: 사진 업로드, 추가 기능 설치, 자기소개서 작성 등), 그 단계가 선택이든 필수이든 간에 사용자는 자신의 성향에 따라 다음 단계를 진행하기 위해 해당 단계를 건너뛸 수 있다.

그러므로, 사용자에게 추가적인 노력을 들이는 것이 좋은 이유와 혜택을 얻는 방법에 대해 간단히 적어 둬라. 당신의 사이트에 온 처음 목적을 상기시키고, 그 목적을 달성하는 데 추가적인 노력이 어떻게 도움이 되는지 알려라.

예를 들어, **페이스북**은 사용자가 방금 작성한 프로필에 사진을 업로드하도록 격려할 때, 친구들과 쉽게 연결될 수 있다는 말을 하는데, 이것이 바로 사람들이 페이스북에 오는 이유다.

Your profile picture

Choose a recent photo of yourself. This helps people to see that they're getting in touch with the right person.

Learn more   Skip   **OK**

프로필 사진
최근 사진을 고르세요. 친구들이 찾고 있는 사람이
바로 회원님임을 알아볼 수 있게 도와줍니다.
이미지 출처: www.facebook.com

우려사항 #7: 다운로드 또는 설치

사용자가 다운로드 및 설치를 할 때 가장 우려하는 것은 원하는 제품 외에도 바이러스, 스파이웨어, 툴바, 그리고 기타 기생충 같은 매우 불쾌한 제품들도 설치된다는 것이다. 그러므로 프로세스에 제품 다운로드가 포함돼 있다면, 해당 제품에는 바이러스가 없고 다른 것들이 함께 설치되지 않는다는 것을 보증하라.

사례

다운로드닷컴^{Download.com}에서는 다음과 같은 방식으로 말한다.

다운로드닷컴이 이 파일을 호스팅하고 바이러스와 스파이웨어가
없음을 확인하기 위해 스캔을 완료했습니다.

이미지 출처: www.download.com

라운즈는 크롬 애드온^{add-on}을 다운로드 하기 전에 심플하게 다음과 같이 말한다.

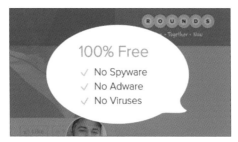

100% 무료
스파이웨어 없음
애드웨어 없음
바이러스 없음

이미지 출처: www.rounds.com

17장

에러 및
기타 장애물 방지

이 장의 주요 내용

- 마이크로카피의 도움으로 쉽게 피해갈 수 있는 다섯 가지 장애물

제 때의 바늘 한 땀이 나중의 아홉 땀을 덜어준다

7장에서는 사용자가 프로세스를 신속하게 진행하고 짜증스러운 경험을 조금이라도 개선할 수 있도록 에러 메시지를 작성하는 방법에 대해 논의했다. 그러나 에러는 애초에 생기지 않게 하는 것이 더 좋다. 이번 장에서는 사용자가 에러를 접하게 되거나 좌절할 수 있는 취약 포인트를 짚어 보고자 한다. 당신은 프로세스 설계자로서 전체 그림을 보면서 시스템이 어떤 값을 수용할 수 있고 어떤 값에서 에러를 일으킬지 알고 있다. 당신만이 프로세스의 다음 페이지나 다음 단계에서 어떤 일이 발생할지 알고 있다. 따라서 사용자에게 무엇이 필요한지 알리고 그들이 함정에 빠지지 않도록 방지할 책임이 있는 사람은 바로 당신이다.

당신이 해야 할 일은 폼과 프로세스를 점검하면서 (곧 살펴볼) 취약 포인트를 확인하고 의심되는 부분에 몇 마디를 추가하는 것이다.

장애물 #1: 필수 입력 필드

사용자는 "이 필드는 필수적입니다"라는 가장 불필요한 오류 메시지를 볼 필요가 없어야 한다. 필드가 필수적이라는 사실은 명확하고 명시적이며 분명해야 한다. 하지만 위협적으로 느껴져선 안 된다.

별표를 사용하면 그것이 가능하다. 아래 스크린샷에서 보이는 것처럼 모든 필드가 다 필수적인 경우에도 가능하다.

일부 연구가 보여주듯이, 사용자가 별표 때문에 흥미를 잃는다는 것을 알게 된다면 폼의 맨 위에 모든 필드가 필수라는 것을 명시할 수 있다. 그리고 그렇지 않은 필드 옆에만 "선택사항"이라고 적어둘 수 있다. 그리고 나서 선택사항으로 남겨둔 필드가 모두 필요한지 스스로 물어보라. 당신이 요구하는 정보가 적을수록 사용자가 폼을 완성할 가능성이 커진다.

무엇을 하든 모호함을 전부 제거해서 사용자가 당신이 만든 룰에 대해 스스로 결론을 내릴 필요가 없게 하라. 그 점을 아주 명확하게 하라.

사례

머스킷티어^{Musketeer}는 응급 상황 시 시민들이 서로 협력할 수 있도록 하는 앱인데, 회원 가입 폼이 얼마나 심플하고 명확한지 보라. 별표가 필수 입력 필드임을 설명하는 글이 없어도 아주 명백하다.

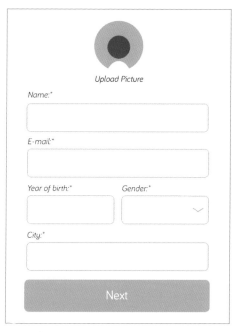

이미지 출처: Musketeer 앱

월마트는 별표와 "선택사항"을 조합함으로써 이런 구분을 매우 명확하게 한다.

First name*		Street address*
Last name*		Apt, suite, etc (optional)
Phone number* (Ex: (202) 555 - 0115)		City*
		San Bruno
Email address for order notification*		State* / ZIP Code*
		California ▼ / 94066

이미지 출처: www.walmart.com

막스앤스펜서의 입력 폼은 필수 입력 필드를 다루는 또 다른 방식을 보여 준다. 버튼에 마우스를 가져가면 (클릭하기 전에도) 사용자가 놓친 필수 입력 필드에 대한 지침이 툴팁에 표시되므로 에러 메시지를 방지한다.

색상과 사이즈를 선택해 주세요.
이미지 출처: www.marksandspencer.com

장애물 #2: 기호 또는 특수 포맷

특수 기호(예: 대시(-), 슬래시(/), 문자와 숫자의 조합 등)를 포함한 값을 입력해야 하거나 이런 값을 입력하는 포맷이 여러 가지일 때(예: 날짜, 전화번호 등), 사용자는 기호를 입력해야 하는지 또는 어떤 포맷이 허용되는지를 자신에게 묻게 된다. 물론 문제를 인식하지 못해 질문조차 하지 않는 사용자도 있으며, 어쩌면 대다수의 사용자가 그럴 것이다. 사용자는 자기가 맞는다고 생각하는 대로 입력한다.

이상적으로는 시스템이 포맷에 구애받지 않고 사용자가 무엇을 입력하든 받아들일 수 있어야 하지만, 이런 시스템을 만드는 데 성공했다면 당신은 아무것도 쓸 필요가 없다.

그러나 시스템이 특정 포맷값만 허용한다면 에러를 막기 위해 입력을 시작하기 전에 사용자에게 이를 알려야 한다.

사례

다음 사례는 사용자의 생활이 더 편할 수 있도록 인터페이스에서 그 해법을 찾았다.

디아이들맨The Idle Man은 날짜를 컴포넌트 필드로 나눠서 사용자가 마침표나 슬래시에 대해 생각할 필요가 없게 한다. 그런 다음 날짜와 월은 두 자리 숫자로, 년은 네 자리 숫자로 각각의 필드 아래에 정확한 포맷을 써뒀다.

이미지 출처: www.theidleman.com

은행 계좌를 **페이팔** 계정에 연결할 때 필드에 초점이 맞춰지면 필드 아래에 포맷에 대한 지침이 자동으로 표시돼 사용자가 정확한 상세 정보를 입력할 수 있도록 한다.

은행 코드
여백 없이 두 자리 숫자

계좌번호
4~9자리 숫자
도움이 필요하면 거래 은행에 문의하세요.
이미지 출처: www.paypal.com

신용카드를 연결할 때, 포맷에 대한 지침이 플레이스홀더로 표시된다.
다음은 사용자 액션 이전의 필드이다.

> Expiration date

그리고 이것은 사용자가 필드 안을 클릭한 후의 필드이다.

> Expiration date
> mm/yy

이미지 출처: www.paypal.com

장애물 #3: 크기, 범위 또는 길이 제한

특정 범위의 숫자나 시간, 제한된 문자 수, 업로드할 수 있는 파일 형식 또는 크기 제한 등, 제한된 값만 받아들이는 입력 필드가 있다면 허용되지 않는 값을 입력하지 못하게 하는 방법을 UX로 풀어낼 수 있는지 체크하라. 예를 들면, 달력의 음영 처리된 날짜, 최대 허용 문자 수에 도달한 경우 입력 옵션 끄기 등이 있다.

어쨌든 사용자가 피할 수 있는 에러에 맞닥뜨리지 않고 옵션을 사용할 수 없는 이유를 이해할 수 있도록 제한 내용을 명시적으로 적어라. 입력 필드라면 필드 안에 플레이스홀더로 제한 내용을 쓰지 마라. 사용자가 타이핑을 시작하면 플레이스홀더가 사라져 필요한 경우 다시 확인할 수 없다(10장 참조).

사례

오케이큐피드는 파일의 최소 크기와 몇 가지 중요한 지침을 제공한다.

> Photos need to be larger than 400 x 400px and you need
> to be in the photo. Also, no naughty bits!

사진은 400×400픽셀보다 커야 하며, 사진 안에는 당신이 있어야 합니다.
과한 노출도 피해 주세요!
이미지 출처: www.okcupid.com

푸드과커Foodgawker는 사진으로 된 레시피 사이트다. 플레이스홀더로 제한 내용을 알리지만, 각 입력 필드 바깥에 사용자가 얼마나 많은 문자를 썼는지 나타내는 카운트다운 숫자도 있어 언제나 진행 상태를 알 수 있다.

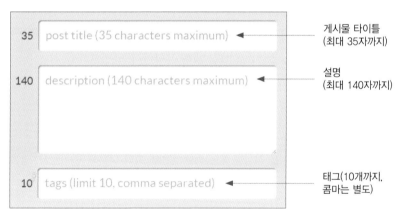

이미지 출처: www.foodgawker.com

장애물 #4: 비밀번호

여기서도 역시, (특별한 보안 요구 사항이 없는 한) 사용자가 주로 사용하는 비밀번호나 기억하기 쉬운 것 중 하나로 쓸 수 있도록 사용자를 제한하지 않는 것이 가장 좋다. 이 경우에 해당된다면 당연히 별다른 지침이 필요 없다. 비밀번호의 길이 제한(4~60자 사이)과 같이 매우 넓은 범위의 제한이 있겠지만 대부분 비밀번호는 이 기준에 부합될 것이므로 아무것도 쓸 필요가 없다.

그러나 비밀번호를 구성하는 방법에 제약이 있다면 입력 필드 옆(혹은 위, 스크린 리더 사용자인 경우 레이블 옆) 또는 레이블 옆의 느낌표 아이콘이나 사용자가 입력 필드에 포커스를 가져갔을 때 표시되는 툴팁 안에 지침을 써라.

사용자가 비밀번호 입력을 마치는 즉시, 사용할 수 있다는 표시를 제공하는 것이 좋다. 아니면 사용자가 어긴 제한 사항마다 체크 표시를 하는 것이 더 나은 방법이다. 어떤 경우든 입력 필드에 제한 내용을 쓰지 않는 것이 좋다. 사용자가 타이핑을 시작하자마자 제한 내용은 사라져 단기 기억력을 시험하게 되기 때문이다.

비밀번호용 마이크로카피를 작성할 때는 처한 상황에 따라 다음에 제시된 사항들을 해결하라.

- 문자 수의 제한(최솟값, 범위 또는 정확한 숫자)
- 비밀번호에 반드시 포함되는 문자 유형(예: 하나 이상의 대문자)
- 비밀번호에 포함할 수 없는 문자(예: ?, -, " 와 같은 기호). "문자와 숫자만 사용하세요."와 같이 긍정적으로 작성한다.
- 대소문자 구분

사례

아메리칸 이글에는 두 가지의 매우 명확한 제약사항이 있다. 보다시피 '비밀번호가 반드시 포함돼야 합니다…"와 같은 전체 문장을 작성할 필요가 없다. 오히려 사용자가 순식간에 제약사항을 훑어보고 이해하는 식으로 짧고 요점만 말하는 것이어야 한다.

이미지 출처: www.ae.com

유니클로 또한 필드 아래에 자신의 한계를 명확하게 쓴다(글 머리 기호 목록으로 표시되면 찾기 더 쉬울 텐데. 그렇지 않은가?).

8–20자 사이여야 하며 최소한 숫자 1개와 대문자 1개를 포함해야 합니다.

이미지 출처: www.uniqlo.com

예스YES는 이스라엘 위성 TV 제공업체로, 비밀번호 규칙을 툴팁으로 보여준다. 이 규칙은 사용자가 입력 필드에 커서를 놓고 있는 내내 표시된다. 규칙 중 하나가 충족되는 즉시 체크 표시가 나타난다. 뛰어나다!

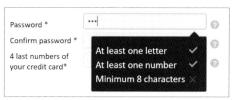

최소 한 개의 문자 √
최소 한 개의 숫자 √
최소 8글자 이상 ×
이미지 출처: www.yes.co.il(히브리어를 영어로 번역)

장애물 #5: 실생활에서의 문제

사용자 경험은 사용자가 디지털 제품을 떠난다고 해서 끝나지 않는다. 오히려 고객이 브랜드와 접촉하는 모든 곳에서 계속된다. 온라인 프로세스가 증명서 발급, 문서 인쇄 또는 물품 수령과 같이 나중에 실생활에서 이뤄지는 현실적인 프로세스와 연결된 경우, 프로세스의 각 단계를 찬찬히 들여다보며 지금 당장 지적할 수 있고 예방할 수 있는 문제가 있는지 확인하라.

잠재적인 문제가 당신의 소관 밖일지라도 사용자에게 이를 알려 주면 서비스에 대한 실망감은 줄고 그들의 입장에서 모든 것을 헤아려 준다는 느낌을 준다. 심지어 당신에게 감사할지도 모른다(또는 적어도 고맙게 느낄 것이다).

사례

벨앤수 패션 스토어의 상품 배송은 정규 근무 시간에만 이뤄진다. 하지만 대부분 고객도 그 시간에는 직장에 있다. 벨앤수는 이를 참작해 고객이 주문을 시작하자마자 다음과 같은 창의적인 해법을 제안한다.

> 2 Shipping options
>
> ◯ In-store pick-up
> ◯ Certified mail
> ◯ Delivery
> Your order will be delivered between
> 09:00 – 17:00, on workdays, so if you
> like, you can provide your office
> address.

수령 방법
- 매장 픽업
- 등기 우편
- 택배

주문하신 물품은 주중 오전 9시부터 오후 5시 사이에 배송되므로
원하신다면 배송지를 직장으로 지정하실 수 있습니다.

이미지 출처: www.belleandsue.co.il(히브리어를 영어로 번역)

QR 코드 제너레이터^{QR Code Generator}라는 사이트에서는 사용자가 자신의 QR 코드에 여백을 넣을지를 결정한다. 하지만 사이트 제작자는 한발 앞선 생각을 했다. 사용자가 여백을 제거하기로 할 경우, 여백 없는 QR 코드는 밝은 배경에 인쇄해야 스캔할 수 있다는 추가 정보를 제공한다. 이 인쇄에 대한 도움말은 고객이 사이트를 떠난 후에 QR 코드를 어떻게 사용할지를 숙고한 결과이다.

QR Code readers require a white margin to detect QR Codes. So make sure to print it on a light background instead.

QR코드 리더기가 QR 코드를 인식하려면 여백이 흰색이어야만 합니다.
따라서 QR 코드를 여백 대신 밝은 배경에 인쇄해야 합니다.
이미지 출처: www.the-qrcode-generator.com(Visualead 제공)

마말레이드 마켓^{Marmalade Market}은 이스라엘의 엣시^{Etsy}라 불리는 회사로, 다양한 종류의 제품을 제공한다. 대부분 제품은 세상에 하나밖에 없거나 수작업으로 생산되는 것이며, 혼란을 가져올 수 있는 수많은 기능이 있다. 마말레이드는 고객과 영업 사원 사이에 발생할 수 있는 불만과 오해를 방지하기 위해 고객이 상점 주인에게 자세한 메시지를 남길 것을 제안한다. 플레이스홀더를 이용해서 꼭 지적해야 하는 세부 사항에 대한 예시를 제공한다.

Add a note to the shop owner (optional)

It is recommended to provide as many details as possible about your order, including your size or measurements, specific colors, when you are able to accept the delivery, and so on.

상점 주인에게 메시지를 남겨 주세요(선택 사항)
사이즈, 치수, 특정 색상, 제품 수령 시간 등, 최대한 자세한 주문 내용을 기재해 주시기 바랍니다.
이미지 출처: market.marmelada.co.il (디자인: Say Digital), 히브리어를 영어로 번역)

텔아비브^{Tel Aviv}에 있는 **페킨 자할라**^{Pekin Zahala} 레스토랑은 고수 잎을 싫어하고 땅콩 알레르기가 있는 사람이 많아서 배달 서비스 시 이 두 가지 재료가 문제를 일으킬 수 있음을 알고 있다. 과거에 레스토랑에서 배달된 음식에 이런 재료가 들어 있다며 화를 내는 고객을 경험했을 것으로 생각한다(메뉴에 명확하게 언급돼 있음에도 불구하고). 그래서 최근에는 온라인 배달 주문 시, 고수 잎 또는 땅콩이 포함된 메뉴는 특별한 경고 문구를 붉은색으로 표시한다.

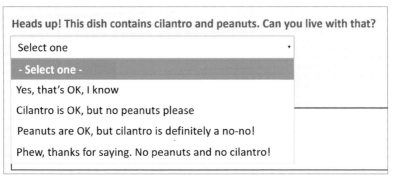

주의하세요! 이 메뉴는 고수 잎과 땅콩이 들어 있습니다. 이걸 드셔도 괜찮으신가요?
– 알고 있다. 모두 괜찮다.
– 고수 잎은 괜찮지만, 땅콩은 아니다.
– 땅콩은 괜찮지만, 고수 잎은 절대, 절대 아니다!
– 헉, 말해줘서 고맙다. 땅콩, 고수 잎 모두 아니다!
이미지 출처: www.pekin.co.il (히브리어를 영어로 번역)

이것은 실망과 나쁜 서비스를 받는 느낌을 방지하는 프로세스에 대해 종합적으로 사고한 훌륭한 예시다. 문제를 재미있게 만들고 모든 고객에게 좋은 경험을 제공하는 탁월한 표현은 말할 것도 없다.

18장

마이크로카피와 접근성

이 장은 UX 디자이너이자 AUX(Audio UX) 전문가인 오뗌 빈하임[Rotem Binheim]과 함께 작성했다.

이 장의 주요 내용

- 접근성 있는 마이크로카피 작성을 위한 7가지 가이드라인

모두를 위한 마이크로카피

사용자에게 효과적이고 좋은 경험을 제공하는 것과 사용자를 좌절하게 만드는 것은 종이 한 장 차이다. 그리고 그 차이는 단 한 개의 단어 혹은 필요한 곳에 바로 주어지는 힌트에서 올 수도 있다. **접근성 있는 마이크로카피와 스크린을 볼 수 없거나 스크린을 보는 데 불편을 겪는 사람들의 경우에는 두 배로 더 그렇다.**

다행인 것은 이런 사용자에게 서비스를 할 때 참고할 수 있는 간단한 7개의 가이드라인이 있다는 것이다. 물론 이 가이드라인은 마이크로카피 라이터를 위한 것이다. 그렇지만 대부분의 마이크로카피 라이터는 실제로 쓴 것을 구현할 책임이 없는 사람들이기 때문에 **프로덕트 매니저, UX 디자이너, 비주얼 디자이너 그리고 개발자**들이 이런 원칙을 잘 아는 것도 중요하다.

마이크로카피는 스크린 리더 상에서 어떻게 들릴까

시각 장애가 있는 사람들은 웹사이트를 탐색하거나 앱을 사용하기 위해 **스크린 리더**를 자주 이용한다. 스크린 리더를 이용한 탐색은 마우스가 아닌 키보드로 하는 것이다(사용자가 스크린 위의 커서를 볼 수 없기 때문이다). 탭 또는 화살표 키를 누를 때마다 스크린 리더는 **위에서 아래로 그리고 왼쪽에서 오른쪽으로** 또는 개발 시 정해진 계층 구조에 따라서 다음에 나오는 요소를 읽어준다. 스크린 리더는 포커스되는 모든 화면 요소를 사용자가 들을 수 있게 읽어주며 필요한 경우 그 요소가 링크인지 혹은 버튼이나 이미지인지 식별해 준다.

결과적으로, 스크린 리더를 사용하는 사람들은 스크린 전체를 지각할 수 없으며 심지어는 화면 요소들이 근접해 있는 경우 일부를 지각할 수 없다. 대신 각 요소를 개별적으로 알 수 있다.

어떻게 하면 마이크로카피가 스크린 리더와 호환되게 할 수 있을까? 본격적으로 들어가 보자.

1. 위에서 아래로, 왼쪽에서 오른쪽으로 생각하라

언급했던 대로 웹사이트를 탐색하기 위해서 키보드를 사용하면 위에서 아래로 그리고 왼쪽에서 오른쪽으로 나아가게 된다(그리고 돌아갈 때도. 오른쪽에서 왼쪽으로 쓰이는 언어에서도 역시 그 방향일 것이다). 따라서 사용자가 태스크를 완료하는 것을 돕거나 에러를 방지하기 위해서 마이크로카피를 끼워 넣을 때는 **사용자 액션이 발생하기 전에** 마이크로카피를 배치하는 것이 매우 중요하다.

예를 들어 아래 폼에서 사용자는 필드의 레이블인 "비밀번호Password"를 먼저 듣고 다음 탭Tab에서 비밀번호를 입력하게 될 것이다. 그러나 사용자가 비밀번호를 만들 때, 스크린 리더는 필드 아래에 있는 가이드라인(6자 이상이어야 하며 최소한 1개의 숫자가 포함돼야 합니다.)까지는 도달하지 못했기 때문에 가이드라인이 그곳에 쓰여 있다는 생각을 전혀 하지 못한다. 그래서 사용자는 비밀번호를 고르고 난 후에야 추가 설명이 있다는 것을 알게 된다. 그런 후에 되돌아가 요구사항에 맞는 비밀번호를 정하게 된다.

비밀번호
6자 이상이어야 하며 최소한 1개의 숫자가 포함돼야 합니다.

다음의 예시에서 스크린 리더 사용자는 오른쪽에 추가 정보가 있다는 것을 모른 채 드롭다운 메뉴에 도달하게 된다. 사용자는 다른 사람들과 마찬가지로 왜 생년월일을 요청하는지 이유가 궁금하겠지만 입력 필드 다음에 있는 툴팁에 그 이유가 있다는 것은 알지 못할 것이다. 사용자는 개인정보를 왜 넘겨줘야 하는지 이유를 모르기 때문에 이 질문을 그냥 넘겨 버리거나 심지어 태스크를 포기해 버릴 수도 있다.

이에 대한 해결책은 해당 설명을 레이블의 바로 뒤 혹은 입력 필드의 앞에 두는 것이다.

접근성을 고려해서 요소를 배치해 본다면 다음과 같다 : 레이블 〉 도움말 〉 UI 컨트롤

여기 **페이스북**의 해결방법을 보자.

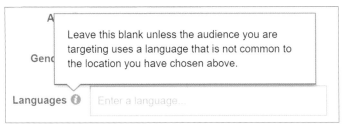

타깃 고객이 선택한 지역에서 통용되지 않는 언어를 고르지 않는 한 이 항목을 비워 두세요.
이미지 출처: www.facebook.com

그리고 **월마트**의 해결방법도 살펴보자.

이미지 출처: www.walmart.com

개발자를 위한 메모: 키보드로 포커스를 이동하는 경우 접근 가능한 올바른 순서로 설정하기만 하면 요소는 어떤 순서로든 화면에 나타날 수 있다. 그러나 키보드 전용 사용자나 인지기능 장애를 가진 사람들에게는 포커스 인디케이터가 화면 위를 예상 밖의 방식으로 뛰어다니게 만드는 것이 불쾌하고 거슬리는 경험이 될 수 있다. 이상적으로는 콘텐츠 항목이 문서 순서에 맞도록 시각적으로 정렬되는 것이고 그 반대의 경우도 마찬가지다 (중요한 내용을 알려 준 스코트 빈클Scott Vinkle에게 감사한다).

동일한 이유로 어떤 마이크로카피든 확인 버튼 아래에 두지 않는 것이 중요하다. 시각 장애가 있는 한 동료가 확인 버튼을 5번이나 클릭했지만 아무 일도 일어나지 않아서 온라인 쇼핑에 실패했다고 말한 적이 있다. 그녀는 쇼핑에 실패한 후 확인 버튼 아래에 필수 필드임을 알려주는 에러 메시지와 함께 "조건을 수락함"이라는 체크 박스가 있다는 것을 알게 됐다. 물론 그녀는 그것을 볼 수 없었고 포커스가 그곳에 자동으로 옮겨 가지도 않았다. 그래서 그녀는 주문하는 데 시간과 노력을 모두 투자한 후 결국 오프라인 매장으로 가야만 했다.

다음 폼에서 스크린 리더 사용자는 비밀번호 재설정 버튼을 누를 때 아래에 캡차(자동 로그인 방지 시스템)가 있는지 어떻게 알 수 있을까? 그리고 더 운 나쁘게도 비밀번호를 잊었을 때, 에러 메시지의 위치와 표현이 도움이 될까? 에러 메시지를 들을 수만 있고 **그 아래에 캡차가 있다는 것을** 여전히 **모르는** 사용자는 무엇이 문제인지 그리고 그 문제를 어떻게 해결할 수 있는지 이해할까?

인간만이 이 폼을 제출할 수 있습니다.
이메일
비밀번호 재설정 또는 로그인
로봇이 아닙니다

요약

사용자 액션을 완료하기 위해 필요한 모든 정보는 그 액션에 앞서 사용자에게 주어져야 한다. UI 컨트롤의 레이블 위쪽이나 바로 오른쪽이다. 에러가 발생 가능한 경우에는 포커스 이동이 정확한지 개발 단계에서 확인하라. 그래서 어떤 사용자도 올바른 태스크 경로를 유지하는 데 도움을 주는 마이크로카피를 놓치는 일이 없도록 하라.

2. 위트 있게, 그러나 기본적인 메시지는 훼손되지 않게

사람들은 그들이 지금 어디에 있고 다음에 어떤 일이 생길지 글로 읽어주기만 해도 이해할까? 다음 이미지는 수영 학원 웹사이트의 로딩 시간 측정기이다.

곧 다이빙 예정…

재치 있는 마이크로카피(Diving in soon, 곧 다이빙 예정)가 포함돼 있지만 말을 듣기만 하고 전체 화면을 보지 못할 사용자에게 사이트가 로딩되기를 기다려야 한다는 것은 전혀 명확하지 않다.

간단한 수정으로 이 문제를 해결할 수 있다. 이렇게 명확히 말하는 것이다. **The site is loading; we'll be diving in soon(사이트를 로딩 중입니다. 우린 곧 다이빙할 거예요).**

사용자가 빈 페이지 또는 404 페이지에 도달할 때 이미지만으로 또는 재치 있는 단어를 사용해서 지금 어디에 있는지 설명하는 것은 되도록 피하라. 그리고 텍스트는 들을 수 있지만 이미지는 들을 수 없으므로, 사용자가 오해할 수 있는 이미지와 텍스트의 조합은 쓰지 않도록 하라.

알림
오, 너무 조용하네요.

화면을 볼 수 없는 사용자가 "Notifications, it's oh so quiet(알림, 오, 너무 조용하네요)"라는 말을 듣는 것만으로 과연 무엇을 이해할 수 있을까?

에러 페이지 또는 빈 페이지에 대해서는 다음과 같이 써라. "페이지를 찾을 수 없음" 또는 "결과가 없음" 또는 "장바구니에 상품이 없음" 또는 "새로운 알림이 없음". 그리고 앞으로 어떻게 진행하는지도 설명하라. 모든 사용자가 이 기능이 유용하다는 것을 알게 될 것이다(9장 참조).

회원 가입 또는 로그인 페이지에서 매력적인 머리글로 사용자를 환영하는 것은 언제나 그만한 가치가 있지만(4장 참조), 이 페이지가 무엇에 대한 것인지 얘기하는 것을 잊지 마라. 다음에 나오는 웨딩 플래닝 웹사이트의 회원 가입 페이지 예시를 보면 "Let's take our relationship to the next level(우리 사이를 한 단계 더 발전시켜 봅시다)"라는 헤드라인은 이상적인 보이스앤톤이기는 하지만 이 페이지가 회원 가입 페이지임을 말해주지는 못한다.

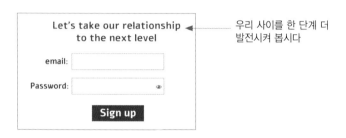

우리 사이를 한 단계 더
발전시켜 봅시다

스크린 리더 사용자는 이메일 필드에 도달하더라도 여전히 그 아래에 비밀번호 필드와 등록 버튼이 있다는 것을 모른다. 그래서 왜 이메일이 요구되는지 알지 못한다. 아마도 다음 단계는 뉴스레터 가입 정도라고 생각할 수도 있다. 물론, 사용자는 키보드로 탐색을 하면서 다음 클릭에서 비밀번호 필드를 발견하겠지만, "여기서 무엇을 하며 왜 이메일이 필요한가?"라고 사용자가 궁금해하면서 번거로움을 겪지 않도록 미리 방지할 수 있다.

이 페이지가 사용자를 만나기 위한 회원 가입 페이지라는 것도 알려주고 이메일을 등록해야 할 좋은 이유 몇 가지를 추가하는 것이 가장 좋은 방법이다. 일석이조인 것이다.

성공 메시지나 에러 메시지에서는 기본 메시지를 쓰는 것이 특히 중요하다. 눈을 감고 당신이 쓴 메시지를 큰 소리로 반복해서 읽어보라. 메시지로부터 어떤 것을 이해할 수 있는가? 메시지는 명확한가?

성공 메시지에서, 마이크로카피만 들을 수 있고 녹색의 V자나 미소 짓는 이 모티콘은 볼 수 없는 사용자라도 안심하고 확인하는 경험을 하면서 더불어 의도한 대로 액션에 성공했다는 것을 이해할 수 있는가?

에러 메시지에서, 마이크로카피만 들을 수 있는 사용자가 해당 필드에 빨간색 테두리가 생기거나 빨간색 느낌표가 추가된 것을 볼 수 없더라도 정확히 뭐가 잘못됐고 여기서 어떻게 하면 되는지 이해할 수 있는가?

3. 모든 아이콘과 이미지의 대체재인 마이크로카피

시각적 정보를 포함한 모든 이미지나 아이콘은 개발 시 미리 설정해둔 짧은 설명(Alt 텍스트)이 있어야 한다. 이 텍스트는 스크린 위에는 표시되지 않겠지만 키보드와 스크린 리더를 이용해서 탐색하는 사용자에게는 읽힌다. 이미지 로딩에 실패하면(예를 들어 네트워크 연결 문제로) Alt 텍스트가 볼 수 있는 사용자에게도 보이게 된다. 그래서 모든 사용자에게 도움을 준다.

모든 일러스트레이션에 설명이 필요한 것은 아니다. 이해를 돕지 않거나 경험을 쌓는 데 중요하지 않은 스톡포토stock photo라면 키보드로 탐색하는 사용자가 이 정보를 피하게 해주는 것이 사실상 낫다. 왜냐하면 정보가 넘쳐나기 때문이다.

이 사례에서는 TV 스크린에 나오는 장면을 묘사하거나 TV 그 자체를 설명할 필요가 없다. 왜냐하면, 관련된 설명이 오른쪽에 있기 때문이다.

이미지 출처: www.amazon.com

아이콘도 이미지다. 아이콘이 사용자 액션이나 기능을 나타내면서 레이블은 포함하지 않고 있다면 해당 아이콘을 선택할 때 어디로 연결되는지 알려주는 Alt 텍스트를 추가하라. 예를 들어 아이콘이 톱니바퀴라면 설정, 집이라면 홈페이지와 같이 추가하면 된다. Alt 텍스트를 추가하지 않는다면 스크린 리더는 개발자가 미리 정해놓은 설정값에 따라 이미지 또는 링크 또는 버튼이라고만 읽어줄 것이다. 그리고 그것을 볼 수 없는 사용자는 추가 액션이나 기능에 대해 모르게 될 것이다.

'i', '!' 또는 '?' 이미지로 표시되는 **상세 정보** 아이콘 또한 선택 시 어디로 연결되는지 설명해 주는 Alt 텍스트가 있어야 한다. 예를 들어 비밀번호 선택하기 또는 상세정보 보기와 같이 말이다. 이런 아주 작지만 중요한 아이콘에 Alt 텍스트가 빠진다면 볼 수 없는 사용자는 중요한 정보를 모르게 될 것이다.

주의사항 #1 Alt 텍스트는 재치 있는 표현이 중요 포인트가 아니다. 분명하고 명확해야 한다.

주의사항 #2 아주 핵심적인 정보인 경우 툴팁 보다는 늘 노출되게 하는 방식을 고려하라.

이모티콘에는 Alt 값이 미리 설정돼 있다. 마이크로카피에 이모티콘을 사용할 때 사용자가 무엇을 듣게 될지 알고 싶은가? 유튜브에서 몰리 버크^Molly Burke의 〈이모티콘이 어떻게 생겼죠?!^What do Emojis look like?!〉를 찾아보라.

4. 링크 및 버튼은 "더 보기"보다는 더 구체적으로

키보드로 탐색하면 스크린 영역 사이를 이동할 수 있다.

- 헤드라인만 골라서 탐색하기
- 링크와 버튼만 골라서 탐색하기

스크린 전체를 한눈에 볼 수 없는 사람들은 그런 식으로 해당 페이지에서 중요한 요소가 무엇인지 빠르게 알아챌 수 있다. 그런 다음 가장 관심을 끄는 것으로 바로 이동한다. 그렇다면 다음 화면에서 버튼들 사이를 이동할 때 무엇을 듣게 될까?

남자친구 졸업식에 입었던 옷 포스트 보기	성공 추구 중독 포스트 보기	완전 빠른 크리스마스 선물 가이드 포스트 보기

헤드라인이 링크가 아니기 때문에 이 포스트가 무엇에 대한 것인지 아무런 안내 없이 "View post(포스트 보기)"라는 말만 3번 반복해서 듣게 될 것이다. 아주 조금만 바꾸면 이 문제를 해결할 수 있다. 지나치게 재치 있을 필요는 없다. 예를 들면 각 화면의 "View post(포스트 보기)"를 My graduation outfit(나의 졸업 의상), How to stop chasing success(성공 중독에서 벗어나기), To the gift guide(선물 가이드로 가기)로 대체하면 된다.

링크나 버튼이 연결된 페이지에 대해 조금 더 상세한 정보를 주면 **모두에게 이롭다**. 스크린 리더를 사용하는 사람들은 이것이 관련된 것인지 여부를 판단할 수 있다. 그리고 모든 사람이 구체적이고 좋은 프롬프트가 계속 읽어주도록 할 수 있다.

5. 모든 마이크로카피는 이미지가 아닌 라이브 텍스트로

스크린 리더는 라이브 텍스트를 읽어줄 뿐이다. 그래서 버튼이 사실상 이미지이거나, 아이콘 아래의 레이블이 아이콘과 함께 하나의 이미지로 저장되거나, 또는 404페이지에 상황을 설명해주는 텍스트가 포함된 큰 이미지가 들어간다면 볼 수 없는 사용자는 이런 텍스트를 읽을 수가 없다.

아래의 **스포티파이** 아이콘 세트가 접근성을 갖추려면 마이크로카피가 라이브 텍스트로 표시되거나 적절한 Alt 텍스트와 한 쌍을 이뤄 표시돼야 한다.

홈　　　　　　검색　　　　　라이브러리

이미지 출처: Spotify app

6. 가독성: 고 대비의 늘 보이는 텍스트

늘 보이게 하라

문서 폼을 채운다거나 어떤 다른 액션과 관련된 모든 안내, 힌트, 메모 등은 언제나 이용 가능해야 한다. 즉, 항상 볼 수 있어야 하거나 툴팁으로 제공돼 언제 어느 지점에서나 바로 되돌아가서 읽을 수 있어야 한다.

필드가 포커스됨과 동시에 **사라져 버리는 플레이스홀더**는 볼 수 있는 사용자에게도 접근성이 떨어진다. 따라서 이런 폼은 이용할 수 없다.

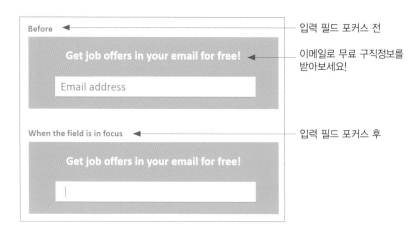

다음에 나오는 폼처럼 스크린 리더에서도 이용할 수 있도록 개발자가 **위치를 바꿔 둔 플레이스홀더**라면 시각 장애가 있는 사용자에게 있어서도 접근성

에 관한 한 합격이다. 그렇지만 플레이스홀더가 움직이기 때문에 인지기능 장애가 있는 사용자를 혼란스럽게 할 수 있다. 그래서 **공간이 넉넉하다면** 레이블은 필드의 바깥쪽에 두는 것이 좋다. 그렇게 하면 언제나 볼 수 있고 고정적이다. **공간이 부족하다면** 필드에 표시되는 것은 모두 포커스 상태에서도 반드시 이용할 수 있게 하라.

이미지 출처: www.wix.com

고 대비의 디자인

모든 마이크로카피는 시력장애나 난독증을 가진 사용자가 쉽게 보고 읽을 수 있도록 바탕색과의 대비가 높게 표시돼야 한다. 이렇게 하면 다른 사용자들 역시 훨씬 더 편하고 모든 사용자가 기본 정보를 더 쉽게 읽을 수 있다.

만약 플레이스홀더가 태스크 완성에 필요한 중요 정보를 포함하고 있다면 이 또한 고 대비 표준을 지켜야 하는데 너무 밝게 표시돼서는 안 된다. 플레이스홀더에 정보가 적절하게 포함돼 있지 않다면 왜 거기 있는 걸까? 플레이스홀더를 삭제하라. 차라리 그것이 모든 사용자에게 낫다(10장 참조). 다음 폼에 있는 플레이스홀더는 저 대비에 접근성이 떨어지고 레이블과도 중복된다. 따라서 개선하는 것보다는 삭제하는 것이 낫다.

First name

City

아래는 **테스코** 웹사이트를 위한 회원 가입 폼이다. 레이블은 항상 보이고 필드 바깥쪽에 있으며, 필드 안은 고 대비로 처리돼 있다. 바로 이거다.

이미지 출처: www.tesco.com

7. 단순함이 최고다

마이크로카피 라이터는 읽는 것을 바로 이해하는 사람들을 위해 글을 쓴다고 여기지만, 사실 모든 사람이 그런 것은 아니다. 많은 사용자가 축약어, 두문자어 또는 말장난을 꼭 이해하거나 이해하기 위한 인내심을 가지고 있지는 않을 것이다.

다음의 로그인 폼은 매우 멋지다. 그렇지만 접근성이 떨어진다. 모든 사람이 "magic word(매직 워드)"가 비밀번호라는 것을 이해한다고 하더라도 "I don't have a magic word yet(아직 매직 워드가 없습니다)."이 "I don't have an account(계정이 없습니다)."라는 것을 이해할까? 이것은 어떤 사용자에게도 도움이 되지 않는 지나친 재치이다. 저 대비의 하늘색 필드와 그 안의 플레이스홀더를 읽는 것이 얼마나 어려운지에도 주목하라.

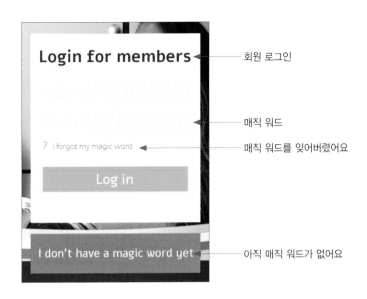

Login for members ← 회원 로그인

매직 워드

? I forgot my magic word ← 매직 워드를 잊어버렸어요

Log in

I don't have a magic word yet ← 아직 매직 워드가 없어요

개인적 당부

이 장에서 상세히 다룬 접근성의 원리를 알게 된 후, 나는 마이크로카피를 쓰면서 마주쳤던 큰 도전을 대부분 극복해냈다. 마이크로카피를 쓸 때 얼마나 재치 있어야 하는지, 그 질문에 대한 분명한 답을 찾았다. 나는 스크린 리더가 텍스트를 읽어 주거나 인지 장애가 있는 사용자가 텍스트를 읽을 때를 떠올린다. 그러면 어느 곳에 얼마만큼 재치를 발휘해야 할지 그리고 어디에서 자제해야 할지를 바로 깨닫게 된다. 내 글은 필요한 곳에서만 위트 있는 표현을 쓰게 되면서 더 단순해지고 더 분명해졌다.

그러므로 앞으로도 계속 풍부하고 흥미롭고 개성 있는 마이크로카피를 쓰라. 그렇지만 **모든 사람이 당신이 쓴 것을 이해할 것인지** 늘 스스로에게 물어보는 것을 잊지 말기 바란다.

폼을 위한 완벽 체크리스트

세상에 새로운 폼을 배포하기 직전이나 혹은 이미 너무 많은 사용자가 끝내지 못하고 포기하거나 처리하기 위해 지원을 요청한 폼이 있다면 이 체크리스트를 검토하기 바란다. **각 항목에 대한 자세한 지침은 이 책의 관련 장을 참조하라.**

본격적으로 뛰어들기 전에

1. 사용자에게 폼을 채워야 할 충분한 이유가 있는가?

   사용자가 왜 폼을 채워야 하는지, 그리고 그것이 어떤 도움이 되는지 알고 있는가? 폼의 상단이나 폼으로 연결되는 페이지에 진정한 가치를 보장하는 CTA를 추가하라.

2. 폼에 마이크로카피가 너무 많은가?

   과부하가 걸린 것처럼 보이는가? 다음의 경우 그럴 수 있다.

   - 굳이 설명이 필요 없는 부분까지 **지나치게 설명**한 경우
   - 필요한 것만 설명하긴 했지만, **너무 많은 단어를 사용**한 경우
   - UI/UX가 **충분히 직관적이지 않은 경우**. UX 디자이너로 돌아가서 문제를 다시 짚어보라.

3. 폼에 마이크로카피가 충분하지 않은가?

   사용자에게 부담을 주지 않기 위해 중요한 설명이나 확신을 주는 말을 생략했는가? 중요한 설명들이 툴팁에 숨어있는가? 그것들을 밖으로 꺼내라.

명료함

4. 대화형 글쓰기

   사용자에게 일상적인 말로 그리고 짧고 간단한 언어로 직접 설명해야 한다.

5. 레이블 제어하기

   각각의 레이블을 별도로 체크하고 모든 사용자에게 쉽게 이해가 되는지 확인하라. 레이블에 다음 사항들이 포함돼 있지 **않은지** 확인하라.

- 조금 더 단순한 용어로 표현할 수 있는 전문용어
- 내부 팀 작업을 위해 사용했던 용어가 그대로 남아 있는 경우
- 불명확할 수 있는 추상적이거나 애매한 용어

만일 위의 항목 중 하나를 발견한다면 아래 중 하나의 방법을 추천한다.

a. 보다 단순한 용어로 대체할 것
b. 설명을 추가할 것

6. 사용자에게 선택 가능한 옵션들이 있을 때

드롭다운, 라디오 버튼 또는 체크 박스의 경우 모든 옵션 항목에서 다음 사항을 확인하라.

- 쉽게 그리고 빨리 이해되는가.
- 레이블의 의미와 함축성은 이름에서 드러난다(그렇지 않다면 툴팁 추가를 고려하라).
- 서로 구분되게 하라(서로 혼동되면 안 된다).

다중 선택이 가능한 경우, 그렇다고 말하라.

7. 플레이스홀더
- 사용자가 입력하는 동안 필요할지 모르는 정보가 포함되면 안 된다.
- 관련 정보를 추가하라. 레이블을 똑같이 반복만 해선 안 된다.
- 접근성 원칙을 가장 잘 따르려면 고 대비여야 한다.

8. 툴팁
- 계속 노출되게 하는 것이 더 나은 중요 정보는 포함되면 안 된다.
- 일회성 또는 거의 작성되지 않는 폼이라면 필드가 포커스 될 때 툴팁이 자동으로 드러나는 방법을 고려하라.

끊김 없이 원활하게 진행하기

9. 진부하고 거슬리는 에러 메시지 방지하기

프로덕트 매니저 또는 개발자와 함께 필드 전체를 체크하라. **각 필드에서 시스템에서 허용되는 입력값과 형식은 무엇이며 오류 메시지를 동반해 거부되는 입력값과 형식은 무엇인가?**

오류 복구를 위해서 사용자에게 해당 필드 주변에 향상된 경고 메시지를 제공하라.

10. 필수/선택 필드 표시하기

별표를 사용하거나 "선택 사항"이라고 쓰라. **모두 필요한 경우 크고 명확하게 언급하거나 모두 표시하라.**

11. 열린 질문

- 사용자가 대답할 수 있도록 실마리를 제공했는가? **사용자가 집중하게 만들고 의미하는 바를 명확히 전달하는 데에 도움이 되는가?** 효과적으로 대답을 구성하는 방법에 대한 좋은 팁일까?
- 답변에 글자 수 제한이 있다면 사용자에게 말해두라. 카운터도 추가하라.

12. 스위치와 체크 박스

스위치나 체크 박스를 사용해서 어떤 항목을 켜거나 끌 수 있는 옵션(활성화/비활성화)이 있다면 각 옵션의 의미를 포함해 사용자가 **스위치를 켜거나 끌지를 결정할 때 필요한 모든 정보를 가지고 있는지 언제나 확인하라.**

13. 폼에 파일 첨부하기

파일 타입이나 용량에 어떤 제약이 있다면 미리 명확하게 알려라.

14. 에러 메시지

- 개발팀으로부터 이 폼에서 발생할 수 있는 모든 에러 시나리오를 받았는가?
- 에러 메시지 작성을 위한 모범 사례를 참고해 사용자에게 도움이 되는 마이크로 카피를 잘 작성해 두었는가?

의문점과 우려 사항 해결하기

15. 개인정보 요청하기 (이메일 주소, 주민등록번호, 전화번호, 생년월일 등)

- 개인정보가 필요하다면 – **이유를 설명**하라.
- 개인정보가 선택사항이라면 – 그 정보를 **제공해야 요구사항이 만족될 수 있다**는 것을 사용자에게 말해 주라.

16. 복잡한 정보 요청하기

사용자가 이 정보를 어디서 얻을 수 있는지 알고 있는가? 만일 모른다면 어디서 찾을 수 있는지 설명하라.

17. 보안

- 온라인 결제 – 안전하다는 것을 명확하게 표기하라.
- 비즈니스에 더 높은 수준의 재량권이 필요한 경우 – 사용자가 제공한 정보가 보안이 되고 기밀이 유지될 것임을 분명히 언급하라.

18. 나중에 변경하기

- 사용자가 폼에 어떤 내용을 채우든 나중에 변경할 수 있다면 알려줘라. 사용자가 아무 걱정 없이 더 쉽게 내용을 채워 나갈 것이다.
- 사용자가 나중에 변경할 수 없다면 이후에 실망하지 않도록 미리 주의를 주라.

보내기를 클릭하는 것으로 끝난 것이 아니다

19. 대기시간

보내기 버튼을 클릭한 후 성공 메시지가 표시되기까지 로딩 및 프로세싱 시간이 걸리는 경우 – 사용자 경험에 적합한 멋진 메시지를 준비하고, 사용자에게 이렇게 사소한 디테일까지 챙겼다는 것을 보여줘라.

20. 성공 메시지

태스크를 완료하고 폼을 제출하자마자 사용자가 보게 되는 것은 무엇인가? 성공 메시지가 사용자에게는 즐거운 보상이 되고 당신에게는 만들고자 하는 경험을 완성시켜 주는가?

19장

복잡한 시스템을 위한
마이크로카피

이 마지막 장은 UX와 콘텐츠 분야에 있는 남녀 전문가들의 지식 공유 덕분에 쓸 수 있었다. 나에게 인사이트와 경험, 스크린샷을 공유해 준 유니크UI의 야스민 갈켈 바이스버드Jasmin Galker Vaisburd, PTC의 샤니 폴란스키Shani Polanski와 레아 크라우스Leah Kraus 및 나마 샤피라Naama Shapira, 법무부의 엘리노 미샨 살로몬Elinor Mishan Salomon과 이디트 펠레드Idit Peled, 나이스NICE의 갈리아 엔겔마이어Galia Engelmayer, 퀵윈QuickWin의 아사프 트라피칸트 Assaf Trafikant에게 감사의 마음을 전한다.

이 장의 주요 내용

- 복잡한 시스템의 정의
- 복잡한 시스템에서 마이크로카피가 지닌 가치
- 복잡한 시스템에 보이스앤톤 디자인이 필요한 이유

복잡한 시스템이란 무엇인가?

이 책의 맥락에서 복잡한 시스템이란 사용자가 기능적 또는 전문적 니즈를 위해 꼭 사용해야 하며 많은 구성 요소가 서로 연관된 시스템이다. 복잡한 시스템은 선형linear이 아니다. 즉, 사용자는 정해진 입구를 통해서 시스템에 들어오는 것이 아니며 태스크를 끝냈을 때도 정해진 출구로 나가지 않는다. 오히려 사용자는 다양한 태스크를 위해 반복적으로 시스템에 접근하며 이때 사용되는 많은 구성 요소는 서로 다양하지만 일관된 관계를 갖는다.

복잡한 시스템의 유형

1. 전문가 시스템

이 유형의 시스템은 유전자 연구원을 위한 로그, 그래픽 디자인 프로그램, 엔지니어를 위한 모델링 프로그램, 텔레마케터를 위한 커뮤니케이션 시스템 또는 자동차 정비사를 위한 차량 문제 식별 시스템과 같이 전문가를 겨냥한 시스템이다.

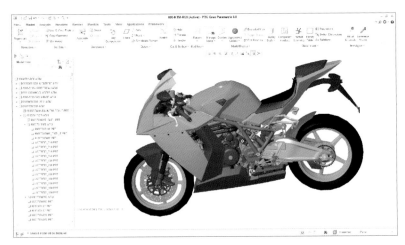

PTC사가 개발한 크레오 파라메트릭(Creo Parametric) 프로그램의 스크린샷
엄청나게 전문적이며 엔지니어가 3D 모델링을 하는 데 사용하는 전문 시스템이다.

2. 내부 조직 시스템

급여 시스템, 의료 기록 관리, 고객 관리, 판매 추적 또는 프로젝트 관리와 같이 지식이나 프로세스를 체계화하고 관리하는 시스템이다.

세일즈포스사가 개발한 CRM 시스템인 세일즈클라우드(Sales Cloud)의 스크린샷

3. 일반 대중을 위한 기능적 시스템

워드 프로세서 또는 은행 계좌 관리 어플리케이션과 같은 유용한 태스크를 수행하기 위해 설계된 시스템이다.

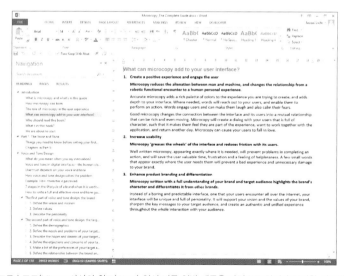

마이크로소프트(Microsoft)사의 워드(Word) 역시 비록 일반 대중을 타깃으로 하지만 복잡한 시스템이다.

가장 복잡한 시스템의 사용법과 마이크로카피에 미치는 영향력

복잡한 시스템을 위한 마이크로카피에 대해 본격적으로 이야기하기 전에, 복잡한 시스템에 대한 일반적인 참고 사례 외에도 나사[NASA] 엔지니어 전용 시스템, 24세의 교대 근무자 리더가 사용하는 콜센터 관리 시스템, 애자일[01] 환경에서 일하는 디자이너 또는 개발자를 위한 시스템, 의료 행정직을 위한 시스템 등 더 많은 참고사례가 있음을 강조하고 싶다. 이 파트에서는 대다수 시스템에 일반적으로 적용되는 마이크로카피 작성 가이드를 제시하겠지만, 각각의 시스템은 타깃 고객, 작업 환경과 시스템의 목적에 따라 고유한 보이스앤톤을 가진다. 이번 장의 마지막 부분에서 더 자세히 설명하겠다.

전문적이지만 실용적이다

전문가 시스템의 경우, 사용자는 전문 기술을 구현하고 사용하기 위해 그리고 동료들에게 자신의 전문성을 증명하기 위해 시스템에 의존한다.

따라서 마이크로카피는 전문적이어야 한다. 전문 용어나 기술 용어를 단순하게 만들어야 하는 일반 대중을 위한 마이크로카피 작성 철칙과는 달리, 여기에는 다음의 두 가지 이유로 전문 용어를 반드시 사용해야 한다.

  a. **사용성** – 사용자가 자신의 작업 환경에서 흔히 쓰는 용어로 원하는 것을 더 쉽게 찾을 수 있도록 한다.
  b. **전문성에 대한 증명** – 사용자가 속한 분야의 전문가들이 특별히 개발한 시스템임을 그리고 시스템이 일을 이해하고 제일 나은 방법으로 전문적인 태스크를 수행할 수 있다는 것을 알 수 있게 한다. 이 시스템은 사용자가 완전히 신뢰할 수 있고 자신의 전문성을 의존할 수 있을 만큼 전문적으로 들려야 한다.

---

01 프로그래밍에 집중한 유연한 개발 방식. 다시 말해 문서작업 및 설계에 집중하던 개발 방식에서 벗어나 조금 더 프로그래밍에 집중하는 개발 방법론이다. 애자일이란 단어는 '날렵한', '민첩한'이란 뜻을 가진 형용사로, 정해진 계획만 따르기보다, 개발 주기 혹은 소프트웨어 개발 환경에 따라 유연하게 대처하는 방식을 뜻한다(출처: [네이버 지식백과] 애자일 – 프로그래밍에 집중한 유연한 개발 방식 (용어로 보는 IT)). – 옮긴이

그러나 전문적이라는 것은 수준 높고 거만한 것이 아니라 오히려 심플하고 정확한 것을 뜻한다.

왜일까? 첫 번째로, 대부분의 경우, 우리는 업무의 하나로 작업하는 태스크, 즉 일정 수준의 압박이 있는 작업에 관해 이야기한다. 따라서 마이크로카피는 실용적이어야 한다. 다시 말해, 짧고 직접적이고 분명하고 순간적으로 이해할 수 있어야 하며, 신속하고 원활하게 태스크를 수행할 수 있어야 한다.

기술적으로 복잡한 시스템은 21세기에 일상적으로 사용되고 있는데, 그것이 아주 오래된 사전처럼 들린다면 최첨단을 걷는 사용자는 이해하기가 더 어려울 것이다. 복잡한 시스템은 복잡한 설명이 필요하다. 그리므로 일을 더 복잡하게 만드는 학술적이고 시대에 뒤떨어지거나 관련성 없는 언어의 사용을 피해야 한다 (자세한 내용은 이 책의 2장을 보라).

이러한 '고급' 용어는 전문적인 지식이 아닌 집착하는 사고의 증거다. 아주 분명하고 **간단하고 정확하게** 쓸 수 있는 **실용적이고 이해하기 쉬운 언어**로 글을 쓰는 것은 정말 가치 있는 일이다. 규칙은 박사 학위 논문 쓰듯이 쓰지 말고 해당 분야의 전문가가 **말하는 것처럼** 써라.

가능한 한 심플하게 작성해야 하는 두 번째 이유는 초보자에서 전문가까지, 똑똑한 사람부터 평범한 사람에 이르기까지, 다양한 수준의 전문적 이해에 맞춰 시스템을 조정하기 위해서다. 따라서 복잡하고 전문적인 언어보다는 심플하고 전문적인 언어가 늘 바람직하다.

사례

나이스[NICE] 콜센터 관리 시스템의 경고 메시지는 더 짧고 능동적이며 직접적이다. 그리고 버튼은 각각이 어떤 역할을 하는지 정확히 알 수 있다.

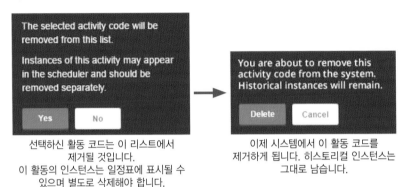

선택하신 활동 코드는 이 리스트에서
제거될 것입니다.
이 활동의 인스턴스는 일정표에 표시될 수
있으며 별도로 삭제해야 합니다.

이제 시스템에서 이 활동 코드를
제거하게 됩니다. 히스토리컬 인스턴스는
그대로 남습니다.

법무부 시스템에서 보낸 알림 메시지(히브리어를 영어로 번역함). 이전 버전을 읽기 전에 새로운 버전만 읽어보라. 비전문적이거나 공격적이거나 용납할 수 없는 것이 있는가? 힌트는 "아니, 훌륭하다."이다. 전문적이면서도 일상적인 언어를 사용하는 것은 가능하며 이는 접근성 측면에서도 좋다!

> **Before**
>
> Please note that a file already exists for the ID number entered. This fact confirms that you have already performed tasks related to us in the past. As a result, after clicking the confirmation button, you will be forwarded to an identification screen in order to generate an initial password.

개선 전
입력된 ID 번호에 대한 파일이 이미 존재함을 유의하십시오.
이 사실을 보면 당신이 과거에 관련 작업을 이미 수행했다는 것이 확인됩니다.
결과적으로, 확인 버튼을 클릭하면 초기 비밀번호를
생성하기 위한 식별 화면으로 넘어갑니다.

개선 후
ID 번호가 이미 존재합니다.
로그인하시거나 비밀번호를 복구해 주세요.

구인 광고의 실적을 추적하기 위한 **리얼매치** 시스템에 있는 기능의 타이틀이 다음과 같았다.

Ad Distribution Trends and Examples

광고 배포 트렌드 및 사례

그러나 지금은 심플한 용어로 작성돼 훨씬 명확하고 명백하다.

Where do job seekers find your ads?

구직자는 당신의 광고를 어디에서 찾을까요?

사용자에게 손을 내밀어라

복잡한 시스템은 그 이름에서 알 수 있듯이 복잡하고, 보통 학습과 점진적인 몰입이 필요하다. 인터페이스 그 자체로 설명돼야 한다는 원칙이 항상 가능한것은 아니다. 이는 서로 연관된 요소, 가능성 및 기능의 확산 때문이다.

따라서 "우리 사용자는 똑똑하니까 이해할 것이다.", "우리는 학습으로 해결할 것이다.", "사용자가 고객 지원 데스크에 전화하게 할 것이다.", "사용자는 가이드를 봐야 한다."라고 말할 수 있다. 하지만 다른 방법으로도 해결할 수 있으며 마이크로카피를 사용해서 사용자를 돕게 하는 방법이 아마도 더 효과적일 것이다.

1. 타이틀

메뉴, 입력 필드 레이블, 기능의 이름, 그래프 타이틀, 카테고리, 드롭다운 옵션 및 표의 열 머리글에 각별한 주의를 기울여라. 그리고 명확하고 심플한지, 표시되거나 입력해야 할 것이 정확히 설명돼 있는지, 빨리 이해할 수 있도록 쉽고 명백한지 확인하라.

2. 플레이스홀더와 힌트

입력 필드에 대한 짧은 설명을 제공하고 싶은가? 설명을 입력 필드 안에 플레이스홀더로 입력하거나(사용자가 입력하는 동안 기억하지 않아도 되는 경우) 또는 입력 필드 위나 툴팁 안에 짧은 문장으로 작성하라(모범 사례는 10장 및 14장 참조). 이런 작지만 강력한 툴은 사용자가 가이드에 의지하지 않게 하고 그들을 교육할 수 있도록 도와준다.

3. 툴팁

입력 필드나 인터페이스의 다른 요소에 관한 복잡한 내용을 설명하고 싶다면 레이블 옆에 작은 i 아이콘을 배치하고 여기에 마우스가 호버링될 때 설명이 들어간 툴팁을 표시하라(가능한 한 짧고 간단하지만, 헬프 데스크에 전화하거나 사용자 가이드를 검색하지 않아도 될 정도로 필요한 정보가 들어 있어야 한다). 툴팁은 복잡한 시스템에 더 많고, 일반 사용자를 겨냥한 심플한 시스템에 비해 더 길다. 그래도 괜찮다.

사용자를 돕는 방법과 시점에 대해 더 알고 싶다면 14장을 참조하라.

사례

다음은 **리얼매치** 전문가 시스템에 있는 표의 열 머리글에 대한 효과적이고 완전한 툴팁이다.

사용자가 '상태' 열에서 현재 보고 있는 상태들에 관해 알아야 할 것을 설명하고 있지만, 다른 상태 옵션에 관해서도 설명하고 있다. 이렇게 해서 사용자에게 시스템 사용법을 교육하고 있는 것이다.

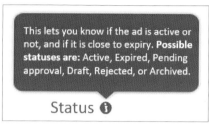

'상태'를 통해 광고의 노출 여부와 만료일이 가까워졌는지를 알 수 있습니다.
상태에는 '노출 중', '만료됨', '검토 중', '초안', '승인되지 않음', '보관 중'이 있습니다.

툴팁은 기능의 가치도 전달할 수 있어서 사용자가 해당 기능을 최대한 활용할 수 있도록 도와준다.

각 사이트에서 생성된 클릭 수를 비교해 캠페인 전략을 더 효과적으로 관리하세요.

TIP 27 또 너니?!

사용자는 매일, 하루에도 몇 번씩 당신의 시스템에 액세스할 것이며, 모든 작업 활동이 하나의 시스템에 집중된 전문직이 있다. 그러다 보니 사용자는 어떤 단계에서 텍스트를 읽지 않고 기계적으로 작업을 수행하기도 한다.

그러므로 자주 수행되는 태스크의 마이크로카피는 너무 재치있게 쓰려고 애쓰지 마라. 시스템에 그렇게 써야 할 텍스트가 있더라도, 사용자가 일상적으로 수행하는 태스크에서는 사용하지 않는 것이 낫다. 처음에는 사용자가 웃겠지만, 두 번째는 어떨까? 그리고 세 번째는? 그리고 서른 번째는?

4. 사용자 가이드에 대한 명시적 언급

설명이 길고 복잡하며, 완전히 이해하기 위해 가이드를 꼭 읽어야 하는 경우, 사용자가 지식의 격차 때문에 화를 내고 해결책을 스스로 찾게 내버려 두지 말라. 복잡하다는 것을 잘 알고 있다고 공감해 주고, 가이드의 정확한 위치를 참조할 수 있도록 시스템화하되, 가능하면 바로 연결되는 링크를 사용하라.

사례

> Predictive data is unavailable for this ad.
> This may be due to a number of reasons.
> See the user guide for more details.

이 광고에 대한 예측 데이터를 사용할 수 없습니다.
여러 가지 원인이 있을 수 있습니다.
상세 내용은 사용자 가이드를 참조하세요.
이미지 출처: RealMatch 전문가 시스템

5. 에러 메시지

에러 메시지는 성가시다. 그리고 사용자가 복잡한 프로세스를 진행 중이고 시간이 부족한 경우에는 에러도 좌절감을 주고 의욕을 잃게 한다. 모든 에러 메시지는 당연히 심플하고 효과적이어야 하지만(7장 **참조**), 복잡한 시스템에서는 더욱 그래야 한다. 따라서 문제를 간결하게 설명하고 사용자가 프로세스를 계속 진행할 수 있게 해결 방법을 안내해야 한다. 위협적이지 않으면서 이해하기 쉬운 단어를 쓰고, 사용자가 겁먹지 않게 문제를 차분하게 표현하며, 쉽게 구현할 수 있는 지침을 추가하라.

가장 중요한 것은 시스템이나 개발자가 아닌, 사용자의 관점에서 문제를 제시하는 것이다. 이를 위해서는 정확히 사용자가 무엇을 하려고 했는지, 무엇이 잘못됐는지, 어떻게 고쳐야 하는지, 기술적인 것뿐만 아니라 전문적인 것도 이해해야 한다.

사례

다음은 애자일 환경에서 작업 프로세스를 관리하기 위한 **PTC 애자일웍스**^{PTC AgileWorx} 시스템의 에러 메시지다. 이런 환경에서 팀은 정해진 기간(스프린트[02]) 동안 작업하고, 각 스프린트가 끝날 때는 해당 스프린트를 위해 할당된 모든 스토리[03]를 완료하고 시스템에서 종료해야 한다. 팀이 스토리를 오픈해 두기로 하면 이 스토리는 다음 스프린트에 다시 할당해야 한다.

다음 그림에 보이는 에러 메시지는 할당된 스토리가 아직 오픈된 상태에서 그룹이 스프린트를 닫으려 할 때 나타난다. 이전 버전의 메시지(첫 번째 그림)는 사용자에게 시스템의 작동 방법, 허용 범위에 대한 기술적 설명을 제공한다. 새로운 버전(두 번째 그림)은 사용자가 애자일 환경에서 원하는 것은 이전으로 되돌아가거나 스토리를 다음 스프린트로 이동시키고 싶어 한다는 전문적인 이해를 바탕으로 사용자의 관점에서 작성됐다. 문구도 훨씬 유창하고, 능동적이며, 실용적이어서 애자일 프로세스의 역동성에 더 적합하다.

---

02 애자일 개발 방식에서 사용되는 1~4주 단위의 반복적인 개발 기간을 의미한다. 회사에서 정하는 이터레이션(iteration)이 개발 주기가 되는데 기획 회의부터 제품 리뷰가 진행되는 날짜까지의 기간이 1 스프린트가 된다. – 옮긴이

03 애자일 개발 프로세스의 대표적인 방법인 XP(eXtreme Programing)의 기본 실천 방법들 중 하나로 고객에게 가치를 줄 수 있는 최소한의 기능 단위를 말한다. – 옮긴이

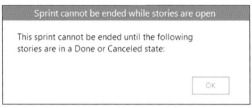

스토리가 열려 있는 동안에는 스프린트를 종료할 수 없습니다.
이 스프린트는 다음 스토리가 완료 혹은 취소상태가
되기 전까지 종료할 수 없습니다.

스프린트 종료
아직 열려 있는 스토리가 있습니다.
S-8(진행 중)
현재 스프린트를 종료하기 전에 열려 있는 스토리들을
다음 스프린트로 넘기시겠습니까?
예/아니오

6. 공백 상태

복잡한 시스템의 공백 상태는 사용자를 교육하고 그들에게 시스템 작동
방식을 알릴 수 있는 절호의 기회다. 사용자를 막다른 길에 남겨 두는 대
신, 이 빈 공간을 활용해 그들이 할 수 있는 것 또는 해야 할 것, 해당 기능
의 작동 방식, 여기 있어야 할 것, 또는 진행 방법 등에 관해 설명하라.

사례

좌절감을 안겨주는 "데이터를 사용할 수 없습니다."(또는 "확인할 수 있는 내용이 없습니다.") 대신, **리얼매치** 시스템은 사용자에게 여기에 언제 무엇이 올지, 그리고 지금 해야 할 것은 무엇인지 알려 준다. 이 예시에서는 그저 기다리면 된다고 알린다.

Data is unavailable

데이터를 사용할 수 없습니다.

Come back soon
We are still collecting data to provide an optimized prediction
This may take up to 7 days from publication

곧 돌아오겠습니다. 최적화된 예측을 위해 데이터를 계속 수집 중입니다.
퍼블리싱 후 최대 7일이 소요될 수 있습니다.

No ads to show

볼 수 있는 광고가 없습니다.

Currently you don't have any active ads
Activate ads and then check here to see how they perform

현재 활성화된 광고가 없습니다.
광고를 활성화한 후 어떤 성과를 내고 있는지 여기서 체크해 보세요.

이러한 메시지가 인간적이고 친절한 보이스앤톤임에도 불구하고 브랜드의 전문성은 해치지 않는다는 것에 주목하라. 반대로 새로운 문장이 훨씬 더 전문적이고 완전하고 정확하다.

하지만 우리는 지금까지 30년 동안 그 일을 해왔다!

수백 개의 기능과 30년의 시장 경험을 갖춘 복잡한 시스템은 이미 학습되고 익숙해진 것을 사용자에게 제공한다. 한편으로는 엄청나게 편리하지만,

다른 한편으로는 업무 이외에서 사용하는 인터페이스와 업무에서 사용하는 전문 시스템 사이의 차이는 점점 벌어지고 있다. 업무에서 벗어난 사용자는 편안하고 오늘날에 맞는 언어로 쓰인 명확하고 흥미로운 새로운 인터페이스를 사용하며 즐긴다. 그러다가 새로운 하루가 시작되고 업무에 들어가면, 시간의 터널을 지나 시스템이 개발됐던 때, 즉 개발자가 모든 마이크로카피를 작성하던 시절부터 쓰이던 언어를 사용하고, 모든 사람은 사용자가 스스로 시스템의 로직을 파악하는 것이 합리적이라고 생각했던 그때로 되돌아간다.

베테랑 전문가 시스템의 **문제점**은 유산처럼 물려받은 보이스앤톤의 변경이 정말 어렵다는 것이다. 그리고 정말 변경하기로 하더라도 한 번에 모든 기능을 해결할 방법이 없다. 시각적으로도, 마이크로카피로도 말이다. 반면, 새로운 기능에 대해서만 마이크로카피를 변경하면 시스템 내에 모순이 생긴다.

그렇다면 무엇을 할 수 있을까? 시스템을 어느 시점에서 발전시키려면, 먼저 새로 생기는 모든 기능은 지금 현시점에 맞는 현대적인 마이크로카피를 작성하는 것부터 시작해야 한다. 그다음, 새 버전으로 업데이트되는 기존 기능의 마이크로카피도 업데이트해야 한다. 당연히 보이스앤톤에 차이가 나겠지만, 그래도 지금까지 써오던 기능과 대조했을 때, 새로운 기능을 위해 작성된 비슷한 요소들을 쉽게 연결지을 수 있어야 한다. 다행스럽게도, 복잡한 시스템에서의 변화는 그렇게 대응하기 힘들지 않다. 주변 환경이 현시대에 맞게 변하더라도 전문 용어는 그대로 남기 때문이다.

변경 프로세스를 시작하기 전에, 포괄적인 보이스앤톤 디자인을 결정한 다음, 무엇을 남기고 무엇을 변경할지 결정하는 것이 가장 좋다. 이렇게 하면 전문 용어의 연속성 그리고 전반적인 시스템의 성격의 연속성이 보장되면서도 다시 새로워질 수 있다. 이 프로세스는 조직의 여러 부서와 협력해 직원과 관리자 사이의 변화 수용을 촉진할 수도 있다(이 중요한 인사이트는 PTC의 샤니 폴란스키Shani Polanski 경험을 통해 얻을 수 있었다. 그녀에게 감사의 말을 전한다).

복잡한 시스템에 보이스앤톤 디자인이 필요한 이유

마이크로카피를 쓴다는 것은 재미있고 멋진 글을 써야 한다는 뜻이 아니라, 사용자와 작업 환경에 맞는 보이스앤톤을 디자인해야 한다는 의미다 (1장 참조). 다른 말로 하면, 정확하고 무미건조한 마이크로카피는 개성이 없다고 말하는 것은 틀린 말이다. 그런 마이크로카피도 나름의 개성이 있다. 다만 그것이 무미건조하고 정확한 성격일 뿐이다. 그리고 이런 성격이야말로 복잡한 시스템을 다룰 때 사용자에게 필요한 것이다. 사용자가 불확실성, 압박감, 책임감, 마감일 또는 불안감에 많이 노출된 경우에는 더욱 그렇다. 가능한 한 심플하고 명확한 마이크로카피를 제공하라. 이것이 사용자를 위해 할 수 있는 가장 큰 공감의 표현이다. 그렇다고 이 말이 복잡하고 전문적이거나 B2B용 시스템의 경우 항상 진지하고 정확해야 한다는 의미일까?

아니, 그렇지 않다.

즐겁게 일하라

메일침프는 수백만 명의 비즈니스 사용자를 대상으로 친근하고 인간적이며 재미있는 B2B 시스템을 운영한다. 여기 메일침프에서 사용하는 확인 메시지 중 두 가지가 있다.

마음껏 즐기세요!
이메일은 발송 예약돼 있습니다.

하이파이브!
당신이 보낸 메일이 발송 대기줄에 서 있네요.
곧 나가게 될 것입니다.

심지어 에러 메시지도 유머가 넘친다.

> Another user with this username already exists. Maybe it's your evil twin. Spooky.

같은 이름을 쓰는 다른 사용자가 이미 있습니다.
아마도 당신의 사악한 쌍둥이(Evil Twin[02])인가봐요. 으스스하네요.

메일침프 사용자는 이 시스템에 매우 의존하고 있다. 여기서 말하는 사용자는 이 시스템을 사용해 메일링 리스트와 이메일 캠페인을 관리하는 수백만의 기업을 말하며, 여기에는 높은 수준의 불확실성, 치열한 경쟁, 불안, 기술적 복잡성이 수반된다. 그리고 막대한 돈이 걸려 있다. 이는 심각한 주

---

02 최종 사용자도 모르게 개인적인 정보를 수집하기 위해 합법으로 가장해 개인이 제작한 무선 접근 노드. 랩톱 컴퓨터와 무선 카드, 관련 소프트웨어로 간단히 만들 수 있다. 합법적인 WiFi 접근 노드 부근에서 합법 노드가 사용하는 노드 이름과 주파수를 사용해 무선 신호를 보낸다(출처: [네이버 지식백과] 에빌 트윈 [Evil twin] (IT용어사전, 한국정보통신기술협회)). – 옮긴이

제이며, 걱정스럽고 복잡하며 지극히 중대한 일이다.

그런데도 어떻게 메일침프는 스스로 가볍게 굴 수 있을까? 그리고 어째서 사용자들은 그들에게 열광할까? 어떻게 그들의 보이스앤톤 디자인은 콘텐츠 라이터 및 마이크로카피 라이터에게 훌륭한 본보기가 됐을까?

사실이다. 심리적으로 복잡하고 기술적으로 까다로운 환경에서도 인간적이고 친근해질 수 있다.

실은 그들처럼 성공하려면 사용자가 직면하는 다양한 시나리오와 모든 단어가 사용되는 맥락에 엄청나게 민감해야 하며, 잘 정의된 보이스앤톤이 필요하지만, 불가능하지 않다. 팀 내 의사소통을 위한 슬랙Slack, 프로젝트팀 관리를 위한 트렐로를 확인하라. 그들 역시 해냈다.

내가 강력히 추천하는 B2B용 보이스앤톤 디자인은 **세일즈포스**의 것으로, 최고로 전문적이고 현대적인 감각이 살아있다. 구글에서 '세일즈포스 보이스앤톤Salesforce voice and tone'을 검색하고 즐겨라. 여기에 두 가지 애피타이저가 있다.

EXAMPLE 3: Widgets Message Block

ⓘ Widgets let you save time by building custom page elements that you can use throughout your site. Build once, then reuse.

ABOUT THIS EXAMPLE

Audience: **Admins**

Goal & tone: **The goal is to quickly communicate what widgets do and their benefit for admins. The tone is direct and conversational, but not overly chatty.**

사례 3: 위젯 메시지 블록
위젯을 사용하면 사이트 전체에서 사용할 수 있는 사용자 정의 페이지 요소를
만들어 시간을 절약할 수 있습니다.
이 예시에 대해
대상 고객: 관리자
목표 및 톤: 목표는 위젯의 기능과 관리자를 위한
이점을 신속하게 전달하는 것이다. 톤은 직접적이고 대화형이지만,
지나치게 수다스럽지 않게 한다.

Enough Talk; I'm Ready

If you'd rather read about the details later, there are Quick Start topics for each native development scenario.

- iOS Native Quick Start
- Android Native Quick Start

ABOUT THIS EXAMPLE

Audience: **Developers**

Goal & tone: **The goal of this developer guide is to encourage developers to create their own apps for the Salesforce1 mobile app. Here's a topic that sets the right tone. Brief, to the point, and acknowledges the fact that readers (developers) would rather *not* be reading.**

사례 6: 개발자를 위한 빠른 시작 텍스트
설명은 그만. 준비됐습니다.
세부 정보를 나중에 읽고 싶다면 각 네이티브 개발 시나리오에 대한 빠른 시작 항목이 있습니다.
- iOS 네이티브 빠른 시작
- 안드로이드(Android) 네이티브 빠른 시작

이 예시에 대해

대상 고객: 개발자

목표 및 톤: 이 개발자 가이드의 목표는 개발자가
Salesforce1 모바일 앱 용으로 자체 앱을 만들도록 권장하는 것이다.
올바른 톤을 설정하는 항목이 있다. 짧게, 핵심만,
독자(개발자)가 오히려 읽지 않을 것이라는 사실을 인정한다.

이미지 출처: 세일즈포스의 눈부시게 훌륭한 보이스앤톤 디자인에서 온 스크린샷
www.lightningdesignsystem.com/assets/downloads/salesforce-voice-and-tone.pdf

그렇다고 모든 시스템에서 자유분방하고 가벼워야 한다는 뜻은 아니다. 그러나 **모든 전문적이거나 복잡한 시스템에 들어맞는 하나의 보이스앤톤 같은 것은 없다.** 브랜드와 그 목표, 타깃 고객, 그들과의 관계, 그리고 작업 환경이 보이스앤톤을 많이 변화시킨다. 마이크로카피를 쓸 때는 그 대상이 고객이든 전문가든, 항상 보이스앤톤을 먼저 정해야 한다. 그렇다, 언제나 그래야 한다.

다행히도 당신이 방금 다 읽은 이 책의 1장에는 자신만의 보이스앤톤을 디자인하기 위한 완전한 단계별 가이드가 있다. 자, 이제 일할 시간이다.

찾아보기

마이크로카피 2/e

UX 디자이너의 글쓰기

발 행 | 2021년 1월 4일

지은이 | 킨너렛 이프라
옮긴이 | 변 상 희

펴낸이 | 권 성 준
편집장 | 황 영 주
편 집 | 이 지 은
　　　　김 다 예
디자인 | 윤 서 빈

에이콘출판주식회사
서울특별시 양천구 국회대로 287 (목동)
전화 02-2653-7600, 팩스 02-2653-0433
www.acornpub.co.kr / editor@acornpub.co.kr

한국어판 ⓒ 에이콘출판주식회사, 2021, Printed in Korea.
ISBN 979-11-6175-466-6
http://www.acornpub.co.kr/book/microcopy-2e

이 도서의 국립중앙도서관 출판시도서목록(CIP)은 서지정보유통지원시스템 홈페이지(http://seoji.nl.go.kr)와
국가자료공동목록시스템(http://www.nl.go.kr/kolisnet)에서 이용하실 수 있습니다.(CIP제어번호: CIP2020047839)

책값은 뒤표지에 있습니다.